马克思主义大众化与新疆发展研究丛书

雷　琳 / 主　编
周月华　陈　彤 / 副主编

新疆社会保障若干问题研究

阿里木江·阿不来提
茹克亚·霍加 等／著

社会科学文献出版社
SOCIAL SCIENCES ACADEMIC PRESS (CHINA)

总　序

摆在读者面前的这套系列丛书，是新疆师范大学马克思主义理论一级学科博士点建设的主要研究成果。

新疆师范大学马克思主义理论与思想政治教育硕士学位点于1993年经国务院学位委员会批准，1995年开始正式招生，是新疆维吾尔自治区该专业最早获得硕士授权的专业。2006年年初伴随"马克思主义理论工程"建设，成功申报马克思主义理论一级学科硕士学位点，2009年马克思主义理论学科成为新疆师范大学博士立项建设学科。

新疆在我国发展和稳定大局中处于特殊的重要地位，是我国西北的战略屏障，也是我国对外开放的重要门户。冷战结束以来，受国际民族分裂势力、宗教极端势力、暴力恐怖势力的操控和影响，以及西方敌对势力的渗透，新疆一直处于意识形态领域反分裂斗争的前沿阵地，渗透与反渗透、分裂与反分裂的斗争异常尖锐复杂。

马克思主义理论学科在新疆的建设和发展，面临特殊的环境与背景，具有特殊的意义和价值。对新疆青年学生和各族群众而言，"相信谁，跟谁走"的信仰和信念问题尤其突出；就马克思主义理论学科而论，维护意识形态安全、地区安全和国家安全的特殊使命尤为重要。客观形势要求马克思主义理论学科在新疆的研究和发展，必须深入研究马克思主义理论及其教育的一般规定性和特殊规律性，从容应对意识形态领域反分裂、反渗透的复杂局面。

新疆师范大学的马克思主义理论学科建设，立足于新疆特殊区情，以研究新疆少数民族地区建设和发展的基本问题为根基，以解决"相信谁，跟谁走"的信仰和信念问题为核心，以加强各民族对伟大祖国、中华民族、中华文化和中国特色社会主义道路的认同教育为重点，以研究新疆意识形态领域反分裂、反渗透为鲜明学术特质，以服务新疆稳定和长治久安为落脚点，突出学科理论的现实运用，形成了"马克思主义基本原理与现实应用研究""马克思主义民族宗教理论与教育研究""马克思主义中国化与新疆发展研究"和"少数民族地区思想政治教育研究"4个兼具时代性与区域性的研究方向，以此推动马克思主义在边疆地区的大众化与时代化。

马克思主义基本原理与现实应用研究，针对新疆少数民族地区宗教精神场域和多元文化语境中马克思主义意识形态建设的理论和实践难题，研究新疆意识形态安全的丰富内涵，以彰显马克思主义基本原理的时代价值为重任，不断探索新疆少数民族地区意识形态安全的内在规律和教育路径。

马克思主义民族宗教理论与教育研究，以马克思主义发展史为理论依托，系统研究马克思主义民族理论、宗教理论及其在中国的发展，着力探寻马克思主义国家观、民族观、宗教观、历史观、文化观（"五观"）教育和对伟大祖国、中华民族、中华文化、中国特色社会主义道路的认同（"四个认同"）教育及其教育规律的研究；构建既能坚守意识形态领域主阵地，又能切合少数民族地区实际情况的教育理论体系；不断总结中国共产党运用马克思主义民族宗教理论解决少数民族地区民族宗教问题的成功经验，为党和政府制定政策提供咨政服务。

马克思主义中国化与新疆发展研究，以马克思主义中国化进程为路径，以马克思主义中国化的理论、经验、规律和新疆的改革、发展、稳定为研究重点，以富民稳疆与和谐社会为主题，不断总结中国共产党在西北边疆治理方略演进中的基本经验，不断探索新形势下中国共产党治疆理政的理论，为巩固中国共产党在西北边疆的执政基础提供理论支持。

少数民族地区思想政治教育研究，以少数民族地区思想政治教育工作的特殊规律性为理论进路，着力探讨和研究在民族心理与国家观念、宗教情结与政治信仰、先进的生产力与相对落后的区域生产方式等多重因素的互动下，思想政治教育工作的手段、方法、有效路径和价值目标，构建既有时代特色又兼具区域特点的思想政治教育模式和实践范式。

2013 年 2 月 26 日，凝结师大人艰辛奋斗的沧桑历程、承载广大教职员工的热切期盼、汇聚学科精英丰厚积淀的新疆师范大学博士学位授予单位整体验收工作，顺利通过国务院学位委员会专家评审。回想十年前，我和我的同事们曾经以热切的情怀和笃定的信念期盼这一时刻的到来。那时，我们为之奋斗的这一目标还是遥望海中刚见桅杆尖头的一艘航船，是隐约于高山之巅的一轮朝日，是躁动于母腹中的一个婴儿。现在，这艘"航船"已经在我们的面前扬帆起航，这轮"朝日"已经从地平线上喷薄而出，而这个"婴儿"也已在我们面前呱呱坠地了。为了这一刻，我们苦心孤诣地准备了十年、夜以继日地奋斗了三年、经年累月地积淀了三十年。验收工作顺利通过的那一刻，作为立项学科建设的负责人和建设者，在与同事们体味从未有过的欣悦与快慰的同时，也由衷地感受到，这些成绩的取得是新疆师范大学马克思主义理论学科几十年发展的高度浓汇，是学科建设的领路人、铺路人、行路人同心同德、不懈追求的成果，是几代师大人筚路蓝缕、呕心沥血的璀璨结晶；也是全国同行无私帮助与大力支持的结果。

我们深知，博士点获批只是起点而非终点，是基点而非顶点。对于今后的博士点建设与学科的长远发展，我们的任务依然繁巨，唯有通过学科建设者的不懈努力，通过内力作用的不断更新和外力作用的持续推动，才能变学科发展的迟滞力为学科建设的推动力。

展现在读者面前的这套系列丛书，是新疆师范大学马克思主义理论学科队伍成员近期主要研究成果。在这里，聚集了一批辛勤耕耘在马克思主义理论教学与科研一线的中青年学者，他们大多是近年毕业的博士，各自承担了一些国家级、省部级等研究课题，在各自的研究领域倾注了大量的精力和心血，具有扎实的理论功底和科研能力，保证了本研究丛书的专业性和创新性。在此，我们希望这套丛书能够成为中国马克思主义理论研究领域百花齐放中的一朵亮丽奇葩。

"马克思主义大众化与新疆发展研究丛书"的出版，得到了新疆师范大学党委的高度重视和大力支持，获益于社会科学文献出版社领导和编辑同志的鼎力协助，在此谨致谢意！

雷琳

2013 年 4 月 10 日

目　录

C O N T E N T S

绪　论

自 1978 年以来，我国实施了大刀阔斧的改革开放政策，在经济结构和社会结构方面出现了新的转型，使得我国经济每年以 9% 速度快速增长，创造了震惊世界的"经济奇迹"。随着我国经济的快速增长，我国的社会关系发生了深刻的变化。作为经济发展的代价，我国农村及城市出现了以失业下岗职工、被征地农民、农村贫困群体、农民工为主的弱势群体。有学者估计，目前我国弱势群体的规模已达 1.4 亿~1.8 亿人，约占全国总人口的 11%~14%[①]。我国弱势群体是传统就业及社会保障政策的积淀物，是我国经济建设深层次矛盾的外在表现形式，同时也是社会转型过程中必然出现的社会现象。新疆是我国以农牧业为主的欠发达地区，人多地少、自然环境十分恶劣，工业基础比较薄弱。随着改革开放事业的不断深入，新疆出现了以农村贫困人口及被征地农民为主的新的弱势群体。关注弱势群体、解决弱势群体的就业和社会保障问题是构建和谐新疆过程中必须面对的重大问题。新疆弱势群体问题的存在不但影响新疆经济发展及社会稳定，还会直接影响到党的群众基础和社会基础，对新疆跨越式发展及长治久安带来诸多严峻挑战。因此，研究新疆弱势群体就业和社会保障方面的相关问题，并提出相关的政策建议在巩固边疆、实现社会和谐方面具有一定的理论意义和现实必要。

[①]　邱美珠：《城市弱势群体的成因及对策分析》，华中师范大学硕士学位论文，2006。

I 弱势群体的定义和特点

一 弱势群体的定义

2002 年朱镕基总理在《政府工作报告》中首次使用弱势群体这个概念以后，弱势群体就业和社会保障问题引起了国内外学者的广泛关注。弱势群体这个概念比较简单，但其内容十分丰富，不同学者从不同角度对弱势群体这个概念提出了不同的解释。

（一）脆弱群体说

弱势群体也叫社会脆弱群体、社会弱者群体，在英文中称 Social Vulnerable Groups。因此有的学者从语义学的角度出发认为弱势群体是社会生活中比较脆弱、易受伤害的群体，同时是一个丧失劳动能力、缺乏基本经济收入、需要国家和社会帮助的群体。与弱势群体相近的另外一个概念是劣势群体（Disadvantage Group）。因此，有的学者提出弱势群体是那些长期处于系统性及结构性不利状态的群体，这种不利状态主要表现在身份地位、性别、教育程度、宗教信仰、种族、民族、肤色方面的不平等程度上[①]。

（二）客观条件、环境说

弱势群体是一个社会学方面的概念。美国社会学家罗斯曼认为，弱势群体是指那些由生活机会所造成的依赖人群，他们包括身体或精神残疾的人、年老的人、童年时期丧亲或丧失父母的儿童[②]。美国社会学家吉特曼提出弱势群体是被环境和事件压迫，无

---

① 刘继同：《弱势群体与劣势群体：中国社会福利服务对象的政策研究》，阎青春主编《社会福利与弱势群体》，中国社会科学出版社，2002，第 25~36 页。

② 〔美〕Rothman, l.（1995），*Pzactice with Highly Vulnerable Clients: Case Management and Community - Based Service*, NewJersey: Prentice Hall. pp. 3 - 4.

力实现自身命运的人①。我国学者刘占魁认为，弱势群体一般是指那些由于客观条件限制，相对落后于社会发展先进水平要求的人群。

（三）　资源配置缺乏说

我国学者王思斌、张友琴等人从资源配置角度出发，提出弱势群体在社会资源配置当中权力、信息、能力、经济利益等处于劣势和缺乏状态的人②。

（四）　综合说

好多学者从国家、社会、市场三个角度对弱势群体进行界定。他们认为弱势群体是丧失市场竞争力、远离权力中心、难于融入所处社会生活的群体。

（五）　能力缺乏说

刘祖云、刘敏提出，弱势群体一般是指其社会资源相对贫乏的人群。弱势群体有生理性弱势群体和社会性弱势群体之分，首先主要指因为个人自身生理或心理缺陷等个人因素而处于弱势地位的人群，如老弱病残等③；后者主要指由于社会制度或社会结构等社会因素而处于弱势地位的人群。

综上所述，弱势群体是一个虚拟群体，是社会中一些生活困难、能力不足或被边缘化、受到社会排斥的散落人的总称。为了更好地研究弱势群体需要对它进行分门别类。根据成因的不同，弱势群体主要分为生理性、自然性及社会性弱势群体。按照所处地域的不同，弱势群体主要分城市弱势群体及农村弱

---

① 〔美〕Gitterman A.（1991），*Social Work Practicewith Vulnerable Population In itteman*，A.（ed），Handbook of Social Work ；Gitteman，A. &Shulman，L.（1994），Mutual AidHall. p. lGroups，Vulnerable Populations，and the Life Cycle，pp. 1 – 32.

② 张友琴：《社会支持与社会支持网弱势群体社会支持的工作模式初探》，《厦门大学学报》2002 年第 3 期。

③ 刘祖云、刘敏：《农民：一个典型的结构性弱势群体》，《学习论坛》2005 年第 6 期。

势群体等两类。现实生活中弱势群体的群体分类比较常用，大部分学者认为弱势群体主要包括失业下岗职工、"三无人员"、被征地农民、残疾人、重病患者、农民工、单亲家庭、孤儿、老年人等特殊群体。

二 弱势群体的特点

第一，生活困难、消费相对单一。大部分弱势群体是经济上的低收入者，其人均收入普遍低于社会平均水平。弱势群体收入来源比较单一，多数依靠零工收入、政府补贴及社会救助基金。因大部分弱势群体年龄偏大，有生理缺陷，劳动能力比较单一，在市场竞争中容易被淘汰、再就业十分困难，生活容易陷入贫困。这种生活贫困主要表现为生活必需品数量少，又表现为生活质量的低层次。从消费结构来看弱势群体消费比较简单，主要以衣食消费为主，入不敷出，日常生活中使用廉价商品，几乎没有文化娱乐消费。

第二，文化水平低、身体素质差。因大部分弱势群体生活贫困，缺乏足够的教育经费及必要的支持，好多弱势群体子女经常辍学并经长期积累产生代际效应，导致子女更加贫困，严重影响社会治安及经济发展。

第三，政治上的低影响力。弱势群体作为社会底层群体远离社会权力中心，较少参与社会政治活动，难以影响公共政策的制定，对于政治活动影响力很低。

II 弱势群体就业和社会保障方面的相关研究成果

2002 年朱镕基总理首次在政府工作报告中正式提出弱势群体这个概念以后，弱势群体问题引起了国内学者的广泛关注。我国学者对弱势群体问题的研究历史较长，最初研究始于 20 世纪 80 年代后半期对城市贫困问题的关注。"九五"期间我国学者对弱势群体研究的成果颇多，主要有陆学艺、李强、朱力等人从宏观、微观及社会分层角度对弱势群体的产生、社会支持及城市贫困问题进行了比较深入的研究。薛晓明从社会学角度分析了弱势群体的构成、分类及我国保护弱势群体存在的问题的基础上，从立法、政策、制度等方面提出了一些支持弱势群体的建议①。刘祖云在《弱势群体的社会支持：香港模式及其对内地的启示》一书中，以实地调查为基础，对弱势群体社会支持的香港模式进行梳理、总结和探讨并提出了相关的政策建议②。在少数民族弱势群体方面，阿迪力·买买提等人在新疆各地州的实地调研基础上，对新疆少数民族弱势群体的规模、形成原因及相关社会支持政策进行了比较深入的分析。总的来说，我国学者对弱势群体的研究比较全面，大部分学者从民族学、社会学、政治学的角度出发，对我国弱势群体规模、构成部分及相关社会支持进行了深入分析，但弱势群体就业和社会保障方面的研究则处于起步阶段。

一　弱势群体就业方面的研究

就业不足是弱势群体产生的主要原因之一。目前国内弱势群体就业方面的研究比较全面，主要研究成果有高一诺等人在分析城镇弱势群体的分类、构成、成因、就业现状、特征、面临的形势的基础上，分析了该群体就业陷入困境的理论成因和制约其稳定就业的因素，最后，结合我国城镇弱势群体就业的实际状况，提出了促进我国城镇弱势群体就业的对策③。2005 年，作为山东省社科规划重点项目"弱势群体就业保护制度改革对策研究"核心成果的《弱势群体就业新论》④ 一书，对我国弱势群体就业再就业的现状、困境与出路进行了较为全面的分析，提出了一些富有建设性的对策建议。新疆弱势群体就业方面，李全胜等人在以新疆区域经济发展与就业之间的相互关系为视角，选定新疆大学生，特别是少数民族大学生的就业问题作为研究对象，从理论研究和实证研究两个层面进行了系统性的分析，尤其是从专题研究视角，

① 薛晓明：《转型时期的弱势群体问题》，中国经济出版社，2005。
② 刘祖云：《弱势群体的社会支持：香港模式及其对内地的启示》，社会科学文献出版社，2011。
③ 高一诺：《城镇弱势群体就业问题研究》，中央民族大学硕士学位论文，2010。
④ 《弱势群体就业新论》，华南科技出版社，2005。

对新疆的典型区域——"南疆四地州"的少数民族高校毕业生就业情况进行专题研究，并对国家取消大学生毕业包分配政策后，政府历年来出台的促进就业政策进行了系统的梳理和分析，提出了相应的改进建议①。总的来说，国内学者对城镇弱势群体就业方面研究比较全面，但大部分研究都集中在理论层面，缺乏实证分析，所提出的政策建议缺乏一定的可操作性。与城镇弱势群体就业研究相比，农村弱势群体就业研究刚处于起步阶段，大部分研究都集中在农村剩余劳动力转移及农民工就业、创业等三个方面，缺乏实证分析和综合分析。

二 弱势群体社会救助方面的研究

国内学者对弱势群体社会救助的研究大多数是从社会学和经济学的角度，研究成果比较丰富。杨团认为对弱势群体救助十分必要，保护弱势群体首先应该是最低生活保障政策，但更大的难题在于如何保证社会保障制度的公平性，以加强对贫困群体的保护程度②。李林认为在对弱势群体社会救助方面存在的一个问题是，缺乏对弱势群体人权的尊重和保障③。王思斌提出弱势群体社会救助制度在建立过程中还面临着不少困难，制度内部还存在着一些张力。要完善社会救助制度应建立农村最低生活保障制度，充分发挥民间组织和民间力量在社会救助中的作用，把社会工作的方法应用到社会救助中去④。李刚认为社会救助制度中存在立法层次低、救助资金供需矛盾、专项救助制度相对缺失等问题，政府应该从完善低保制度、建立专项救助制度和大量培育非政府组织这三个方面来完善中国的社会救助制度⑤。面对日益突出的城市贫困问题，我国学者主要对我国贫困弱势群体的规模、分布、社会救助政策效果及完善方面进行了大量的研究。

① 李全胜：《新疆区域经济发展与大学生就业研究》，中国经济出版社，2011。
② 杨团：《弱势群体及其保护性社会政策》，《前线》2001年第5期。
③ 李林：《法治社会与弱势群体的人权保障》，《前线》2001年第5期。
④ 王思斌：《转型中的中国社会救助制度之发展》，《文史哲》2007年第1期。
⑤ 李刚：《我国社会救助体系的问题与对策》，《科学决策》2005年第3期。

三　弱势群体医疗保障方面的研究

长期以来弱势群体的医疗保障问题受到广泛关注，相关的研究成果也有不少。孟庆跃、姚岚等人比较系统地分析了城市弱势群体医疗救助制度建设需要遵循的基本原则和规律；从实践层面，以城市社区卫生服务与贫困救助项目和全国各地医疗救助实践为基础，比较系统地总结了弱势群体医疗救助的经验，分析了存在的问题，提出了完善医疗救助制度的建议[①]。陈霞以弱势群体医疗保障制度的建立和完善为主线，以包头市为个案进行研究，对包头市弱势群体的医疗保障的现状及原因进行了分析，阐述了解决弱势群体医疗保障的一些对策[②]。

四　被征地农民弱势群体社会保障方面的研究

在国外，尤其是在西方发达国家，被征地农民的社会保障问题并不具有独立的研究意义。其原因在于：一是在市场经济较为成熟的国家，土地的占有者一般通过购买或继承等行为获得土地，产权关系清晰，以私人占有为主，土地作为生产资料往往以市场化的方式进行交易，且多采用一次性买断的方式。二是由于发达国家社会保障已经比较完善，农民的社会保障问题已经被全面地融入整个社会保障体系之中，土地上并不附着社会保障功能。这样，土地征用和买卖就成为一个常规的市场化过程，也不会产生过于尖锐的社会矛盾。因此，国外关于征地农民的社会保障研究并未单列，但是，国外关于社会保障方面的制度措施对我国社会保障制度的完善仍然具有重要的借鉴意义。随着我国城市化的加速及大量被征地农民弱势群体的出现，被征地农民社会保障问题受到了国内广大学者的重视。他们认为被征地农民是城市化和工业化的产物，是城市化进程的客观现象，并主要从土地的保障功能、社会稳定、社会公平、城市化发展、解决"三农"

---

① 孟庆跃、姚岚：《中国城市医疗救助理论和实践》，中国劳动社会保障出版社，2007。
② 陈霞：《弱势群体医疗保障问题研究》，内蒙古大学硕士学位论文，2010。

问题以及构建和谐社会等角度，论述被征地农民社会保障的必要性和必然性。这类研究主要是采用调查和统计的方法来描述被征地农民的生活、收入、就业、社会保障及心理等各方面的状况，其研究成果以各种调研报告为主。随后理论界对被征地农民社会保障体系进行了有益的探讨，他们指出被征地农民社会保障体系的主要内容除养老保险、失业保险、医疗保险和最低生活保障之外，还应包括为被征地农民提供教育和职业培训及为被征地农民提供法律援助等内容；被征地农民已经失地，不同于传统意义上的农民，将被征地农民纳入城镇社会保障体系是实现被征地农民基本生活保障的前提。有的学者提出由于被征地农民的特殊性，其社会保障不同于一般城镇居民的社会保障，以征地补偿安置费和土地转用后的增值收益为主要资金来源，设立被征地农民社会保障基金，建立被征地农民社会保障体系①。有的学者认为，被征地农民社会保障的制度建设与农村社会保障制度建设是同一问题的不同视角，具有相同的终极目标，不能让被征地农民的社会保障脱离于农村社会保障制度建设的目标框架，而农村社会保障的制度设计也不能碍于社会保障城乡一体化的最终实现②。此外，还有学者提出了建立以就业为支撑的政府主导型被征地农民社会保障体系③。这一系列的研究成果都为我们最终建立被征地农民社会保障提供了有益的参考。总的来说，学术界的研究重点主要集中在被征地农民社会保障的必要性及具体运行方面，缺少对制度现实运行层面的考察，忽视政府的主体建构性作用；而且对于被征地农民社会保障制度并没有形成一个具有可操作性的完整体系，而针对新疆地区被征地农民社会保障方面的研究则更少。

---

① 鲍海君、吴次芳：《论失地农民社会保障体系建设》，《管理世界》2002 年第 10 期。

② 陈信勇等：《失地农民社会保障制度建构》，《中国软科学》2004 年第 3 期。

③ 涂文明：《城市化进程中失地农民社会保障模式的选择和建构》，《理论导刊》2004 年第 12 期。

Ⅲ 研究意义及研究方法

一 研究意义

随着社会经济的发展和城市化进程的加快，改革开放的不断深入及传统计划经济模式的逐渐打破，现实中产生了一个新的社会群体，即社会弱势群体。弱势群体本身能力差、再就业困难，一旦面临各种自然灾害，便失去了最基本的生活保障，从而面临着生活、就业和社会保障等一系列问题。这些问题若处理不当，很容易引发社会矛盾，影响社会的稳定和城市化的顺利进行。因此，为妥善解决上述问题，新疆出台了一系列政策，初步建立了以农村扶贫、城市最低生活保障、医疗救助及再就业为主的城乡社会保障体系，但具体运行方面还存在一些不足。因此找出目前存在的问题，提出针对性的政策建议，在完善现行办法、确保新疆长治久安、实现社会和谐方面具有一定的理论意义和现实意义。

二 研究的主要内容、研究方法、主要观点及研究重点、难点

（一）研究内容

本课题以科学发展观及"三个代表"重要思想为指导，系统分析国外农村社会保障的主要模式，找出规律；比较分析国内部分地区弱势群体社会保障办法实施情况；回顾总结新疆城市反贫困、农村低保、医疗救助及被征地农民社会保障方面存在的问题，预测未来发展趋势，找出主要制约因素，剖析各种保障模式的优劣，进而提出针对性的政策建议。

（二）研究方法

本课题研究坚持理论联系实际，逻辑分析与实证分析、综合研究、比较研究相结合的方法。具体为：（1）理论探索研究；（2）调查研究（问卷调查、实地入户访谈、统计调查）；（3）专家咨询

会；（4）典型地区和内地的比较研究。

（三）主要观点

本研究强调改革和完善新疆弱势群体社会保障方式对新疆社会稳定的影响和作用，突出完善被征地农民社会保障的必要性及重要性并提出复合型社会保障模式的政策建议。

（四）研究重点

分析新疆弱势群体社会保障的现状及存在的问题；提出符合新疆区情的，兼顾政府、农民、集体共同利益的切实可行的新疆被征地农民社会保障实施方法。

本课题结合新疆特殊的经济环境及社会环境，重点探讨制约新疆被征地农民社会保障的主要因素，重点研究内地省市被征地农民社会保障的经验教训及其对新疆的启示。

（五）研究难点

（1）差别性养老保障方式的确定、就业和培训服务体系的完善；（2）新疆境内跨地区调研和数据获取的难度较大。

第一章 转型时期新疆城镇弱势 群体贫困问题研究

　　贫困是社会中某一部分人的一种生存状态，在这种生存状态中人们不能合法获得基本的物质生活条件和参加基本社会活动的机会，以至于不能维持一种个人生理和社会文化可以接受的水准。贫困是一个全球性、长期性、现实性和综合性的问题，无论发展中国家还是发达国家或是社会主义国家都存在贫困现象。

　　新疆的贫困问题主要是农村贫困，农村贫困人口占全疆贫困人口的绝大多数。但当下城镇贫困问题则显得更为严重。新疆城镇贫困人口的存在和继续增加，不仅制约了经济的健康发展，严重影响社会公平、公正和民族团结，造成人力资源的浪费，会极易引发盗窃、抢劫等犯罪行为，也可能会被"三股势力"利用，成为分裂国家和煽动闹事的政治资本，直接危害社会稳定和国家安全，并可能会成为新疆全面建设和谐社会的重要障碍。所以新疆城市贫困问题不能忽视。解决新疆城镇贫困已成为各级政府的重要责任。

　　新疆的贫困问题一直被看作是农村现象，主要是因为当时城市贫困人口的绝对数量微不足道。在计划经济条件下，国家通过单位实现对城市居民的调控并对其生活资源实行统一分配，当时的城市是"低工资，高就业"，因此，长期以来，我们认为城里人的日子比农村好过，除了传统"三无"对象以外，城市里根本不存在贫困问题。随着我国经济体制向市场经济的转变，各种改革措施的实施，城市失业下岗问题日渐突出，企业退休职工的退休收入微薄，有些还不能按时发放，再加上生活费、教育费用、医疗费用等的大幅上升以及明显拉大的城市贫富差距，城市形成了一个"新贫困"阶层，据国家统计局调研报告显示，我国近80%

的贫困人口集中于中国西部地区，新疆作为一个多民族聚居区，由于经济基础相对薄弱，工业化相对落后，城镇就业压力较大，加之少数民族家庭平均人口偏多，总体文化水平偏低，导致贫困家庭比例较高，情况不容乐观。

第一节　新疆城镇贫困群体的分布及现状

一　新疆城镇贫困人口的界定和规模

（一）新疆城镇贫困线及救助标准

了解城镇贫困群体的首要问题，就是界定贫困群体的范围。界定城镇贫困群体方面我国目前主要采用恩格尔系数法、基本生活需求法和国际贫困标准来确定城镇贫困线。按照我国通用的标准恩格尔系数大于 60% 为贫困，新疆最初提出以 10% 最低收入户的日常消费数据为基础，分别列出吃、穿、住、用、烧、医疗、教育、服装等方面的生活必需品的清单，参照市区居民消费价格指数，并以城市人均可支配收入作为基本依据制定其城市低保标准（或最低生活线标准）。

表 1 - 1　新疆各年份城镇居民平均可支配收入和消费价格指数

年　份	2001	2002	2003	2004	2005	2006	2007	2008	2009	2010
平均可支配收入(元)	6315	6554	7006	7503	7990	8871	10313	11432	12258	13644
消费价格指数(%)	104	98.9	100.5	102.1	100.6	101	104.6	107.3	100.2	103.6

资料来源：《新疆统计年鉴》（2011）。

如全区收入最低的 5% 的困难户 2004 年人均可支配收入为 1525.8 元，只为全区平均水平的 20%，人均消费支出 1699 元，明显入不敷出，食品类消费支出占总支出的 51.1%，属于绝对贫困人口。如果按国际贫困标准来计算，2004 年新疆城镇居民人均收入为 7503 元，贫困线为月收入 187 元，到 2005 年底新疆城镇居民人均收入为 7990 元，贫困标准为月收入 200 元。（国际贫困标准一般以本地区平均收入的 50%～60% 作为该地区的贫困线，但我国一般按该地区平均收入的 20%～30 或 1/3 作为该地区的贫困线标准。）

　　贫困从相对的角度来看，是一个不断发展的动态的概念。社会不断发展，人民生活水平不断提高，但总有一部分人口的生活水平相对较低。只要收入差距存在，则必然存在相对贫困。我区一般认为城镇居民月收入低于 157 元被看作贫困。因为我区幅员辽阔，各地区社会经济发展不平衡，生活水平差别比较大，所以各地根据当地的实际情况确定了自己的贫困线和最低生活标准。

表 1－2　2011 年新疆各地区贫困标准和低保发放标准

单位：元

地　区	标　准	地　区	标　准
乌鲁木齐市	256	石河子市	175
克拉玛依市	320	奎屯市	220
喀什地区	159	吐鲁番地区	158.67
和田地区	172	哈密地区	185（130 哈密市）
阿克苏地区	156	塔城地区	160.71
巴州	166（各县） 213（库尔勒市）	阿勒泰地区	157.57

资料来源：民政部网站。

　　目前新疆各地区之间的差异比较大，根据各地的贫困标准，把新疆的贫困线可分为三个档次。

　　（1）高档：主要包括贫困标准超过 220 元以上的地区。主要有乌鲁木齐，克拉玛依、奎屯等北疆较发达的城市和南疆中心城市库尔勒市。

　　（2）中档：它主要指贫困线在 185～220 元之间的城市。其中有哈密市，库尔勒市

　　（3）低档：新疆的大部分城镇主要属于低档区。主要包括南疆四地州和北疆阿勒泰地区。

（二） 新疆城镇贫困人口的规模

按照以上标准，我们可以大概地推算新疆城镇贫困人口的规模。据新疆民政厅的初步统计，到 2002 年 10 月份新疆城镇贫困人口为 41.28 万人，共 14.87 万户，占全部城镇人口的 6%。2004 年新疆城镇贫困人口大约为 59.6 万人。到 2005 年随着新疆社会最低社会保障范围的不断扩大，这个数字有了明显的提高。据民政部的有关公报，到 2005 年 9 月份新疆城镇贫困人口为 728025 人，共 291295 户，占城镇总人口的 9.7%（这个数字不包括城镇流动人口和各种灾害移民、创业移民）①。据国家民政部有关统计资料显示，2011 年新疆城镇贫困人口为 949950 人，共 427985 户，占新疆城镇总人口的 8%。

二 新疆城镇贫困人口的分布

（一） 新疆城镇贫困人口的群体分布

（1）民政部救济的对象，其中包括伤残军人，残疾人，孤寡老人及部分特定的优抚对象，这些贫困人口数量比较稳定，变动性比较小，容易管理，对社会发展和稳定的影响比较低，其安抚工作由国家统一安排，救济金由国家统一发放，生活基本得到保障，数量基本上可以确定。

（2）随着改革开放的深入，进城打工的农民工和在农村失去土地在城镇定居的农村人口、流动人口，流动性强，变动比较大，所占比重较小，难以统计和统一管理。

随着新疆城市化进程的快速发展和农村地区人地矛盾的进一步加剧，大批农村剩余劳动力脱离养育自己的土地，满怀希望地涌进繁华的大城市。这部分人进城务工都是自发的，主要是亲朋好友介绍的或由乡亲提供信息的。他们当中一部分人在打工城市定居下来成为该市住民。他们文化水平比较低，几乎没有什么技术和资本，主要从事建筑业、销售服务业、搬运保洁业等本地人

---

① 天山网，http：// www.tianshan.net。

不愿从事的行业，劳动力成本低，能吃苦耐劳，即使他们与常住居民从事相同的工作，但获得的报酬也偏低。由于当地户口制度的限制，他们往往在就业、教育方面受到不公平的待遇，无法享受当地人享受的就业、医疗、养老等最基本的社会保障，极少的工资也常常遭遇被拖欠的命运。据有关部门统计，在新疆城镇定居打工的农民工的贫困发生率普遍高于本地常住人口。

新疆目前城市规模不大，人力资源比较短缺，而每年约有100多万农民工在新疆创收。新疆各城镇的农民工主要以疆外民工为主。这些农民工工资待遇低、条件艰苦，成为新疆城镇贫困群体的重要组成部分。

（3）困难企业的职工：他们不同于下岗职工和失业人口，与其他群体相比工作比较稳定。虽然他们暂时有了比较稳定的工作，但是经常存在工资拖欠，停工整顿，公司破产等现象，工资水平与其他行业相比，比较低，有时甚至连工资都发不下来。有时困难企业本身存在严重的经济困难，好多职工无法参加各种基本的社会保险。

（4）近几年来出现的下岗职工或是在再就业服务中心暂时找不到工作的失业人，这些人目前是新疆城镇贫困群体的主体，他们当中大部分人的年龄偏大，女职工所占的比例比较大，技术水平低，其中绝大部分人所掌握的知识已经过时，很难适应新的的工作环境，因此再就业能力和竞争力明显低于其他群体。基本上靠原单位发放的生活补贴来维持自身的日常生活。据新疆民政厅的统计2002年下岗职工大概为13.4万①。各城镇失业率2009年为3.84%，2010年为3.23%，各地区详情见表1-3。

（5）经营当中的失败者：这主要包括城镇当中经营破产的个体户、企业家。这部分人数量比较少，变动性比较大，难以计算和管理。

（6）疾病、自然灾害的受害者：新疆是灾害多发地区，各种自然灾害不计其数。据新疆有关部门的统计，平均每天有一人死于自然灾害。2006年上半年以来，新疆因暴雨、洪水、冰雹、

---

① 新疆都市热线，http://www.xjuso.com.8080。

表 1 - 3　新疆各城市城镇登记失业率

单位:%

地　区	2009 年	2010 年
乌鲁木齐市	4.10	3.72
克拉玛依市	1.80	1.48
石河子市	2.02	1.69
吐鲁番地区	3.16	2.86
哈密地区	3.61	3.24
昌吉回族自治州	3.75	3.37
伊犁州直属县（市）	3.04	3.97
塔城地区	3.23	1.96
阿勒泰地区	2.65	2.95
博尔塔拉蒙古自治州*	3.75	3.64
巴音郭楞蒙古自治州○	3.31	2.85
阿克苏地区	3.02	3.53
克孜勒苏柯尔克孜自治州△	3.93	4.07
喀什地区	3.95	3.96
和田地区	4.00	3.20
总　　计	3.84	3.23

资料来源:《新疆调查年鉴》(2011)。

说明：* 以下简称博州，○ 以下简称巴州，△ 以下简称克州。

　　大风等自然灾害共造成 121.32 万人受灾，死亡人数 28 人，直接经济损失 15.37 亿元。尤其是 2006 年 7 月，山洪和泥石流，已造成 25 人死亡①。这种自然灾害在南疆地区比较频繁。频繁的自然灾害必然产生大量的贫困人口。这种贫困人口原来不一定是贫困人口。

　　我国目前正处于社会转型时期，随着国家体制从计划经济向

————————

　　① 天山网，http：// www. tianshan. net。

市场经济的转变和医疗改革的深化，好多医疗机构和医药走向市场化、社会化，医疗服务价格已经达到了人们难以接受的水平，况且目前新疆社会保障制度不太完善，保障范围窄、保障标准低，一般很难满足普通人的健康需求，医疗问题已经上升为全社会普遍关心的中心问题。如果需要治疗大病的话，一般处于中等收入水平的人将会面临倾家荡产、家破人亡的危险情况。据有关部门的调查，新疆城镇贫困群体当中将近一半的贫困人口认为，疾病是导致其贫困的主要原因。

（7）其他人员：这部分人包括乞丐、流浪汉和来自于困难家庭但毕业以后暂时找不到合适工作的大学生。这部分人虽然暂时处于困境，但是他们早晚会得到社会的大力支持和帮助。尤其是其中的乞丐、流浪汉只要达到国家的救助标准，他们的基本生活主要由国家来安排，这种人对社会的总体压力不大，一般相对稳定和便于管理。

2004 年城镇低收入群体人口 59.6 万人，这部分人主要包括：下岗离岗职工、失业人员、无业人员、困难企业职工、因健康状况差或残疾不能工作的人员、无亲友抚养或又无储蓄的人员、多子女家庭、受灾户、重病户家庭等。据新疆民政部门统计，截至 2004 年底，在新疆享受城市低保待遇人员的构成中，失业人员占 20.8%，"三无"人员占 6.1%，下岗离岗职工占 6.3%，特困职工占 2.3%，离退休人员占 2.3%，其他人员占 62.2%。2005 年 6 月份，新疆享受城市居民最低生活保障待遇的 225640 户、593794 人，其中：在职职工 12647 人，在"再就业中心"待岗职工 22777 人、离岗人员 14951 人、离退休人员 13423 人、失业人员 121228 人、三无人员 36899 人、其他人员 371869 人。一部分隐性贫困群体难以统计。据估算新疆城镇贫困群体占城镇人口总数的 8% 左右（来自于民政部公报）。

从以上分析可以看出新疆城镇贫困群体主要由劳动人口和非劳动人口组成。劳动人口主要是失业人口和就业人口，他们的共同特点是没有足够的劳动收入用来满足自身的基本需求。非劳动人口主要是传统的老、幼、弱、残人员，他们的共同特点为一般没有足够的能力用来维持自身的最基本的生活需要。新疆城镇贫

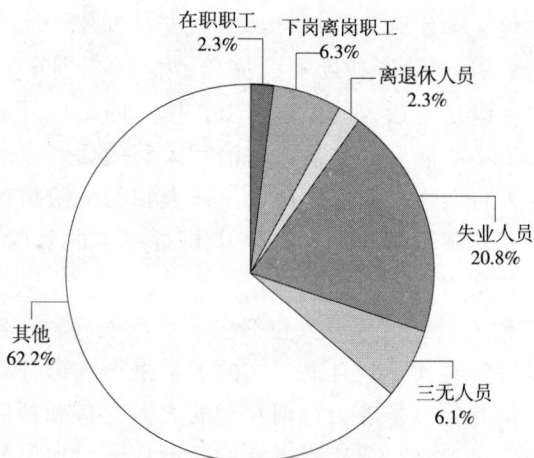

图 1 - 1　2004 年新疆享受城市低保人员构成

困群体分布具有时代性。上世纪 90 年代以前的城市贫困群体，主要是无劳动能力、无经济来源、无法定赡养人和抚养人的"三无"人员，而 90 年代以后新出现的城市贫困群体中，大部分人是有工作能力并且愿意工作，但没有工作机会的失业、下岗人员。

（二）新疆城镇贫困人口的地域分布

新疆城镇大部分贫困人口主要集中在新疆南部喀什地区、和田地区、克州和北疆的阿勒泰、塔城地区等少数民族人口集中居住的经济欠发达地区，其中喀什地区和和田地区城镇贫困人口所占比重较大，占全部城镇贫困人口的绝大多数，北疆地区贫困发生率比较低，贫困程度不太严重，特别是克拉玛依市几乎不存在贫困人口，城镇贫困人口的分布出现了明显的区域性（见表 1 - 4）。其次南疆地区和北疆地区贫困的性质表现为显著的差异性并形成了两头大、中间小的贫困分布格局。南疆地区的城镇贫困是绝对贫困，主要目标是解决城镇贫困人口的衣食问题，保证基本的生活需求，北疆地区的贫困主要是相对贫困，扶贫的重点是提高城镇贫困人口的生活质量。

表1－4　新疆各地区城镇贫困人口的数量

地　区	城镇贫困		地　区	城镇贫困	
	人口	户		人口	户
乌鲁木齐市	21613	13169	喀什地区	210414	76388
克拉玛依市	2342	1225	和田地区	101053	53152
哈密地区	20311	10138	伊犁州直属县	124672	49651
吐鲁番地区	14158	6584	塔城地区	52444	22321
昌吉回族自治州	15036	7302	阿勒泰地区	53045	21234
博尔塔拉蒙古自治州	30804	12383	奎屯市	2660	1262
巴州	51274	25087	石河子市	3141	2544
阿克苏地区	101195	41832	新疆维吾尔自治区	949950	427985
克州	37734	15183			

资料来源：民政部网站，访问时间为 2011 年 11 月。

根据贫困发生率的不同，新疆城镇贫困地区可分为三个档次。

（1）高度贫困区。贫困发生率为 8%～11%。主要包括和田地区、喀什地区、克州和阿勒泰地区。

（2）中等水平的地区。贫困发生率为 4%～7%。其中有塔城地区、阿克苏地区、巴州、哈密地区、博州。

（3）富裕地区。贫困发生率一般低于 4%。它主要包括天山北坡经济比较发达的地区。其中贫困发生率最低的有石河子市和昌吉州。据国内经济学家们估算，以 2004 年为例，中国城镇人口贫困发生率为 6%～8%，从中我们可以看出，新疆天山北坡经济带的贫困发生率普遍低于全国平均水平，甚至可以达到沿海比较发达省市的平均水平，从城镇居民收入情况来看，该地区城镇居民收入已经超过全国平均水平，甚至达到了初步小康水平，已成为新疆，乃至西部五省区当中经济比较发达的富裕地区。为了更加直观地描述新疆城镇贫困人口的分布情况，笔者绘制了一张新疆城镇贫困人口分布图。

新疆大部分城镇贫困人口不仅在大的方面表现为地域性，而且在某个城市、某个地区集中居住，形成一个特殊的贫民社区。比如说乌鲁木齐市的大部分城市贫困人口主要集中在雅玛丽克山、西山、黑甲山和银泉路、六道弯一带，他们占乌鲁木齐市城市贫困人口的绝大部分。以新疆莎车县为例，该县城镇贫困人口为 28067 人，共 10360 户，其中绝大部分城镇贫困人口集中居住在生活条件比较差的莎车老城区的雅阔恰社区、恰萨社区、艾斯提皮尔社区、南关社区和巴格恰阿勒迪社区。莎车新城贫困人口所占比重较少，主要以中高收入人群体为主，分布方面表现出了某种社区性。

（三） 新疆城镇贫困人口的行业分布

目前新疆城镇贫困人口的分布具有一定的行业性。城镇人口的收入主要来自于工资收入和其他福利待遇（其中工资收入比较稳定，福利收入变动性大，难以计算）。城镇贫困主要是物质贫困（经济贫困），物质贫困本质上是收入贫困。一般来说工资收入比较低的行业贫困发生率高于其他行业。1990 年平均工资最高的行业是地质勘查水利管理业，最低的是农林牧渔业，两个行业的平均工资比为 1：2.04（以低者为 1，下同），绝对差距为 1823 元；2002 年平均工资最高的行业是金融保险业，最低的依然是农林牧渔业，两者的平均工资比为 1：2.87，绝对差距为 12152 元[①]。制造业、零售业和建筑业是低收入行业，这些行业属劳动密集型，在岗工人比较多，技术水平低，情况不佳，特别是新疆纺织行业情况相当严重，下岗、破产现象相对突出。新疆的制造业大多是传统型的，像特变电工那样的现代装备制造业实属凤毛麟角。从另一个方面讲，垄断行业的不合理高收入问题依然突出。民航、铁路、电力、电信、金融保险这些行业，依靠自己的垄断地位获得高额的垄断利润，这些行业职工平均工资大大高于全疆、全社会职工平均工资水平。据统计，2003 年，最高收入行业的职工工资水平是最低收入行业的 4.05 倍；垄断行业职工平均工资相当于全社会职工平均工资 1.39～2.19 倍。这里还不包括制度外收入和实物福利部分。垄断行业除工资水平显著高于其他行业以外，其福利待遇也普遍高于其他行业，如果加上制度外收入，差距会更大。

---

① 来自于新疆城调队网站，http：//www.xjuso.com。

表 1 - 5 分行业在岗职工年平均工资（2008～2010 年）

单位：元

年份	制造业	建筑业	采矿业	批发零售	电、燃气	金融业	交通运输邮政	居民服务	教育
2008	24937	21260	40916	23482	33551	42633	37275	16488	26656
2009	27177	25319	42765	27119	38268	50568	41549	18215	29884
2010	31666	29339	48338	32726	44435	59082	47070	18453	35256

资料来源：《新疆统计年鉴》（2011）。

表 1 - 6 新疆分行业在岗职工年平均工资

单位：元，%

行　业	2005 年	2010 年	2010 年比 2005 年年均增长
全部职工	15558	32361	48
农、林、牧、渔业	9896	20174	49
采掘业	23337	48338	48
制造业	14871	31666	47
电力、煤气及水的生产和供应业	21920	44435	49
建筑业	14005	29339	48
地质勘查业水利管理业	13419	26220	51
交通运输仓储和邮电通信业	17767	47070	38
批发零售贸易和餐饮业	15127	32726	46
金融、保险业	25149	59082	43
房地产业	14517	23288	62
社会服务业	14176	22531	63
卫生体育和社会福利业	17297	33381	52
教育、文化艺术和广播电影电视业	16972	35256	48
科学研究和综合技术服务业	19077	38696	49
国家机关、政党机关和社会团体	17661	36753	48

资料来源：《新疆统计年鉴》（2011）。

从这些资料中我们可以看出，在各个行业当中制造业、建筑业、零售业的贫困发生率比较高，金融业、民航、交通、电力、燃气、电信等垄断行业的贫困发生率几乎为零。据新疆有关部门的调查，目前新疆大部分失业、下岗贫困人口主要集中在纺织、机械、零售业等行业。

（四）新疆城镇贫困人口的职业分布

不同的群体所从事的职业从不同的角度能够反映从业者的劳动技能、劳动报酬和劳动成果。职业是行业内部的重要组成部分，如果行业内部分工协作细致，内部职能繁多，从而职业也就多。我区正处于社会转型时期，虽然劳动者从事相同职业，但是他们的劳动能力，因劳动熟练程度、资历方面的不同，所得到的报酬也不同。假如同一个人从事不同的职业，由于职业差别他所得到的报酬也有所不同。据新疆有关部门的计算，新疆各城镇当中低收入人口主要集中于部分零售业、建筑业等比较艰苦的职业。

三　新疆城镇贫困人口的现状

（一）生活情况

1. 贫困人口恩格尔系数大，消费构成相对单一，主要以食品为主

城镇贫困群体消费水平普遍较低，恩格尔系数偏大，生活质量较差。新疆城市贫困户家庭食品消费的特点是，消费弹性低的食品如粮食、食用油等，其消费量与全疆平均水平差距不大，而消费弹性高的食品如副食品等，其消费量远远低于全疆平均水平，食品消费质量与全疆平均水平存在较大差距。

据新疆城市调查队 2004 年的调查，10% 最低收入群体年人均消费支出为 2284.8 元，仅为城镇平均水平的 39.6%，其中，48% 的消费支出用于食品消费，恩格尔系数比城镇平均水平高出 12 个百分点。到 2005 年底，"被动性消费" 在低收入居民家庭中占有相当比重。作为生活必需品的水、电、燃料消费的人均水平仅为城镇平均水平的 48.5%，但占消费支出的比重却为 8.9%，比城镇平均水平高出 1.6 个百分点。

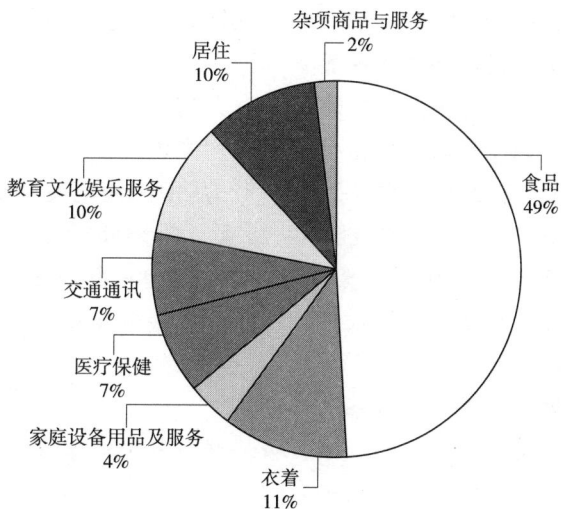

图 1-2　城镇贫困群体各项消费支出所占比重

表 1-7　城镇居民家庭平均每人全年各项消费性支出所占比重（2010 年）

单位：%

项　目	总平均	最低收入户		低收入户	中等偏下户	中等收入户	中等偏上户	高收入户
		一般	困难户					
消费性支出	100	100	100	100	100	100	100	100
食品	36.23	45.93	50.73	40.82	35.56	33.44	32.04	30.08
衣着	14.84	10.72	10.67	13.56	16.99	15.23	14.53	15.79
家庭设备用品及服务	6.57	5.40	4.86	6.72	6.48	6.79	7.34	6.82
医疗保健	6.94	7.27	6.18	7.04	6.31	5.74	9.40	7.52
交通通讯	12.32	7.56	7.05	10.68	13.65	13.17	12.80	14.38
教育文化娱乐服务	9.93	8.44	6.83	10.34	8.20	11.24	10.76	10.80
居住	8.81	12.82	12.07	7.72	8.56	9.16	8.79	7.89
杂项商品与服务	4.36	1.86	1.60	3.12	4.25	5.23	4.33	6.72

资料来源：《新疆统计年鉴》（2011）。

2. 衣着只能满足蔽体的需要

抽样调查资料反映出 2005 年新疆城市贫困家庭人均衣着消费支出为 249.12 元，与全疆平均水平相比低 69.9%，城市居民家庭对服装档次的追求上，贫困户大多购买实惠耐穿、价格便宜的衣物，对于款式、面料、是否时尚不大过问，只能衣着简朴。

3. 家庭耐用品消费水平低

耐用消费品的拥有量反映了一个家庭的生活质量。在耐用消费品方面，2005 年新疆城市贫困户人均家庭设备用品及服务支出 187 元，相当于全疆平均水平的 1/5。其中耐用消费品支出 68.2 元，低 73.1%；日用杂品支出 44.78 元，低 54.8%。从 2001 年新疆城市贫困家庭对 20 种主要耐用消费品的拥有量来看，普遍低于全疆城市居民家庭的平均水平，特别是一些近几年兴起的新型耐用消费品对贫困家庭来说是可望而不可即的。

4. 饮食质量差，只能基本满足温饱

2006 年抽样调查资料显示，新疆城市贫困户家庭食品支出人均 1120.73 元，相当于全疆城市居民平均水平的一半。由于受收入水平的限制，贫困户对价格较贵的食品可望而不可即，只能维持基本温饱现状。从统计数据来看，其食物以粮食为主，脂肪类和蛋白质类少，营养严重不足。

表 1-8 新疆城镇居民食品消费对比表

项　目	总平均	贫困户	中等收入户	高收入户
粮食（千克）	89.76	99.17	84.87	94.32
食用植物油（克）	10.94	11.74	11.05	11.77
猪肉（千克）	7.33	6.90	6.21	8.93
牛肉（千克）	3.86	3.50	3.77	5.29
羊肉（千克）	9.87	9.86	12.14	10.96
家禽（千克）	8.14	6.88	7.53	10.02
鲜蛋（千克）	7.91	8.28	8.06	9.00
鱼（千克）	4.17	3.76	3.97	5.16
鲜菜（千克）	96.15	97.27	87.27	117.95
鲜瓜果（千克）	57.36	55.18	69.57	68.98
糕点（千克）	4.01	2.77	4.33	5.71
鲜乳品（千克）	21.80	21.59	21.49	28.13
奶粉（千克）	0.23	0.10	0.49	0.21
酸奶（千克）	3.38	2.54	3.71	4.22

资料来源：《新疆统计年鉴》（2011）。

5. 家庭规模大，就业人数少，负担系数过高

大部分城镇贫困人口以大家庭为主，一是平均每户 4.26 人，比平均水平高出 1.2 人；二是负担系数高，城镇贫困家庭每户就业人口为 1.02 人，比平均水平（大约 1.48 人）低 0.46 人，无收入人口为 2.5 人，比平均高出 1.4 人，城镇贫困家庭平均每个就业人员负担人口 3.9 人，比平均水平高 1.9 人。

6. 收入水平低，收入增长缓慢

贫困表面上是一种低水平状态，其中最重要的一条是低收入。就收入状况而言，改革开放以来新疆城市居民的收入呈现出高速增长的态势，城镇居民生活逐年好转，但是城镇当中相当一部分人口始终处于绝对贫困状态，日常生活难以维持，连最起码的衣食问题都得不到最基本的保障。虽然新疆经济每年以 8% 的速度快速增长，但是城镇贫困人口收入增长十分缓慢，几乎无法享受改革开放的成果。据新疆城调队的调查，2006 年新疆城镇贫困人口可支配收入为 2258.2 元，相当于当年新疆城镇居民平均收入的 28.26%。

从城镇贫困群体收入来源构成看，2004 年 10% 的城镇贫困户人均可支配收入为 2314.5 元，是全区平均水平的 28.7%，收入构成中工薪收入 1287.1 元，经营性收入 461.6 元，财产性收入 31.5 元，转移性收入 534.3 元，贫困户除个体经营收入比城镇平均水平略高外，其余各项收入均明显低于平均水平。其中作为收入构成主要成分的工薪收入仅相当于平均水平的 20.1%，转移性收入相当于平均水平的 38.9%[1]（其中社会救济收入 150 元，占低收入家庭可支配收入的 7.0%）。

（二）身心状况

1. 文化水平低，子女教育培养方面困难重重

大部分城镇贫困群体文化水平比较低，具有小学或初中文化水平，有些城镇贫困人口甚至是文盲。相当一部分城镇贫困人口虽然有比较强烈的求学愿望，但是本身受到家庭经济因素的制约

---

[1]　资料来源：新疆都市热线。

和个人所承担学费的提高，无法实现自己的"入学"梦。从新疆目前的现状来看，相当一部分家庭对自己的孩子给予厚望，但是由于经济原因，他们子女受教育的机会更少，面临的障碍也更多，子女教育方面，贫困家庭可以说是有心无力。调查显示，将近80%的贫困家庭负担不起学校的各种学杂费和其他各项收费，而且有近70%的贫困家庭没有受到政府对贫困家庭子女入学的优惠政策。随着新疆高等教育的市场化和高等教育学杂费的提高，贫困家庭子女接受高等教育的机会几乎被剥夺，贫困家庭文化水平逐年下降，逐步产生贫困代际效应。

2. 身体特征：健康情况比较差，身体情况让人担忧

大部分贫困家庭人口众多，收入偏低，日常消费以廉价蔬菜和面食为主。绝大多数贫困家庭每星期只能吃到一两次肉，甚至有些生活特别差的家庭一年吃不上一次肉。另外贫困家庭所吃的蔬菜、面食种类特别单调，大部分为白菜、萝卜、土豆等廉价过时蔬菜或者目前市场上最便宜的菜。另外城镇贫困人口健康意识不强，平时不注意锻炼身体，生活没有规律，不太讲究卫生，这种相对简陋而不良的生活方式在长期积累过程中容易引发各种疾病。

从身体素质来看，目前新疆城镇贫困人口身体素质较差，其中将近一半以上的人患有各种慢性病或遗传病。随着医疗体制改革的深化和医疗事业的市场化，人们享受的医疗服务价格逐年上升，已经到了普通人无法承受的地步。一般的检查项目大概需要50~100元，虽然普通家庭可以接受，但是对贫困家庭而言却是一个比较大的数目。国家统计局新疆城市社会经济调查队于2003年5月上旬对首府医院看病就医的500名患者和社会市民进行了一次问卷式抽样调查。被调查者普遍认为目前的医疗服务价格较高，部分医疗服务项目已超出了他们的承受能力。据问卷调查，对目前医疗服务价格，除4%的患者未回答外，认为偏高的患者达71.6%，认为合适和偏低的患者分别只有23.9%和0.5%。同时在调查中问及患者"对将来投医问药的费用是否担忧"时，表示非常担忧的患者占调查对象的21.4%，表示有所担忧的患者占64.2%，两者合计达85.6%，而表示不担忧的患者占调查对象的 14.4%①。目前新疆实行的医疗保险是一个不全面的最低限度的医疗保险，病人先买单后报销，贫困人口所在单位长期以来效益不佳，根本无法承担昂贵的医疗费用，从而出现了有病根本不就医，小病扛、大病拖等现象，往往错过最佳治疗时机，最终成为家庭的沉重经济负担和心理负担。

3. 心理相对脆弱，情绪不太稳定

由于贫困人口容易受到社会歧视，家庭和经济方面的多重压力，使他们的情绪不很稳定，容易激动和比较脆弱，攻击性比较强，有时候可能会产生犯罪的念头。作为新疆城镇贫困人口的主力——失业下岗职工过去是国有企业的骨干力量，以前工作比较稳定，有一笔相当可观的固定收入，生活基本得到保证，心理上有一种优越感。自从失业下岗以后，生活每况愈下，一年不如一年，生活没有保证，老是以为自己为国家做出了这么多的贡献，最终变得一文不值，心理失衡，经常有一种委屈感、被剥夺感，天天待在家里闷闷不乐，逐渐形成自我困惑，自我孤立，价值上的自我否定，精神上的自我疲软，就业上的等待，择业上的恋旧观念和高期望等心理。

表 1 - 9　下岗职工心理情况调查表（根据笔者采访记录整理，人数为 100 人）

下岗职工对下岗的接受情况		下岗后的心理		自信程度			生活依赖性	
					下岗前	下岗后		
完全接受	10	自卑	30				政府帮助	30
部分接受	30	失望	20	自信	77	30	单位帮助	50
不能接受	57	绝望	40	怀疑	22	50	自主立业	15
无 所 谓	3	苦闷	10	自卑	1	20	亲戚帮助	5

第二节　新疆城镇贫困人口的致贫原因及其影响分析

新疆自 1978 年实行改革开放政策以来，社会经济和城市发展

---

① 新疆都市热线，http://www.xjuso.com.8080。

进入了一个快速增长的时期。尤其是 20 世纪 90 年代以后，随着经济和社会改革的深入推进，劳动就业制度、住房制度、企业制度、社会保障制度等一系列市场经济体制的改革，使计划经济体制下形成的旧的城镇利益格局被打破，新的城镇社会关系被重新构建，对城镇发展及其社会空间结构变化产生了前所未有的冲击。作为市场经济的一种必然结果，城镇贫困人口迅速扩大，在城市两极分化的社会变迁格局中成为一个突出的经济和社会问题。城镇贫困人口的大量出现不仅深刻影响了我区经济发展和社会稳定，而且也深刻影响着城镇社会秩序、空间结构，进而对城市的内在发展包括城市文化、城市组织、城市管理和社区建设等诸多方面产生深刻影响，解决城镇贫困问题已成为新疆各级政府的当务之急。

目前，新疆正处于社会转型时期，在这种转型时期大量城镇贫困人口的出现是历史的必然，另外新疆城镇贫困人口的产生原因是多方面的，既有宏观层次上自然、社会、经济方面的原因，也有微观层次上家庭和个人原因，种种原因相互影响，相互作用，产生了一个错综复杂的恶性循环。

一 新疆城镇贫困人口的致贫原因分析

（一）社会原因

1. 就业不足是新疆城镇贫困产生的基本原因

（1）劳动力市场供需矛盾十分突出，就业岗位日益缩减。

就业是具有劳动能力的人的基本权利，它不仅是绝大多数人谋生的手段，同时也是人们融入社会大家庭的基本方式。从贫困人口的家庭特征来看，城镇贫困人口就业明显不足，虽然他们当中有一部分人就业，但是收入水平远远低于社会其他阶层。近年来，随着国有企业改革、行政机构和事业单位用人制度改革力度的不断加大，原吸纳就业的渠道和容量越来越小，而新的吸纳领域和渠道未得到充分开拓，劳动力供需矛盾日益突出。目前新疆劳动力市场供应充足，劳动力的供给总量大大超过了市场需求，劳动力资源供大于求的趋势始终没有转变。

（2）新疆农村贫困人口向城镇移居，对当地劳动力市场犹如雪上加霜。

　　按照国家确定的 2000 年人均纯收入 865 元的动态标准，我区农村牧区贫困人口共计 329 万人，占全区农村牧区人口的 36.5%，其中人均纯收入 670 元以下的特困人口 44 万人。新疆农村牧区贫困人口集中连片分布在以南疆四地州为重点的塔克拉玛干沙漠干旱贫困区和以北疆天山、阿尔泰山为重点的高寒贫困牧区，贫困人口有 273 万人，占全区贫困人口的 83%[①]。我区城镇贫困人口同样主要集中在这些区域，由于农村地区非常贫穷，有些农民迫于生活的压力为了谋生向周围的城镇转移，导致大量农村人口向城镇流动。这些农村人口本身文化水平低，思想观念比较落后，加上城镇大量工人失业下岗，劳动力市场形势特别严峻，长期以来无法找到一个合适的工作，或者虽然暂时找到一个工作，但是因为没有什么技术和资本，主要从事建筑业、销售服务业、搬运保洁业等其他人或本地人不愿从事的行业，收入很低，生活往往陷入困境。又因为这些人没有城镇户口，经常得不到最起码的基本生活保障，受户口政策的限制，他们在就业、医疗、子女上学等方面往往受到一些非市民待遇。

　　（3）经济体制转型、企业改革的稳步推进导致大量国有企业职工下岗。

　　改革开放以前我区城镇居民实行的是低工资、低收入和高福利制度，城市人口享有很多体制性的优惠政策，城镇居民总体生活普遍高于农村人口，城镇几乎不存在除传统三无人员以外的贫困人口。改革开放之后，我区实行逐步由计划经济体制向社会主义市场经济体制转变，资源配置主要以市场为导向，直接的计划手段逐步转向间接宏观调控。同时，政府结合我区发展实际，借鉴国内外发展经验，开始调整产业政策。随着经济体制的转型和产业政策的调整，政府不再直接经营企业，而是进行间接地宏观引导，企业逐渐成为自主经营、自负盈亏的市场（法人实体）主体。随着改革开放的深入和社会主义市场经济的初步确立，传统国企制度的矛盾逐渐暴露出来。

―――――――――

①　新疆扶贫信息网（自治区扶贫办网站）。

目前新疆国有企业所占比重大，而且大部分为技术含量低的传统工业，科技投入强度低，自主创新能力相对较弱，新疆除特变电以外没有什么比较好的高科技企业，企业综合竞争力弱，在市场竞争中始终处于不利地位，其中突出表现为新疆大部分国有企业出现亏损、破产、合并或处于停产、半停产状态，直接造成大量工人下岗、待业。到 2005 年新疆国有企业下岗人员为 22777 人，其中大部分破产企业分布在纺织、轻工、机械等劳动密集型行业。

（5）产业结构不合理，工业化严重落后。

新疆是边远少数民族地区，工业底子薄弱。新中国建立初期，驻疆部队节衣缩食，用节省下来的经费建设新疆首批近代工业企业，新疆工业是在这个基础上发展起来的。发展过程中的计划经济时期，不可能像东中部老工业基地及西部三线城市建设那样，得到国家工业建设资金的大量投入。在改革开放时期，又不像沿海省市那样吸引大量外资注入于现代工业建设。因此，新疆还处在工业化的初始阶段。2001 年新疆工业增加值只占国内生产总值的 30.7%。比全国平均水平低 9.14 个百分点，年工业增加值不到 370 亿元，不如东部一个发达县级市，也不如中部的一个较发达的地级市。新疆现有的工业大多是原料工业和初加工工业，基本上没有科技含量高、附加值高的现代制造业；即便是劳动密集型的初（粗）加工业，由于与市场导向不契合，不少企业也处于不景气状态。新疆的产业主要以农业为主，农业又以种养为主的思想在新疆根深蒂固，农产品畜产品需要通过工业多次加工增值，从而需要延长产业链和发展相关工业与物流业的观念，在不少人的头脑中很淡薄。相反有一种观点认为：建一个工业企业就背一个包袱，这种思想束缚了工业发展。除了中央直属的石油石化企业、股份公司和某些民营企业在办新的工业外，新疆原有的地方工业大都出现萎缩。

新疆经济增长速度加快与就业压力并存，经济增长并没有解决新疆目前的就业问题，因为新疆经济增长拉动因素主要是第二产业中的重工业，在引入资本密集型技术以后，资本有机构成提高，第二产业的经济增长并不需要就业人员的增加，反而随着第二产业增长而下降，但第三产业就业逐年增加并已成为新疆城镇居民就业的重点。目前，新疆第三产业正处于饱和状态，城镇居民就业形势将会更加严峻。

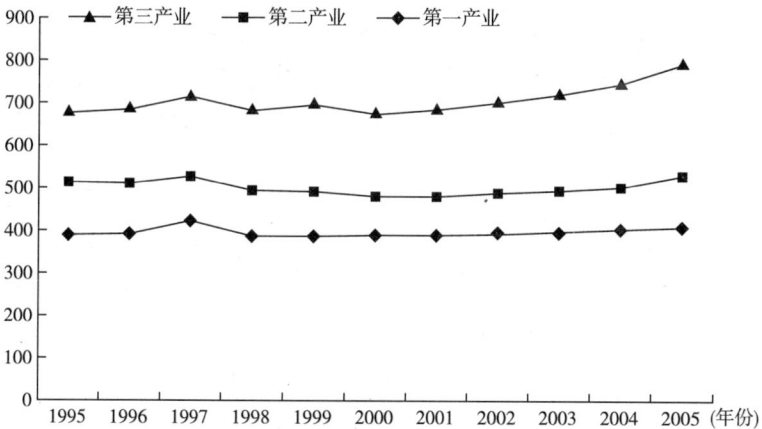

图 1－3　三项产业发展状况（1995～2005）

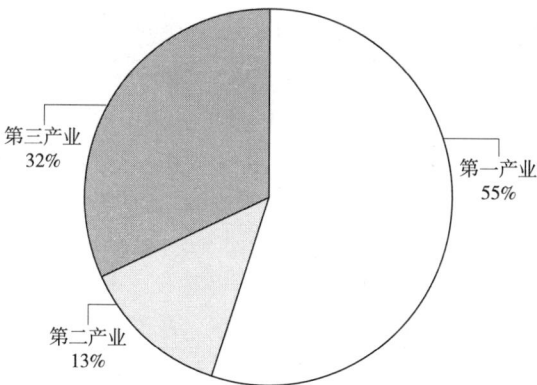

图 1－4　三项产业各占比重

资料来源：《新疆统计年鉴》（2006）。

2. 收入分配方式的改革产生了大量贫困人口

我区过去实行的是"单位就业、低工资、共同福利，人人就业，平均分配"政策，很多职工的工资水平和福利待遇与单位直接挂钩。这种平均主义分配方式，不利于工人积极性的提高，没有体现工人之间劳动付出和劳动报酬的差异，严重阻碍了企业的发展，改革现行分配方式逐渐成为时代的要求。随着改革开放的深入和社会主义市场经济体制的建立，我区逐步形成了以按劳分配为主体，多种分配方式并存的分配制度。这种分配制度在一定程度上调动了广大社会成员的积极性，大大提高了劳动生产率。但是我区现在正处于社会转型期，有些制度还不完善，收入分配机制还不够健全，既适合市场经济体制要求又有利于社会稳定的分配格局还没有完全形成。另外，由于福利政策与单位是紧密联系的，下岗、失业者在失去工作和无收入的同时，也失去了福利与相关保障，加剧了下岗、失业者的贫困程度。收入分配制度体现效率优先原则的同时，由于生产要素占有的不平等和分配不公、收入失控、物价上涨等因素，使得城市居民间的收入差距不断扩大。1990 年新疆城市居民收入的基尼系数为 0.2419，1995 年上升到 0.2783，2003 年又升至 0.29167。最低收入组和最高收入组的居民收入差距 1990 年为 2300.28 元，2003 年则扩大到 14128.06元①。其中身体健康，劳动能力强，本身素质高的人员在这种分配方式中率先获利，个人收入和财产占有率逐年提高，但像老弱病残孕等社会弱势群体和国有企业的一些年纪偏大，劳动技能差的职工及一些女职工，已经被排斥在体制之外，生活状况逐年下降。收入分配原因引起的贫富差异主要表现在行业分配不均与分配要素发生变化两个方面。行业垄断使部分行业职工收入大幅上涨，城市的水、电、气、电信等公用事业部门以及一些特殊行业职工获得的收入较高；而一般企业职工相对收入却在下降。在社会财富一定的条件下，一部分人占有太多，更多的人所分享的份额自然减少，从而导致收入差距的持续扩大与贫富分化，这些造就了城市贫民大量增加。

新疆幅员辽阔，各地之间的自然条件、社会条件、交通条件有很大不同，城镇居民生活差别比较大，其中天山北坡经济带经济相对发达，工业化程度高于其他地区，资本、技术、人才相对集中，地理优势十分明显，城镇居民生活普遍高于南疆地区，大

---

① 资料来源：新疆都市热线网站，http://www.xjuso.com。

部分城镇居民基本达到或超过小康水平，就形成了以乌鲁木齐城市圈为中心的相对富裕地区和以喀什、和田为中心的绝对贫困地区并存的局面。2004 年收入最高的北疆克拉玛依市人均可支配收入有 10352.30 元，收入最低的南疆于田县人均可支配收入只有 4440.41 元，两者的差距已达 5911.89 元。

3. 新疆城镇化水平低，城市功能比较简单

从新疆绿洲经济的特点来看，新疆的人口密度小，城镇规模小、密度低、距离过长且成分散独立的状态，多数城镇经济拮据，难以形成联系紧密的网状经济格局，城市的辐射作用有限，这对发挥城市的辐射功能和集聚效应不利，制约了城市上规模、上水平，在一定时期内只能是点状发展和部分区域的带状发展，新疆的城市化水平仅为 22.4%，明显滞后于工业化（29.6%）的发展，不利于城镇及其经济的发展。城镇的发展无论是在规模上还是经济结构上，同全国相比都存在较大的差距，阻碍了我区经济向更高层次的发展。此外，目前新疆大部分城镇以行政性城镇为基础，城镇功能十分简单，大部分城镇几乎没有什么工业，产业结构相对单一，第三产业不太发达，第二产业在国民经济的所占比重较小，没有为城镇居民提供足够的就业岗位。

4. 社会保障制度不完善

我区目前的城镇贫困人口社会保险制度不完善，社会保险资金严重短缺，城镇社会保障只能满足贫困人口的基本生活需求，一部分贫困人口的医疗保障、养老保障和失业保障还没有纳入到社会保障体系之内，最低生活保障标准偏低（117～195 元之间），社会保障资金筹集渠道简单。由于新疆工资水平低，因而单位工资额和个人工资收入基数小，按规定比例归集的保障基金少，保障水平低，无论是社会统筹部分还是个人账户部分，很难积累起可资真正保障的资金。职工可支配收入少，谈不到参加辅助保险和财寿商业性保险，前途陷入困危的几率大。新疆经济不发达，地方财力小，也无法像内地省市区那样提高三条保障线，最低生活保障属全国最低的几个省区之一。各项社保面窄，保障水平低，对弱势群体特别不利，遇到失业、大病等关口，便进入了贫困行列。

作为社会保障体系重要组成部分的社会救济体系，目前还不太完善，虽然已建立一套以政府为中心的社会救济网络，但救济对象十分有限，救济条件比较严格，加上各地方政府财政有限，所以社会救济事业长期停滞不前。另外好多富人还没有养成救危济困的社会公德。甚至有些人轻视、藐视穷人的思想根深蒂固。全社会范围内社会救济基金筹集体系尚未建立。这种社会体系最终产生了社会救济水平低、范围窄、内容不全面等弊端，穷人获得社会帮助的权利未得到充分的保障。

5. 各种改革措施的出台

住房制度的改革、教育制度的改革等社会变革，也在一定程度上增加了城市居民的经济负担与经济风险，这些也是造成部分城市居民贫困的原因。

（二）个人原因

1. 大部分城镇贫困居民文化素质低

现代社会是高新技术社会，随着新疆第二产业产值的增加，特别是第二产业当中高新技术产业产值的增加，加大了对社会高科技人才的需求，对低能力劳动力的需求逐步缩小。由于受城镇贫困人口年纪偏大、身体健康差、教育程度不高等客观原因的影响，城镇贫困人口在劳动就业等方面往往处于不利地位。

2. 就业观念落后

新疆城镇贫困群体当中少数民族群体占多数。由于长期受到自然经济和封闭的民族宗教心理的影响，他们的思想观念比较落后，迁移心理和创新意识比较薄弱，心理上老是存在一种满足感，缺乏进取心理。不少下岗职工对自己缺乏认识，没有信心，对就业好高骛远，不切实际地追求高工资和环境舒适的单位。许多下岗职工尚未从计划经济条件下所形成的陈旧观念中解脱出来。由于长期端惯了"铁饭碗"，吃惯了"大锅饭"，觉得国有企业在工资、劳保、福利等方面比集体和个体企业有保障，甚至认为在国有单位工作也是身份的标志，因而在再就业选择上，偏重于国企，从而就业更加艰难。

新疆城调队下岗职工调查报告显示，关于国有企业、集体企业、私营企业的价值选择时，60.5% 的人选择国有企业，26.1% 的人选择集体企业，仅有 13.4% 的人选择私营企业。当问到下岗职工重新择业主要考虑哪些因素时，63.7% 的下岗职工希望"工作稳定"，48.8% 的下岗职工希望"能有高收入"，39.9% 的下岗职工希望"有福利保障"。当提及"新旧单位价值选择"时，新旧单位待遇一样的前提下，作出选择，发现 53% 的人选择旧单位，47% 的人选择新单位，这一结果说明，有相当一部分职工的恋旧心态比较明显，很多人在原单位工作时间长，对企业生产秩序、规章制度都比较熟悉，因此，重回原单位的风险相对较少。可见下岗职工不敢于承担风险以及根深蒂固的旧观念，使再就业工作陷入困境。

有的下岗职工对原单位和国家的依赖性很强，下岗后，既不主动学习劳动技能，也不参加政府就业部门组织的转岗技能培训，而是坐等政府安排，甚至宁愿靠发放的基本生活费来维持生活，也不愿主动寻找工作，从而连生计都难以维持。有的下岗职工十分挑剔，希望新的工作岗位工作不累，奖金不少，离家不远，不愿去干那些苦、脏、累、险和薪水不高的工作，认为体现不出自身的价值，也影响了自己的形象。因而在择业时挑肥拣瘦，宁可当失业的贵族，也不肯去就自己认为不理想的工作岗位。有的下岗职工再就业时，希望一步到位的"正规就业"，这也是计划经济体制下造成的就业观念。据新疆城调队调查发现，60% 的下岗就业者都在等待一份稳定、风险小、轻易不会变动的工作。因此，许多下岗职工没有"高职低就"的思想，放不下架子，不愿意降低使用，不遗余力地寻找自己认为稳妥的职业，却不愿做新的尝试，边干边找。这种企图一步到位、一劳永逸的思想，不仅束缚了下岗职工择业的手脚，也是与市场经济背道而驰的。众所周知，非正规就业涉及的岗位极为广泛，需求量大，但由于城市中不少下岗职工认为非正规就业是一种过渡性工作，不能算就业，则这些岗位往往被外来人员所占据，从而长期失业。

（三）自然原因

自然原因主要是指各种自然灾害发生造成的社会贫困。我区是自然灾害多发地区，每年都有水灾、火灾、旱灾、风雪灾等灾情发生。这些自然灾害一旦发生，将可能毁损居民的住房或其他财物，造成居民生活困难，使其暂时难以维持基本生活，形成贫困。

笔者认为：无论从微观方面还是宏观方面来看，新疆城镇贫困群体本质上是由体制方面的因素造成的，有些改革措施不到位、有效投资不足、政策上的失误或配套措施不完善等因素更加加快了城镇贫困的产生并造成一定程度的恶性循环。

二 新疆城镇贫困的社会影响

（一）将会严重影响新疆政治与社会稳定，成为建设和谐新疆的主要障碍

目前我区的贫困主要是农村贫困，与农村贫困相比，城镇贫困相对来说比较轻，城镇贫困人口的生活水平一般好于农村贫困人口，但城镇贫困问题仍不能忽视。新疆大部分城镇贫困人口主要集中在南疆五地州，新疆大部分少数民族人口主要集中在这些地区，北疆地区贫困程度不重，主要居民为汉族，这种地区之间的贫富差距必然会影响新疆政治与社会稳定，少数民族地区与汉族居住区之间的这种差异，在某些人的眼中被视为民族不平等和民族歧视的表现，将会成为分裂国家和破坏民族团结的重要借口，严重阻碍新疆政治与社会健康发展。

作为城镇贫困群体主力的下岗职工，老是以为自己成了改革开放的牺牲品，有一种被剥夺感，心理逐步失去平衡，对党和国家、社会失去信心，对当前的政策持怀疑态度，产生一种敌对心理，这样长期积累下去，必然会产生严重的社会问题。

任何社会的健康发展不能超越某种限度。城镇大部分贫困人口没有固定的收入来源，也没受过比较正规的教育，不受某种组织的制约，容易接触社会的黑暗方面，如果城镇贫困人口的生活继续恶化，超过他们的承受能力，为了保证自己的生存权利，他们可能会不择手段地采取各种报复措施，其中包括犯罪，据新疆有关部门统计，城镇贫困人口的犯罪率普遍高于其他社会群体。

（二）新疆城镇贫困的代际效应不能忽视

由于贫困人口本身所掌握的社会资源有限，他们不仅在物质生活方面落后于其他群体，而且其子女受教育的权利远远不如其他群体。受家庭经济环境的约束，好多贫困家庭子女几乎享受不到最起码的普及教育。这种人力资本投入的长期不足和子女严重恶劣的环境影响，最终会让他们的后代陷入贫困，使得贫困代代相传。

（三）城镇贫困会严重影响新疆经济快速发展

经济发展不仅仅是 GDP 的增长，而且也包括人民对经济增长成果的分享。一方面城市贫困人口，会造成劳动资源的浪费和 GDP 的损失，无业所导致的贫困人口为了维持自己和家人的基本生活需要，从而影响对人力资本投入的现实支付能力，这必然影响这一部分人口的素质，进而降低整个社会的总体素质，从而影响整个经济增长的质量，而且为维持劳动力资源的生存，政府还需要提供相应的社会保障；另一方面，城市贫困问题的存在，影响国民经济的持续健康发展。目前新疆经济的快速发展是由需求增长拉动的，贫困人口和低收入群体的继续增加，不仅会影响该群体的消费，还会影响其他社会成员的消费预期，制约消费需求的扩大，减弱经济发展的动力，从而严重影响新疆经济的快速、稳定发展。

第三节　新疆城镇反贫困的对策建议

长期以来，新疆各级政府对城镇贫困问题非常重视并提出了一系列果断措施。无论采取什么样的措施，政府的反贫困措施始终是围绕这两大目标进行的：一是想方设法缓解贫困；二是消除贫困。贫困是永远的话题，我们虽然能够消灭绝对贫困，但永远不能消除相对贫困。所以政府的大部分目标主要集中在缓解相对贫困和解决绝对贫困上。面对新疆目前严重的城镇贫困问题不仅各级政府职能部门高度重视和统一规划，还应采取一系列有效措施。

（一）认真学习国外反贫困经验

贫困是全球性的问题。不论发达国家还是发展中国家都存在严重的城镇贫困问题。为了缓解贫困，西方发达国家采取了以下措施。

（1）建立健全社会福利及社会救助制度，通过收入保障体系向低收入者和贫困群体提供一般津贴和特殊补助，以满足其基本的生活需求。

（2）实行区域开发和社会发展政策，对贫困人口集中的区域，如经济落后的城市和区域，资源枯竭的厂矿等地区采取经济开发和社会发展政策，从而保障困难群体的基本生活。

（3）针对贫困群体的具体状况，实施由政府、民间组织、企业及公益机构具体执行的旨在提高困难群体就业和收入水平的各种反贫困计划。

发展中国家的贫困主要是绝对贫困，直接影响温饱和生存。所以发展中国家的反贫困措施主要表现在三个方面：其一是保障基本生活需要；其二是培训和促进就业；其三是构建社会保护网络。

虽然国外存在很多反贫困模式，但它不一定能够适合新疆区情，为了做到扬长避短，因地制宜，我们必须建立一套反贫困措施。但笔者认为国外一些经验值得我们学习。为了战胜贫困，我们必须健全现存的立法体系，充分利用地方性法规的优越性和新疆有限的行政立法权，颁布一些反贫困方面的符合新疆区情、具有地方特色的地方性法规，逐步把城镇反贫困纳入法制轨道，从而保障城镇贫困人口的合法权益。另外还要构建一套完善的社会服务体系，进行分类管理，防止一刀切现象，从而维护社会公正、公平。社会福利方面应避免福利过高造成的福利病和福利过低引起的各种严重后果，应做到因地制宜，随机应变。

（二）想方设法扩大就业，就业是消除新疆城镇贫困的主要措施

就业是人类生存之本。从面上来看，新疆目前的城镇贫困问题主要由失业、下岗等就业不足等问题导致的。扩大就业是解决目前城镇贫困问题的重要途径。目前新疆的就业形势比较严峻，任重道远。新疆就业不足主要是由新疆产业结构不合理和人口总体素质低等因素引起的。为了解决就业问题我们应该从以下几方面入手。

（1）调整产业结构，继续提高第三产业所占的比重和服务质量，稳步发展第二产业，创造品牌经济，利用新疆优越的地理环境和社会环境，大力发展边境贸易和具有新疆特色的民族旅游业，逐步提高非公有经济的比重和小型企业的数量，稳步发展乡镇企业，为就业创造一个比较有利的社会环境。

（2）扩大教育投资，努力提高劳动者的个人素质和文化水平，纠正各种就业方面的不利观念。目前新疆高等教育普及率比较低，人才流失相当严重，我们从新疆社会、政治、经济发展的高度出发，加大对基础教育的投资力度，普及九年义务教育，加强师资队伍的培训力度，逐步提高各种人才的数量和整体素质。对民办学校给予各种优惠政策，鼓励村民自己办学，从而减少我区财政压力。目前农民工子女上学方面困难重重。我们必须打破传统的户口限制，消除各种政策障碍，为农民工的子女提供平等的受教育机会和工作机遇。

城镇贫困人口本身不是我们的经济负担，而是一个宝贵的人力资源。鉴于他们总体素质差、劳动能力低等特点，政府应该加大投入力度，在各个社区免费开办各种职业职能培训班，增强他们的再就业能力。如果贫困人员需要其他特殊培训，政府应该给予一定资助，帮助他们提高自身素质。

（3）就业问题是关系到人民生活和社会稳定的大事，各级政府要高度重视下岗人员的再就业问题，特别是对低收入家庭成员的就业与再就业要优先考虑，劳动保险部门要全面掌握特困下岗职工的就业状况，帮助下岗职工转变观念，搞好技能培训，创造

良好的舆论氛围，制定和完善用人单位录用下岗职工给予的优惠政策，可以给下岗职工、自谋职业者一些减免税收政策，要不断强化市场功能，拓展市场空间，挖掘企业内部的消化潜力，发展劳动服务行业，使家政服务社会化、规范化，开辟广阔的就业渠道，为下岗、失业人员和贫困群体提供更多的就业机会，以提高低收入群体的收入水平，增强对物价上涨的承受能力。另外应当打破二元经济造成的各种弊端，扫除各种户口等带有歧视性、限制性的体制障碍，消除农村户口和城市户口的差别，对两者给予同等国民待遇，维护劳动力跨区转移、就业的权利，最终为城乡居民创造平等的就业机会。

（4）必须完善现存的金融体系，简化各种复杂手续和限制规定，继续向城镇各种贫困群体提供无息小额贷款，逐步提高他们的自救能力和创业意识，最终实现他们的自主创业。

（5）改革现行就业政策，为社会中的残疾人、有劳动能力的老人、妇女提供一定的就业机会。由于老人、残疾人、妇女等弱势群体本身的原因，在劳动力市场处于不利的地位，为了扭转这种局面，必须出台一些优惠政策，鼓励政府、单位和私人企业雇用残疾人、妇女和老人。鼓励城镇弱势群体自主创业，在各个方面给予他们一定的照顾。

（6）进一步把资源优势转化为经济优势，努力开发各种旅游资源，扩大招商引资的规模，搞活地方经济，继续加快小城镇建设，扩大城市综合职能，为城镇贫困人口提供良好的就业环境。

（7）增加投入，大规模地开展基础设施建设，以工代赈，大搞公共工程促进投资扩大内需，吸纳更多的工人就业。

（8）搞好国有企业改革，搞活内部分配和管理体制，加快破产国有企业的股份制改造工作，想尽一切办法提高企业效益，逐步建立一套完善的现代企业制度，吸纳更多的下岗、失业人员就业。

（9）消除身份歧视：打破现存用人机制，取消临时工、合同工和正式工的区别，根除各种劳动歧视，实现企业同工同酬，只承认用人单位和工人之间的合同关系，切实保障所有职工的劳动权和人格权，让他们都能享受各种保险，鼓励失业、下岗职工在私人企业就业。

（10）大力扶持和发展非公有制经济，增加就业机会。由于我国长期处于计划经济体制之下，片面强调发展公有经济，致使经济结构严重失衡，国民经济衰退。非公有制经济是公有制经济的有力补充。大部分非公有制经济资金雄厚，技术力量先进，发展空间大。在国有企业不景气的条件下大力发展非公有制经济不仅有利于新疆经济的快速稳定发展，也有利于解决城市居民的就业。

（三）进一步完善社会保障体系

随着传统福利分配制度改革的深入，我国居住、医疗、教育和退休等社会福利制度已发生了根本性变化，但与这些制度相适应的社会保障制度却还不完善。目前新疆城镇社会保障覆盖范围十分有限，保障标准低，社会保障管理混乱，廉租房、经济适用房等制度存在严重缺陷。这不仅影响了广大下岗职工和退休人员的生活，而且增加了企业在岗人员对未来生活的危机感。建立完善的社会保障体系，是我国当前社会经济发展的迫切要求，是关系改革、稳定、发展全局的一件大事，它不仅关系到广大人民群众的切身利益，保障人民群众的基本生活，也对解决居民的后顾之忧，改善居民对未来的信心具有重要作用。因此，我们要按市场经济要求，尽快建立完善的社会保障体系。

（1）我区目前实行的社会保障资金主要来自于政府的拨款，筹款方式相对简单，这必然会加重政府的财政负担，为此一定要改变现行社会保障资本的筹集方式，以后向政府、个人、企业一起承担的方式过渡。努力提高社会保障金额数量，保证城镇贫困人口的基本生活。继续加强社会保障方面的立法建设，从法律方面保障城镇贫困群体的根本利益。

（2）认真做好农民工的社会保障工作：当前我区农民工的社会保障机制没有正式建立，农民工的一些权利还没有得到保障。农民工本身的文化水平比较低，对社会保障的认识不太深刻，并且没有足够的钱参加各种社会保险，对于一些政策持怀疑态度。为此要加强对他们的思想政治工作，尽量把他们的社会保障特别是工伤保障和医疗保障纳入到整个社会保障网络。另外应当保证社会保障的网络化，尽量实现在一地参保能在全国各地享受的局面。

（3）目前新疆的社会保障基本上是在职职工的社会保障，在职职工的社保费用主要由原单位、政府和个人承担。社会转型以后有些单位彻底破产，有些职工买断工龄，完全断绝了与原单位的关系。另外有些单位名存实亡，根本没有能力支付工人的社会保险，从而破产、倒闭、停产企业的职工无法享受社会保险。鉴于目前情况，笔者建议应当由当地政府和收购破产底盘的企业共同承担低保费用。如果无人承担，应由政府自行承担。应当动员周围居民或周围企业职工，在自愿基础上建立特大疾病救助基金，以免职工因病返困。另外在社区范围内应筹建各种辅助基金，实行社区统分，统筹体制，解决城镇贫困群体的后顾之忧。

（4）进一步规范低保管理制度，做到低保财务公开，加强对经济适用房、廉租房的管理幅度，保障经济适用房、廉租房确实落实到困难户手中。

（四）思想政治工作是摆脱城镇贫困的有力武器

目前我区正处于转型时期，各种改革措施很难及时顾及城镇贫困人口的利益，城镇人口当中容易造成某种逆反心理和对社会的抵触情绪。为此我们应始终不懈地做好贫困人口的思想政治工作，组织上体贴，生活上关心，尽量减少他们的各种心理负担，把基本矛盾解决在萌芽状态，确保新疆社会稳定和长治久安。根据目前城镇普遍存在的歧视贫困人口的情况，我们应当加大宣传力度，反对各种歧视穷人、虐待穷人等的不良行为，为充分尊重穷人的人格权和其他权利，创造一个有利的舆论环境，逐步在全社会形成一种尊重人、帮助人、关怀人的良好氛围。

（五）发挥社区服务功能

社区是人类存在的依托，也是人们最容易感知到的基层机构。发挥社区功能是各国政府在管理现代社会生活过程中探索出来的一种有效途径，也是解决城镇贫困群体的有效手段。首先社区作为政府和居民之间的主要桥梁，在调解城镇贫困群体的心理方面发挥着重要作用。生活在社区当中的贫困群体想什么，要什么，做什么，对于这些看似简单的问题，许多居民不知如何下手，也不知道找哪一级政府，哪一个部门解决问题，而社区正好处于二者之间，充当好的中介人，可以很好地疏通二者之间的关系。另外社区工作人员以座谈会、串门等方式跟贫困居民接触，了解他们的情况，通过各种方式帮助他们渡过难关，让贫困居民感受到社区的温暖，从而把各种社会矛盾消除在萌芽状态，保证社区健康稳定发展。还有，社区服务业就业容量大，社区服务包括零售业，不动产、物品出租，家庭服务业，老年活动站等，这也可为失业、下岗人员提供多种就业机会。

（六）加快宏观调控力度

继续改革现行税收政策，调节分配模式，一定做到公平、公正。现行税收体系当中富人所承担的责任较少，对此我们必须改革我区现行税收政策，加大征收富人的税收比例，改正现行分配模式的各种弊端，尽量保证城镇贫困群体的合法权益，逐步缩小贫富差距，最终实现城镇可持续发展。鉴于目前新疆垄断行业高工资、高福利现象，我们必须加大宏观调控力度，明确规定各种福利、工资发放标准，限制收入差距的继续扩大。

贫困是永远的话题。我国虽然扫除了产生贫困的根本制度障碍，但是由于新疆地区本身经济基础比较薄弱，自然条件不太好，工业化程度相对落后，有些政策还不到位，加上贫困群体自身的原因，我区城镇直到现在仍然存在较多的贫困群体。只要我们思想上重视，实践上加大投入，以邓小平理论和"三个代表"重要思想为指导，按照科学发展观的要求办事，坚持公正、公平和以人为本，一定能战胜贫困、消除贫困，最终实现建设和谐新疆、平安新疆、小康新疆的宏伟目标。

第二章　新疆农村弱势群体的社会救助

第一节　新疆农村贫困问题及其
最低生活保障制度

一　贫困与低保制度的相关问题

在当今世界，人们已经普遍接受了这样一种观点，导致贫困的社会原因大于个人原因，即社会保障制度的不完善、教育不公平和权利被剥夺，市场化的改革进一步加剧了贫困。在消费领域，由于医疗、教育、住房等社会服务项目的市场化，导致了贫困人口的进一步贫困化。① 凡是非个人懒惰和逃避劳动原因而导致的绝对贫困，国家应该给予适当的经济救助。可以说，在很大程度上，中国农村社会保障制度长期滞后导致了农村贫困家庭的大量存在。贝弗里奇在《社会保险与相关服务》的报告中提出："社会保障计划的目标是确保每个公民只要各尽所能，在任何时候都有足够的收入尽自己的抚养职责以满足人们的基本需要。国民救助用于满足未被社会保险覆盖的所有公民的需要，必须满足人们基本生活需要。救助费用由国家财政直接负担。"② 20 世纪 90 年代以后，兴起了以社会排斥角度研究贫困问题，其强调社会参与不足是贫困的主要原因，给贫困问题的解决提供了新的思考路径。瓦格尔（Wagle）比较了不同的贫穷问题研究视角后认为，传统的研究用

---

① 王伟强：《最低生活保障制度的实践》，法律出版社，2008，第 55～97 页。
② 《贝弗里奇报告——社会保险和相关服务》，中国劳动社会保障出版社，2004，第 160～180 页。

收入、消费和福利来定义绝对贫穷、相对贫穷和主观贫穷；后来的研究把贫穷看作能力的缺乏，现在的研究将贫穷人士视为整体或者部分地被排除（包括市场的排斥、政治参与的排斥、市民生活参与的排斥和文化生活参与的排斥）。阿马蒂亚·森认为，"有很好的理由把贫困看作是对基本的可行能力的剥夺，而不仅仅是低收入。对基本可行能力的剥夺可以表现为过早死亡、严重的营养不良（特别是儿童的营养不足）、长期流行疾病、大量的文盲以及其他一些失败。"[①]

改革开放30多年来，中国的经济和社会结构发生了重大变化，经济的持续快速增长为改善人民生活奠定了基础，但财富的社会分配政策向资本方面的偏离也同时带来贫困问题。由于推行市场化，在经济竞争中处于不利地位的地区和群体持续受到贫困的侵扰。在农村，经过政府实施的"八七扶贫战略"和新的反贫困战略，尽管绝对贫困人口数量大大减少，但绝对贫困人口的脱贫问题却变得更加尖锐。中国农村贫困问题有两个特点：一是贫困区域分布集中；二是社会特征突出，即儿童失学率高，传染病和地方病的发病率高，婴儿死亡率和妇产死亡率高，少数民族在农村贫困人口中的比例高，残疾人和其家庭贫困发生率高。

最低生活保障制度（简称低保）是实现"底线公平"的有效方法。这种底线公平在体现社会公平的社会保障制度上，指的就是那些对全社会而言是最起码的、不可或缺的保障制度。底线公平需要解决民众温饱问题的生存需求、基础教育的发展需求以及公共卫生与医疗的健康需求等，这些是政府不可回避的责任，底线之上则可以发挥市场机制的力量，努力实现政府、市场、社会与个人责任的结合，确保有限的资金发挥出最优效应。

二　新疆农村贫困及其低保制度运行现状

在全区2000多万人口中，少数民族人口占60%。新疆农村贫困人口主要分布在塔克拉玛干沙漠西南边缘的和田、喀什、克孜勒苏和阿克苏四地（州），该区域的贫困人口占全区贫困人口的

---

① 阿马蒂亚·森：《以自由看待发展》，中国人民大学出版社，2003。

85%。新疆北疆农村的贫困人口主要沿天山、阿勒泰山分布，该区域贫困人口占全区贫困人口的15%。从低保贫困人口得到的收入来看，主要来自农业，占到农民纯收入的90%，其中种植业收入比重高达74.04%，牧业收入占15.40%。由于农户的收入来源单一，生产投入有限，劳动力大量闲置，生产条件落后，导致脱贫速度缓慢。目前全区有30个贫困县，其中国家级贫困县27个，自治区级贫困县3个。

表 2 - 1　新疆农村贫困线、贫困人口变化表

年份	贫困标准线（元）		贫困人口数（万人）	贫困人口比率（%）
	全国	新疆		
1978	100	100	532	58
1986	206	120	163	31
1995	530	530	143	20
2000	635	670	44	4.4
2005	683	683	50	5
2007	785	700	129	12
2008	786	773	131	12
2009	1196	1067	253	23.5

新疆从1999年开始就在鄯善县实施农村低保试点工作，是全国开展这项工作较早的县份。2007年7月起全面启动农村低保制度，当年低保标准定为700元，对年人均纯收入不足700元的农民实行差额补助，即确定农村低保对象家庭人均纯收入后，差多少补多少，按季度发放，确保农村低保对象的基本生活。全区有129万农村人口被纳入低保范围，每个贫困农牧民每月人均补助22.3元。2008年新疆有131万名特困农牧民群众享受到了低保待遇，每月人均补助45.8元。从2009年开始，贫困标准提高到1067元，新疆年人均纯收入1000元以下的农村贫困人口为253万，每人每月平均补助65元。中央、自治区已给各地安排低保补助金1.6亿元，和田、喀什、克州三地州由中央和自治区全额补助。新疆对农村五保户全部纳入农村低保范围之内，对于18岁以下的未成年

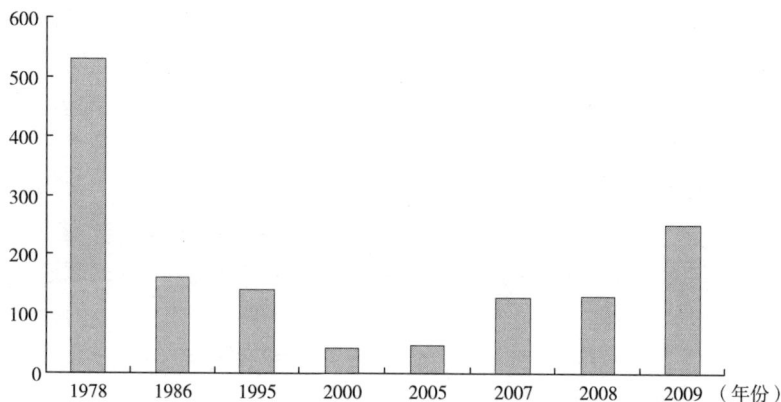

图 2 - 1　新疆农村贫困人口变化情况

人和 60 岁以上的老人和残疾人实行的是应保尽保。对于其他年龄段的低保户，则采取岗位培训、技能培训、介绍职业岗位，鼓励他们走出去，积极地就业。在基本生活有了保障的基础上，还制定了与低保制度配套的医疗、教育、住房、取暖等救助措施，覆盖城乡居民的社会保障体系逐步形成。

三　致贫原因分析

（一）受教育水平不高、农民文化素质低、劳动力转移难

目前农民收入的增长主要靠农民外出打工的工资收入。其他条件相同，一个人所获得的教育水平越高，迁移的可能性越大。在新疆贫困人口中，文盲、半文盲的劳动力比重一般高达 50% 以上，而文盲中，又有 60% 以上是中、青年人。南疆地区学生初中毕业入高中的升学率仅为 20% 左右①。农村的教育水平受到经济发展的制约比较严重，处于"教育贫困""文化贫困"状态。义务教育完成后，青年和成年人因不能获得改善其生活水平所必需的教育机会，所以仍不能就业。维吾尔族聚居的南疆农村地区，有很多初中、高中毕业的维吾尔族青年的汉语交流能力还很薄弱，他

① 周永华：《新疆地区弱势群体子女教育与社会稳定发展关系研究》，新疆人民出版社，2007，第 48～61 页。

们去外地打工也与本族文盲一样遇到汉语交流的障碍。普通话上的相对劣势使他们在人才市场的竞争中处于不利地位。与汉族相比，大部分维吾尔族农民受制于文化、语言和生活习惯上的差异，人口迁移流动率比较低，影响他们脱贫致富。2008 年全国农民人均纯收入 4761 元，而新疆的农民人均纯收入仅为 3503 元，差距达1258 元，新疆农民人均收入近几年一直居全国第 25 位。造成农民收入总体水平偏低的一个重要原因就是其收入来源单一，非农收入在总收入中所占比重较低。农民靠打工的收入占总收入的比重不到 10%，而全国的平均水平是 30%，沿海省区更是达到了 70%以上。

(二) 农村公共卫生事业发展缓慢，农民身体素质较差

新疆卫生资源存在着 70% 的农村人口利用着 30% 的卫生资源，30% 的城市人口却享受着 70% 的卫生资源的现状，机构、人员、床位过剩与不足并存，分布和配置不合理。统计表明，在 30 个重点贫困县中有 2909 个重点贫困村，这些贫困村中没有卫生室的有2736 个，占重点贫困村的 94%[①]。由于营养、卫生、医疗、保健等方面的原因以及文化程度、收入水平等因素的影响，新疆农村人口身体素质低于全国平均水平。2000 年新疆人口平均预期寿命67.41 岁，距离全国平均水平 71.4 岁差 3.99 岁，据第三次全国卫生服务调查，新疆农村致贫原因是：缺乏劳动力占 21.1%，自然条件和灾害占 39.3%，病伤占 20%[②]。新疆仍然是全国传染病、地方病及慢性非传染病的高发区，各类传染病的总发病率为297.58/10 万人，高于全国平均水平。在农村常见的疾病是伤寒、消化系统疾病、肝炎、肠炎、麻疹、肺结核等。感染性疾病主要与生活环境、卫生条件、生活习惯有密切关系。

(三) 农民缺乏对自身利益的表达意识

农村公共监督乏力，由于农民的文化素质低、信息的不对称，

---

① 新疆扶贫概况 [EB] 新疆扶贫信息网，2005 – 4 – 15. http//www. xjfp. gov. cn。
② 卫生部统计信息中心编《中国西部地区卫生服务调查研究》，中国协和医科大学出版社，2004，第 83 页。

村民自治很不完善。当前农民的利益表达渠道单一，制度内需求表达渠道主要是人大代表。虽然人民代表大会制度体现了最广泛的民主，也是群众需求表达的有效途径，但是，这种需求表达渠道也存在着一些问题：现行人大代表选举程序并不能确保当选代表和选民间的利益代表关系，而且选民对于当选代表也缺乏监督、罢免的权利。现实中，当选人大代表的大部分是农村干部、农村致富能手，这些群体大部分是农村的富裕阶层。他们不能完全代表大多数贫困农民的利益倾向[①]。当前村级民主建设中还存在一些不可忽视的问题，即少数民族农民权利意识和政治参与意识薄弱，在民主选举中，违法和侵权事件时有发生，有些农村存在"贿选"和暴力因素介入选举等现象；在民主决策中，有些村在决策重大村务时，干部说了算，把村民自治变成"村干部自治"。

（四）自然环境恶化、人均耕地减少

自然环境与人类生产生活的关系很密切，特别是农业经济占主导地位的新疆，自然环境对农民收入的影响很明显。新疆人类生产生活的活动局限于被沙漠戈壁分隔的占地面积 4.3% 的绿洲范围内，绿洲间距离遥远，绿洲距离平均在 100 公里以上。新疆是中国荒漠化土地面积最大、分布最广、危害最严重的省区，风沙、干旱、荒漠化、盐渍化、水土流失等生态问题长期制约着经济社会发展。新疆沙漠化土地面积正以每年 400 平方公里的速度不断扩展，有 30 个贫困县基本处在风沙区。气象专家通过对新疆 100 多个气象及水文观测站观测资料综合分析认为，新疆地区的生态环境自过去 50 年来迅速向荒漠化发展，沙尘暴的发生频率和强度都呈加剧趋势。近 15 年的气候变化过程中，温度的升高是导致新疆生态恶化、自然灾害增加的主要原因之一，但人类的过度开垦、放牧、乱砍滥伐以及不合理的自然资源开发都加剧了天然植被的破坏、水土流失、土地沙化和土壤盐渍化。观测资料显示，35 年间，新疆沙漠面积增加了 960 平方公里，流沙面积增加了 3820 平

① 邓大松、刘昌平：《2007～2008 中国社会保障改革与发展报告》，人民出版社，2008，第 154 页。

方公里，为沙尘暴的产生提供了丰富沙源①。新疆农村第一产业收入占90％，耕地的多寡直接影响农民收入。新疆农民人均耕地面积从1994年的3.81亩减少到2005年2.14亩。其中南疆人均2.5亩，克州1.4亩、喀什2.4亩、和田1.5亩。虽然新疆开垦耕地数量逐年增加，但是，增加的耕地主要集中在少数种植大户手中，少的百亩，多的几千亩。贫困农村因人口的增加而人均耕地下降，引起贫富差距不断加大。

(五) 市场因素对贫困农民的冲击日益加剧

在改革开放初期，政府似乎对市场期望过高，所以在养老、医疗、住房、教育等领域的国家责任和福利供给上减少了很多项目，按照市场失灵理论，市场竞争必然产生弱者、必然积累贫困，而贫困问题无法通过市场机制自身来解决，必须通过政府机制加以弥补②。2007年实施农村低保政策的同时，商品价格开始上涨。2008年新疆居民消费价格指数呈大幅度上涨之势，全区居民消费价格总水平同比上涨10.6％，高于上年同期7.6个百分点。个别品种（如磷肥、农用柴油等）涨幅超过25％。食品类上涨了27.1％，特别是羊牛鸡肉价格涨幅超过100％以上，其对少数民族农民生活的影响非常大。商品价格的上涨速度超过了农民收入的增长速度，低保对贫困农民的补助由商品价格上涨所抵消③。农业生产资料价格指数持续上涨，来自于土地的收入已经大幅下降。市场的变化对贫困农民的冲击日益加剧，近年来新疆的大宗农产

---

① 邓大松、刘昌平：《2007～2008中国社会保障改革与发展报告》，人民出版社，2008，第154页。

② 邓大松、刘昌平：《2007～2008中国社会保障改革与发展报告》，人民出版社，2008，第154页。
　姚建平：《中美社会救助制度比较》，中国社会出版社，2007，第225页。
　国家统计局新疆调查总队《物价上涨是当前新疆经济运行中的突出问题》，新疆农村调查，2008（18）。
　柳拯：《社会管理与社会救助论：政策与实务的视角》，中国劳动与社会保障出版社，2008，第66～190页。

③ 国家统计局新疆调查总队《物价上涨是当前新疆经济运行中的突出问题》，新疆农村调查，2008（18）。

品——棉花的价格下降对农民收入的影响也较大。南疆贫困地区
离乌鲁木齐市等北疆大城市的距离远，离内地城市更远，运输农
产品的成本高、销售难。近期以来，受国际金融危机间接影响，
贫困地区的主导产业遭受较大打击，城市农民工返乡，贫困人口
的非农收入减少，这将会导致较为严重的返贫问题。

（六）农村社会保障制度不健全，保障水平低

目前新疆农村社会保障体系仍不健全，主要表现在农村社会
养老保险覆盖面窄，农村合作医疗报销比率不高、低保补助少，
同时失地农民社会保障问题严重，农民工的社会保险基本处于空
白，困难群众多方面的救助需求与社会救助制度不相适应的矛盾
比较突出。农村五保户供养制度，虽然已经建立了 50 年，但在
广大农村地区，仍然存在应保未保，保障政策不落实，保障标准
过低的问题[①]。农村各级定点医疗机构住院实际平均补偿 40%，
门诊治疗不能报销，大部分医疗费用还是农民自己承担。2009
年，全国开始实施人均 1196 元的扶贫新标准，而新疆的贫困标
准为 1067 元，差距是 129 元。农村低保提供的保障水平较低，
2009 年还提高到 65 元，仍低于全国 82.3 元的水平。2006 年，
新疆农村医疗救助支出为 2426.4 万元，而 2008 年医疗救助支出
资金为 2103 万元，比 2006 年下降了 323 万元，下降了 13.4%。
虽然农村"低保"补助水平逐年提高，对目前的社会消费水平
和商品价格水平来说，这个补助水平还是较低，很难保障最低的
基本生活。

四　农村低保制度存在的问题

（一）制度理念不科学，制度不完善

农村"低保"制度设计理念中，重生存轻发展，更多的是突
出维持社会救助对象基本生活，而不是谋求社会救助对象长远发

---

① 柳拯：《社会管理与社会救助论：政策与实务的视角》，中国劳动与社会保障出
版社，2008，第 66~190 页。

展上。诚然，维持基本生活是社会救助最基本的功能，但这也是浅层次的目标。长远的目标应侧重于社会救助对象的自我恢复、发展等能力建设上。现在很多农村地区的"低保"制度还是延续着一些传统的农村社会救助项目。还有一部分农村贫困群体得不到救助和补助，尤其是一些突发情况造成生活困难的群体，如生产经营不善、家庭成员生病、孩子上学而处于困难的农民等。他们中有相当一部分没有被纳入农村低保范围之内。住房、教育、司法救助处于零散的、随意的救助阶段。因乡村干部文化素质低，监督不力、缺乏专门培训的民政干部等原因，工作中存在一定的感情低保、亲人低保、关系低保等现象。

（二）保障水平低，资金缺乏

充足的资金保障是低保制度有效运行的前提条件。《国务院关于在全国建立农村最低生活保障制度的通知》中指出："建立农村最低生活保障制度，实行地方人民政府负责制，按属地进行管理。各地要从当地农村经济社会发展水平和财力状况的实际出发，合理确定保障标准和对象范围。"农村低保资金来源主要有以下三条道路：一是农村低保资金纳入地方财经预算。二是地方福利彩票公益金中安排资金。三是社会捐助。新疆贫困县的财政自给率为20%左右，地方财政无力对农村低保进行支持。最低生活保障线的制定用"以钱定人，以钱定量"方法，存在投入少、低标准、覆盖面窄、事情难办等问题。目前全国平均的农村低保补差标准为82.3元/人月，新疆仅为65元/人月，差距是17.3元。农村低保标准偏低，还不能满足农村困难群众的实际需要，仅在一定程度上缓解其困难，达不到保障基本生活的效果，而每个月65元的补差标准相对于当前的物价水平来说，不能满足基本生活需要。新疆城市低保月人均补助155元，是农村低保的2.4倍。显然，这一救助标准难以保证农村困难群众维持最低限度的生活水平，而一旦有天灾、疾病等意外发生，贫困家庭的基本生活很难得到保障。农村低保工作中，重"制度"覆盖率，轻"水平"覆盖率的现象很普遍。

（三）缺乏其他社会保障制度的衔接性

现行中国农村最低生活保障制度是对传统农村社会救济制度的改革和创新。农村社会保障制度是由社会救助制度、社会保险制度、社会福利制度和农村优抚安置制度等组成的完整体系，各项制度功能各异，作用不同，缺一不可。目前大部分农村已建立农村合作医疗和农村低保制度，其他是零零散散的存在。管理机构涉及民政、卫生、教育、劳动与社会保障、财政、农业、扶贫等，部门之间沟通不畅、工作不顺，增加制度运行成本。而且由于农村各种社会保障制度建立的先后顺序、力度、实施范围不同，造成了与农村低保很难衔接的问题。很多农民因病致贫和农村老年人由于没有养老依靠而均被列入农村低保范围。如果新型农村合作医疗和医疗救助制度以及农村养老保险制度在农村有效实施，这样一部分低保对象的生存问题就可以通过其他社会保障制度形式得到解决，从而就可以让出更多的资金来扩大低保的有效范围，能够惠及更多需要保障的农村贫困群体[①]。

五　制度改革与发展方向

（一）增强贫困人口的发展能力，注重发挥其主体作用

2007 年 10 月 17 日联合国的第 15 个国际消除贫困日提出了"贫困人口是变革者"，意在强调贫困人口自身在消除贫困中不可替代的作用。各国反贫困政策基本上是从两个方面开展：一是直接生活救助，二是各种发展型救助。发展型救助是以特定的贫困群体或贫困区域为对象，提供他们缺少的生产要素（资本、技术、管理经验等），促使其利用当地的资源条件，依靠自身的努力来发展当地的经济，以提高生活水平和摆脱贫困。发展型救助政策的目标是要从根本上消除贫困，其核心是针对贫困者的致贫因素，

---

① 柳拯：《社会管理与社会救助论：政策与实务的视角》，中国劳动与社会保障出版社，2008，第 66～190 页。

通过改变这些致贫因素而消除贫困①。对于那些有劳动能力的低保对象进行必要的知识援助与精神援助，帮助与鼓励他们自谋职业，实现劳动自救，让他们意识到进入低保不受歧视，退出低保光荣，推动他们早日告别低保制度。政府应该在综合考虑维持农民最基本生活的物质需要、保持农村经济发展水平、各级地方政府财政的承受能力和物价上涨指数的基础上，按照低标准、广覆盖的原则，适当调整最低生活保障标准。从低保制度设计上，重视低保对象的知情权、参与权和决策权。

（二）农村低保应与其他社会保障项目相结合

低保制度本身只能保障居民最基本的生活需求，缺乏相关配套的社会保障措施和优惠政策，保障对象是很难摆脱贫困的，即使暂时摆脱贫困，也会因为多方面原因而重返贫困。如考察美国反贫困项目、社会保障项目在反贫困方面发挥了重要作用。社会保险能够消除一半左右的贫困，现金福利能够减少大约11%的贫困，加上食品券之后能够减少另外4%的贫困②。应处理好最低生活保障与开发式扶贫的关系。最低生活保障是对人最基本生活条件的保障，是人生存下去的基础保障。而开发式的扶贫，是为有能力者创造有利的外部环境，帮助其走出贫困的手段。从性质上讲，开发式扶贫是最低生活保障的必要补充或者延伸，其本身不能代替最低生活保障。农村低保保障生存，开发式扶贫促进发展。通过不断完善农村合作医疗制度和医疗救助制度，提高其报销标准和补助水平，可以避免贫困农户因病返贫、因病致贫，提高健康水平。农村社会养老保险制度的建立和覆盖面的扩大，有效地防止了农民的因老致贫，保障无忧无虑地度过余生。农村养老保险制度、农村合作医疗制度、医疗救助、农村安居房、教育救助、司法救助、自然灾害救助等社会保障制度的不断完善和各项制度之间的相互衔接，有效地减少农村贫困问题，除保障农民的基本

---

① 彭花民：《社会福利与需求满足》，社会科学文献出版社，2008，第169页。

② Maurice Macdonal. 1985，"The Role of Multiple Benefits in Maintaining the Social Safety Net: the Case of Food Stamps", the Journal of Human Resource, 1985, (3): 428.

生活外，还给他们提供自力更生、自我发展的机会，提高农村低保制度的效率。

（三）增加农村公共产品供给

自然条件和环境的恶劣仅仅是贫困发生的可能条件，并不是充分条件。一方面，如果存在收入再分配的制度和机制，低于贫困线的家庭能够得到及时和有效的救助，贫困完全可以避免。另一方面，如果政府能够向贫困地区增加投资，自然条件是可以改变的，一旦贫困人口不再受制于恶劣的自然条件，他们也就很容易脱贫。从这个意义上说，贫困的发生是与一定的制度背景分不开的①。最低生活保障是一个综合性的社会救助体系，这个体系不仅包含最基本的吃饭问题，还应包括医疗、养老、教育、就业、投资等内容。所以，建立农村低保制度不应以救助为目标，而应以摆脱贫困为宗旨，是解决农民"贫有所靠"的问题。地方政府在扶贫政策方面，增加农村公共事业方面的资金投入会带来脱贫致富的效益。要结合新农村建设，继续坚定不移地实施好农村教育、医疗卫生、抗震安居工程，加大农村交通、电力、广播电视和防病改水、沼气等基础设施建设力度，不断改善农村居民生产生活条件。这些条件的改善，将提高农民的人力资本和物质资本能力，有利于他们转移就业和脱贫致富。

（四）完善农村低保制度的管理机制

农村低保工作关系边疆民族地区各族农牧民的福祉，关系党和政府在各民族心里的威望。新疆少数民族聚居的农村地广人稀、多民族、多宗教、多文化、多语言。经济社会发展较滞后，低保对象多、需求大、低保工作繁重、复杂与辛苦，对低保对象的管理、服务和调查的难度很大。完善农村低保制度要靠专业化的社会工作者队伍。重视边疆民族地区社会保障专业学科建设和人才培养，提高偏远农村社会工作者的工作条件和生活待遇，加大低

---

① 岳希明、李实、王萍萍、关冰：《透视中国农村贫困》，经济科学出版社，2007，第17页。

保工作的信息化管理水平，建立科学的农民家庭收入和家庭财产核算制度，尊重农民对低保工作的参与权、知情权，建立能进能退的低保动态管理制度，推进针对临时性突发困难的救助制度建设。

目前，新疆农村低保制度发展正从解决基本生活问题的单一生存救助走向医疗、教育、住房、取暖等多项内容的复合型救助。救助范围已从最困难的低保人群向低保边缘人群和其他特殊困难人群延伸，救助方式也已从传统的临时应急救助向常规性、制度性救助转变。现在主要问题是农村低保制度要不断完善、水平要不断提高、覆盖面要不断扩大，纯粹的基本生活保障向多样性的发展性保障转变。让贫困家庭享受到社会经济发展的成果、社会的温暖。新疆农村扶贫开发政策和低保制度的不断发展和完善，对提高各族农民生活水平、加强民族团结、实现社会稳定、促进社会公平、构建和谐社会等方面发挥重要作用。

第二节　新疆农村弱势群体医疗救助

一　现状与成就

农村医疗救助制度采取了以政府财政投入为主、社区筹资为辅的筹资机制，向一定数量的贫困家庭提供免费或部分补助的基本医疗保障服务，是提高贫困家庭健康服务可及性和公平性的重要途径，目的是改善贫困家庭的贫困状况，减缓健康贫困程度，遏制因病致贫、因病返贫恶性循环的延续。救助对象通常是所确定的贫困标准以下的贫困人口、农村五保户、国家规定的特殊传染病患者等。新疆农村医疗救助制度采用的模式是大病和常见病兼顾的救助，新疆还把农村见义勇为人员列为农村医疗救助对象。

新疆占全国总面积的六分之一，是我国行政面积最大的省区。在 2000 多万人口中，少数民族人口占 60%。而少数民族人口主要分布于农村地区，占 80% 以上，远高于全国的平均水平（58.2%）。新疆农村人均年收入 944 元以下的低收入人口约为 169 万，占农村人口的 13%。新疆农村贫困人口占全国贫困人口的

8.8%，高于全国乡村贫困人口占全国 7.1% 的比例，贫困发生率为 5.1%，比全国平均 2.5% 的水平高出 1 倍，与全国相比，新疆贫困面依然较大。大量的农村贫困家庭无法在生产、生活方面进行投资，尤其是在医疗保健方面投资非常少，再加上营养状况较差、身体素质不高、医疗保健意识不强，很多新疆农村贫困家庭遭遇疾病困扰，甚至陷入健康贫困的恶性循环。2000 年，全国人口平均预期寿命达到 71.40 岁，新疆人均期望寿命 67.41 岁，低于全国平均水平近 4 岁。同年，新疆婴儿死亡率 55.5‰，高于全国 32‰ 的平均水平，新疆农村妇幼保健也不容乐观，妇女孕产死亡率 191.7/万人，高于全国平均水平 51/万人。此外，新疆 12.02% 的农村人口长期受慢性病和体弱多病的困扰。据扶贫部门调查，新疆低收入标准以下人口中，有 8% 的人因病需要救助，因病返贫占总返贫人口的 60% 左右[①]。新疆贫困人口医疗救助问题较为严峻。

正是在这样的背景下，新疆维吾尔自治区于 2005 年出台了针对农村贫困人口的医疗救助制度，旨在通过医疗救助提高贫困家庭获得最基本医疗保健服务的可及性。截至 2008 年 3 月底，农村医疗救助 810465 人次，支出资金 2103 万[②]。新疆农村医疗救助制度初见成效。可是，新疆农村医疗救助制度运行中出现了制度运行不稳定、财政支持力度下降等问题，这些问题影响了农村医疗救助制度的效果，并极有可能损害制度的可持续性。所以，对新疆农村医疗救助制度进行评估对于制度未来的走向和发展极为重要。

截至 2008 年 6 月，全区已保障农村低保对象 129.8 万人，其中因病致贫 18.6 万人，因残致贫 11.8 万人，因年老体弱致贫 28.4 万人。新疆县级以上公立医院的 10% 床位将为困难群众开展济困服务。全区县及县级以上公立医院根据自治区规定均设立了扶贫病房或扶贫病床。虽然新疆农村医疗救助制度的救助水平仍

---

① 余晓明、赵国明、潘玉珍：《挑战贫困——新疆现阶段反贫困进程的评价及分析》，载新疆农调队《新疆农村调查》，2006。
② 新疆信息网：《新疆维吾尔自治区积极推进社会救助体系建设》，http://www.xjhao.net，2008 年 7 月 2 日。

然较低，但是，应该看到，这一制度的建立和运行在一定程度上为农村贫困家庭就医提供了支持，在合作医疗保障体系之外，农村医疗救助制度发挥了越来越重要的作用，对区域性的卫生公平和医疗保健水平提高起到了很大作用。

二 存在的问题

（一）制度的可及性不够充分

救助资金是医疗救助活动开展的基础，新疆也不例外，要"看米做饭"，即根据医疗救助资金的额度来决定医疗救助的人次和水平。一旦某一年救助资金金额减少，医疗救助人次和水平将直接受到影响，制度的可及性将降低。2006 年，新疆农村医疗救助支出 2426.4 万元，而 2008 年救助支出资金仅有 2103 万元，救助资金总额的降低大大影响了救助制度的可及性。2006 年，新疆农村接受医疗救助的人次为 854866 人次，人均受助 28.38 元，而 2008 年却下降为 810465 人次，人均受助金额降为 25.94 元。可见，新疆农村医疗救助制度的救助人数和金额出现了"双下降"，这必然导致受到医疗救助的人数减少，农村医疗救助制度的可及性甚至出现降低的可能。

（二）制度运行的有效性有待提高

虽然新疆农村医疗救助制度在缓解贫困人口"因病致贫、因病返贫"方面起到了较好的作用，但是，应该看到，制度运行的有效性还是需要进一步提高的，尤其是制度所提供的救助标准。2006 年，全国人均医疗救助支出城市高达 348 元，农村为 70 元，城乡救助水平差异显著。而 2006 年新疆农村的人均救助金额仅有 28.38 元，仅为全国农村平均救助水平的 40.54%，还不到全国平均救助水平的一半。较低的医疗救助水平必然无法为贫困人口提供更高水平的医疗救助服务。

（三）制度的稳定性和可持续性面临考验

较高的制度稳定性和可持续性有助于制度的平稳运行、长久发挥作用。新疆农村医疗救助制度稳定性和可持续性较高：第一，政府主导建立农村医疗救助，政策方面具有稳定性；第二，政府提供了大量的财政支持，具有较为稳定的救助资金来源；第三，新型农村合作医疗制度的建立和运行在很大程度上改善了农民的健康状况，合作医疗制度的有效运行在一定程度上降低了医疗救助的压力。

但是，新疆农村医疗救助制度的稳定性仍然存在三个方面的问题：第一，财政支持资金缺乏法律保障，政府在制订医疗救助资金预算时仍存在随意性。医疗救助资金的金额应随经济水平发展而不断提高，受助人次和受助水平应不断提高，但如前所述，由于缺乏法律保证，新疆农村医疗救助资金并没有随经济发展而稳步增长，资金总额、受助人次、受助水平出现了同时下降的现象。第二，制度设计有待进一步完善，医疗救助与合作医疗等保障制度尚未充分衔接，这些都影响了医疗救助制度运行的稳定性。第三，专门的医疗救助组织力量不足。由于制度建立时间较短，地方民政部门缺乏足够的民政干部从事医疗救助工作，个别地方民政部门缺乏必要的办公条件，这也在一定程度上影响了制度运行的稳定性和可持续性。

（四）制度运行成本仍较高

有效的制度并不一定是好的制度，因为制度的实施必须考虑成本和收益，即在保证制度运行有效的前提下，必须注重降低制度运行的成本。应该看到，当前新疆农村医疗救助制度运行成本仍然较高，存在改进的空间。

第一，制度运行的经济成本仍较高。新疆贫困的农村地区往往地广人稀、偏远，这实际上给救助工作带来了较大困难，医疗救助对象的甄别、医疗救助行为的发生所花费的成本较为高昂，对一个农民的救助甄别和救助行为花费的经济成本远远高于城市居民。

第二，制度运行仍存在一定的社会成本。在新疆农村，仍有一定数量的贫困人口得不到医疗救助，而对农民受助资格的确定也并非是完全公正的，所以，新疆农村医疗救助制度运行仍存在一定的社会成本。

三 制度运行外在环境分析

农村医疗救助制度不是孤立运行的，而是"内嵌"于各类社会制度和硬件条件之内的，所以，评估新疆农村医疗救助制度不得不评估救助制度的外在运行环境。

（一）农村医疗救助制度与新型农村合作医疗制度衔接存在问题

农村医疗救助制度实际上是对新型农村合作医疗制度的有效补充，初衷是在合作医疗保险保护之外对贫困人口提供更低层次的医疗帮助。但是，农村医疗救助制度与新型农村合作医疗制度之间并非是完美衔接的。第一，两个制度的运行设计出自多个部门，主要有卫生部、民政部、扶贫办等，多个部门之间管理分块，关注对象不同、干预方法和手段不同，缺乏有效统一，甚至出现了管理冲突问题，降低了制度运行的效率和有效衔接[①]。第二，新型农村合作医疗制度虽然为农村居民提供了一定程度的医疗保障，但农民看病仍需自付一定比例的医药费。不少贫困农民没有能力支付自付费用，导致不去就医，从而在合作医疗体系内产生了"穷人补助富人"的怪圈。同时，由于医疗救助水平较低，这部分没有自付能力的贫困农民也得不到足够的医疗救助，他们成了合作医疗和医疗救助都不能有效保护的"遗漏群体"。如何让这部分人较为充分地得到两个制度的益处是摆在地方政府面前的一道难题。

（二）农村医疗卫生服务体系服务能力在一定程度上制约了医疗救助制度发挥作用

农村三级医疗卫生服务体系，尤其是农村卫生所是所有农村医疗卫生保健制度运行的外在基础，缺乏较高服务能力、高成本

---

① 杜乐勋、张文鸣：《中国医疗卫生发展报告》，社会科学文献出版社，2007，第98页。

的医疗卫生服务会大大削弱医疗保健制度的作用。第一，农村医疗卫生服务体系服务能力不能适应需要。虽然近些年国家和地方政府加大了对农村基层卫生服务机构的建设，尤其是加大了农村卫生所和乡镇卫生院的基础建设，县、乡、村三级卫生服务体系的服务能力有了较大提高。但是，相对于农村居民的需要，三级卫生服务体系的服务能力仍是较低的，尤其是不少偏远农村的卫生所仍然缺乏必要的医疗设施和药品，卫生服务人员技术水平和服务能力也较低。第二，与城市医疗卫生服务机构一样，农村医疗卫生服务机构也引入了市场化运作机制，其主要利润也源于药品和检查收入，这就不可避免地造成了"大处方""大检查"等问题，农村医疗卫生服务机构的价格不断提高。较高的价格进一步抑制了贫困人口的医疗服务需求。农村卫生服务机构服务能力不高、价格相对高昂的问题在一定程度上制约了医疗救助制度和新型农村合作医疗制度发挥作用。

三　制度改革与发展方向

（一）强调政府医疗救助制度的主体地位

社会保障制度天然地追求公平，公平是社会保障制度追求的根本目标，是这一制度本质的体现[1]。政府在社会保障制度中的主导责任一般包括推动立法、财政支持、管理监督与宏观调控。就社会保障的整体而言，社会保障权是公民应有的权利，而不是政府的恩赐和施舍，保证公民的社会保障权利是政府的基本责任。贫困人口的最低基本生活与健康需求必须由国家承担，这不仅是国家的义务，而且是维护国家的权威、边疆地区民族团结、社会稳定的必要因素。在农村医疗救助制度建设中，政府应扩大其制度的覆盖面，增加资金投入，提高医疗水平，重点资助弱势群体的国民医疗保险，应救尽救。

（二）发展农村公共事业，增强农民的预防保健意识

让·德雷兹、阿马蒂亚·森指出，弱势群体的生存在很大程

---

[1]　郑功成:《中国社会保障改革与发展战略》，人民出版社，2008，第29页。

度上有赖于大量关键的公共物品和服务的充分获得，特别是纯净水、卫生保健和卫生设施[①]。联合国《千年发展公约》主张：国家要摆脱贫困采取的第一组政策就是要投资于健康与教育。健康、教育、营养、用水和卫生设施互相补充，任何一个领域的投入都将有助于其他领域的发展。教育影响到人类发展的所有结果。它不仅是知识的来源，也改善了卫生习惯、提高了卫生设施的使用。安全的饮用水和完善的卫生设施同样决定着健康结果。减少传染病可以改善儿童的营养状况、增长学习能力[②]。专家提出，疾病有60%是由人们不良生活方式引起的。健康教育的作用在于通过知识和信息的传播、影响乃至改变个人行为，减少健康风险因素[③]。政府所提供的最有效率的公共产品之一是传播、普及人类积累的健康知识，即"以知识促进健康"这一重要的公共产品应优先提供给贫困地区。值得注意的是，提高医疗的可获得性，只是改善个人或人口健康状况的途径之一。至少在发达国家，良好的生活方式和更清洁的环境也许更有助于改善健康，而不是医疗可获得性的提高[④]。所以，加强教育和培训力度，提高新疆农村居民的预防保健意识，使新型农村合作医疗制度、农村医疗救助制度更有效地发挥作用。

（三）应重视新型农村合作医疗制度和农村医疗救助制度的衔接

如制度评估部分所述，当前新疆农村医疗卫生存在"遗漏群体"，新型农村合作医疗制度与农村医疗救助制度未能在保障农村居民健康方面充分衔接。应改进新型农村合作医疗制度和农村医疗救助制度的设计，提高保险和救助水平，降低自付比例，让更

---

① 〔印度〕让·德雷兹、阿马蒂亚·森：《饥饿与公共行为》，苏雷译，社会科学文献出版社，2006，第274页。

② 世界银行：《谁倾听我们的声音》，中国人民大学出版社，2001，第64页。

③ 联合国开发署：《2003年：人类发展报告》，中国财政经济出版社，2003，第87页。

④ 詹姆斯·W. 亨德森（James W. Henderson）：《健康经济学》，向运化译，人民邮电出版社，2008，第108页。

多贫困人口能够得到两项制度的益处。如何充分衔接两项制度，如何协调不同管理部门之间的关系，是摆在政府和学术界面前的一个亟待解决的问题。

（四）应重视特殊人群的医疗救助

与普通群体相比，老人、妇女等弱势群体更可能受到疾病和贫困的威胁，政府应加大对这部分特殊群体的医疗救助力度。詹姆斯·W. 亨德森（James W. Henderson）指出，美国医疗救助计划主要集中纳入了怀孕妇女和儿童，结果婴儿死亡率减少了3.4%，政府的医疗救助计划作用非常大[①]。新疆约有残疾人口 50多万，大部分分布在农村。中国农村特殊困难群众致贫原因，因病致贫是 31%，因残致贫 19%[②]。加强农村医疗救助制度，要实现贫困孕产妇女住院分娩，减少和免除她们的接产费用，减少畸形婴儿的发生率和婴儿死亡率。很多贫困农民文化素质低、预防疾病意识不强，往往忽视对儿童的接种免疫。卫生防疫站专门安排医务人员对农村儿童建立接种免疫档案，主动给农村儿童接种免疫。民政部门可为农牧区五保老人、残疾人、孤儿等特殊优抚对象代缴参加合作医疗的费用，代缴民政医疗救助金，避免他们不能参加新农合、看病难问题。此外，还应扩大对艾滋病患者及其家庭的医疗救助范围，避免对他们可能存在的制度偏见和歧视。

（五）充分利用农村社会资本

社会资本是指某一个社会网络中的成员福利，通过社会关系取得额外的资源能帮助穷人克服一些日常困难。此外，穷人在面对诸如自然灾害、经济危机、健康危机和失业等不利情况时，很少支付得起正规的保险。因而，互助的社会关系为他们提供了经济、社会或者政治支持的基础，在贫困时期他们可以从中获取帮

---

① 詹姆斯·W. 亨德森（James W. Henderson）：《健康经济学》，向运化译，人民邮电出版社，2008，第 108 页。

② 白钢、史卫民：《中国公共政策分析》，中国社会科学出版社，2008，第 182 页。

助①。农村地区拥有了丰富的社会资本，农民会彼此信任、交流频繁。维吾尔族的传统文化注重家庭保障，在农村几代人生活在一起，尊老爱幼，家庭成员共同承担各种风险。在农村维吾尔族农民的伊斯兰教信仰较强，宗教影响着他们生活的每一个角落。每个村庄都有清真寺，农民自觉地把帮助孤儿寡母，以及穷人、病人和无依无靠的人视为自己的一项宗教功课，自愿地去履行。应充分尊重农村的宗教、家庭、村民之间的社会网络，发挥它们在医疗互助方面的作用。

（六）可以探索在偏远的农牧区恢复通科赤脚医生制度

在农村，过去的合作医疗体制是一个基层服务的制度，"赤脚医生"走家串户，提供了便捷的医疗保健服务，赤脚医生制度对传统合作医疗制度运行的成功起到了极大的促进作用。但是，伴随传统农村合作医疗制度的瓦解，赤脚医生制度也不复存在了②。新疆的贫困人口主要集中分布在北疆天山、阿尔泰山为重点的高寒农牧区，南疆则主要集中在塔克拉玛干沙漠周边的干旱荒牧区，这两个地区属于国家四大生态脆弱地带，在国际上也为最差生存区域。新疆 30 个扶贫开发重点县全部集中分布在这些地区，自然环境恶劣、交通不便、人畜饮水困难、科技落后、信息闭塞、住居分散。这些地区的农村居民外出就医非常不便，交通和时间成本高昂。探索在偏远农村地区恢复"赤脚医生"制度能够很好地解决这些农民就医的难题。当然，国家对这部分"赤脚医生"的培训和资金支持力度都应远高于 20 个世纪六七十年代。

---

① 世界银行：《谁倾听我们的声音》，中国人民大学出版社，2001，第 64 页。
② 唐钧：《中国的卫生政策与健康保障》，《社会政策评论》2007 年第 31 期。

第三章 新疆被征地农民弱势群体就业和社会保障问题

为了更好地了解被征地农民就业和社会保障工作所取得的成效，查找实施过程中存在的问题，也是为了以后更好地开展被征地农民的就业和社会保障工作，本调研组对新疆试点地区进行了全面深入的调查。调研组 2012 年 10 月 10 日至 12 月 22 日分别前往伊犁州伊宁市、新源县，昌吉回族自治州昌吉市，乌鲁木齐市，库尔勒市等试点地区进行实地调研并分别撰写分调研报告。调研总共历时两个多月，行程 3000 多公里，调查期间，先后召开座谈会 16 场，访谈 300 多人，分别采取听取汇报、座谈和问卷调查的形式了解情况，收回调查问卷 100 多份，充分了解和掌握被征地农民就业和社会保障工作的开展情况及存在的问题，广泛听取和征求了各方面工作人员对被征地农民就业和社会保障方面的宝贵意见和建议，为今后如何更好地开展这项工作得到了比较丰富的资料。

第一节 被征地农民社会保障制度的概念、意义及原则

一 被征地农民社会保障的定义及特点

被征地农民社会保障制度属于我国社会保障体系中的组成部分，因其保障对象较为特殊、保障范围较小、保障人数少，学术界对被征地农民社会保障的概念还没有形成一致的观点，但其属于社会保障范畴，可以参照社会保障制度的概念予以分析。

（一）被征地农民社会保障定义

社会保障，源于英文"Social Security"，原意是指"社会安全"，最早使用于美国1935年的《社会保障法》。英国《简明不列颠百科全书》将社会保障解释为一种公共福利计划①。我们可以将被征地农民社会保障制度定义为：以国家为主体，依据法律的规定，组织社会力量，通过国民收入的再分配，形成被征地农民社会保险基金，对面临特定风险的被征地农民，提供保障基本生活的物质帮助和社会服务的社会安全制度②。通过此概念可以看出，被征地农民社会保障的责任主体为国家，因被征地农民社会保障工作涉及社会的安全和稳定、经济的协调发展，国家是当然的责任主体；被征地农民社会保障必须通过立法，以法律、法规的强制手段执行，只有这样才能使被征地农民社会保障工作有法可依、有法必依，促使其制度化、规范化；被征地农民社会保障的客体是被征收土地的农民，这是由其目的决定的，被征地农民社会保障制度旨在保障失地农民不因被征收土地而生活没有保障，以稳定社会和经济的稳定、发展。

（二）被征地农民社会保障的特点

（1）覆盖层面的限定性。被征地农民社会保障的保障对象为被征收土地的农民，保障对象具有一定的特殊性，保障范围较小，保障人数有限，覆盖层面只是社会中的一小部分。

（2）参与上有一定的强制性。被征地农民社会保障是在全社会范围内进行的一种涉及每一位被征收土地农民切身利益的再分配，被征地农民既是受益者，同时也是保障基金的义务承担者，

---

① 英国《简明不列颠百科全书》将其解释为保护个人及其家庭免除失业、年老、疾病或者死亡而在收入上所受的损失，并通过公益服务（如免除医疗费）和家庭生活补助，以提高其福利。

② 此系参考杨玉芝、鹿桂香在《社会保障概念的界定》一文中的关于社会保障制度的概念，其将社会保障制度定义为：以国家为主体，依据法律的规定，组织社会力量，通过国民收入的再分配，形成社会保险基金，对面临各种风险的社会成员，提供保障基本生活的物质帮助和社会服务的安全制度。

如果被征地农民不选择参加，就难以形成全盘的被征地农民社会保障基金，不利于社会的稳定和发展，因此，一定的强制参与是必要的。

（3）制度上的立法性。相应的行政立法是被征地农民社会保障制度得以实施的保证和依据，主要涉及四个方面：①保障项目的种类，保障标准；②保障基金的筹集、发放；③保障职能、责任划分、管理权限等；④保障监督。

（4）保障水平的有限性。被征地农民社会保障旨在使失地农民的基本生活有所保障，受益程度只限定在保障基本生活，各地区依照本地区生活实际水平制定保障水平。

二　被征地农民就业和社会保障工作的战略意义

（一）城乡一体化的必然选择

随着城市化、工业化进程的不断加大，农村大量土地被征用，农民基本无地耕种或土地逐渐减少，村集体经济结构开始发生改变，农民身份逐渐从农民转变为市民。被征地农民改变了过去的生活方式，开始从事房屋出租、汽车运输、建筑、服务业等第三产业。由于农村实行的管理体制与城市不同，农民在就业和生活方面会遇到很大困难。因此，被征地农民的就业和社会保障工作是城乡一体化的关键，是加快城市化进程、提高城市综合竞争力、提升城市形象及改善农民生活的主要举措。

（二）实现新疆社会稳定及长治久安的关键

城市化是新疆社会经济发展的必然趋势，城市化在推进新疆经济发展和社会繁荣的同时，也会给广大农民带来前所未有的影响。随着新疆城市化及新型工业化的快速发展，越来越多的耕地会被征用为城市用地并出现新的特殊群体——被征地农民。土地对于农民来说，不仅是生产资料，更重要的是最基本的生存保障。目前在新疆整体社会保障水平比较低、社会保障体系尚未完善的条件下，农民一旦失去土地，就会失去最基本的生活来源，将会面临巨大的生存和生活危机。如果对被征地农民的就业和社会保障问题处理不当，很容易引发社会矛盾，对新疆经济发展、民族团结及跨越式发展会产生前所未有的影响。

（三）做好被征地农民就业和社会保障工作是政府开展后续工作的有力保证

目前新疆被征地农民群体比较庞大并呈逐年增长的趋势。据有关资料显示，截至 2008 年底，全区 14 个地州市，66 个县开展了被征地农民就业和社会保障工作，2.3 万多人纳入到基本生活及养老保障制度，已有 800 多人领取养老保险。目前依然有 4 万多人因种种原因还没有纳入到被征地农民社会保障体系。今后 10 年内如果城市化水平年均提高 1 个百分点，每年将会产生 3000 多个被征地农民。目前新疆各地州在被征地农民就业、住房安置、户籍确认及农转非方面做了大量的新探索并取得了一定的成绩，但问题仍不少。被征地农民社会保障工作作为一个长期的系统工程和民心工程，关系到被征地农民的切身利益。这项工作若做得不扎实，将会产生连锁反应，导致农民对政府的不信任，将会对后续的征地及社会保障工作的顺利开展带来诸多不利影响。

三 健全被征地农民养老保险的基本原则

新疆被征地农民养老保险作为一种特殊的民心工程，既要符合新疆生产力的发展水平，又要符合我区少数民族的生产、生活方式及宗教习惯。结合新疆农村的实际，应遵循以下原则。

（一）坚持社会公平和市场效率相结合的原则

传统理论认为，社会保障支出是国家对国民收入的二次分配，在社会产品初次分配中，我们强调效率优先，兼顾公平的原则。但在再分配过程中，特别是社会保障的实施中，必须兼顾效率与公平，二者不可以偏废。在新疆被征地农民养老保险的制度完善过程中只注重公平不讲究效率，一味地提高保障标准，会产生平均主义，挫伤劳动者的积极性，使保障对象滋生依赖思想，导致经济效率低下及人力资源的浪费、经济发展缓慢；只注重效率不讲究公平，会导致因老致贫、因老返贫现象的发生，会引发各种社会问题，危及新疆各民族的安定团结，影响经济发展及社会和谐。

（二）坚持统一管理和因地制宜，同经济发展水平相适应的原则

在社会主义市场经济体制下，养老保障制度作为被征地农民社会保障的核心部分，与其他社会保障制度有所不同，具有周期长，需要的资金多等特点，应充分考虑到新疆的承受能力，使其与经济发展水平、社会保障的意识和经济的承受能力相适应。养老保险水平的高低，取决于经济的发展水平，高标准的养老保险是建立在较高的人均 GDP 水平和经济持续高速增长的基础之上的。目前我区经济发展不平衡，人们对养老的要求也不一样，因而我区被征地农民养老保险建设必须从各地实际出发，不可搞"一刀切"，只能立足于区情、县情，因地制宜，逐步建立和完善符合我区经济发展水平的多层次、多形式、多标准的保障制度。

（三）坚持被征地农民养老保险与传统家庭养老保障相结合的原则

家庭养老是以自然为基础，以血缘关系和社会道德为保证的我国最传统的养老方式；而现代的社会保障则是以社会化大生产为基础，以社会政策和法律、法规等为保证。随着城市化进程的加快，我区应大力发展被征地农民保障事业，但从目前人们生活方式及传统养老文化来看，家庭仍是生产和经营的基本单位，家庭有义务也有能力对其成员提供生活上的精神保障及物质保障。所以社会保障必须坚持被征地农民养老保险与传统家庭保障相组合，充分发挥家庭养老所具有的物质保障、精神保障等多重功能。任何只强调养老保险的功能，而忽略家庭养老的功能；或只强调家庭养老保障的功能，而推卸社会保障责任的保障制度都是不健全的。

（四）坚持商业保险与社会保险相结合

从目前新疆被征地农民养老保险实际情况来看，政府的职能主要体现在组织、筹资和资金支持等三方面。但政府不能将被征

地农民的养老保障完全包下来，因此，建设被征地农民养老保险网要坚持商业保险与社会保险相结合。社会保险是政府强制实施的、缴费比例统一而固定，只能提供最基本的保险水平；商业保险一般遵循自愿原则，是否投保取决于投保人的意愿，可以在个人储蓄性保险方面发挥重要作用，商业保险比较灵活，保险水平可以按投保者的要求有所区别，这样有利于体现不同地区、不同行业、不同企业及个人之间的差别。这都完全符合目前我区农村及经济发展的要求。因此，应大力发展商业保险，使得其与社会保险合理分担风险，在维护社会稳定的安全网络中发挥各自所长。

（五）国家、集体、个人、地方政府共同承担原则

从理论上来讲被征地农民养老保险是一项政府行为，国家应当承担一定的财政责任。从另一方面来说，由于我国正处于社会主义初级阶段，人口众多，国家财政、自治区财政十分有限，况且养老保险事业周期长、需要的资金大，国家无力包揽全部养老费用，因此应建立政府、集体为主导的多元化的筹资模式。

（六）保障水平与地区生产力发展水平及财政承受能力相一致的原则

随着城市化进程的发展，被征地农民的数量将会逐渐增多，地区保障压力将不断增强，面对这一发展趋势，应当调节适应各地区经济发展的保障水平，保障水平过高将使政府财政面临巨大压力，保障水平过低将导致被征地农民的生活不能得到很好的保障，因此，合理的保障水平至关重要。

（七）管理体制和政策相统一的原则

目前我国各地区被征地农民社会保障的管理分散在政府各个部门，机构重叠、自成体系、业务交叉、政策多样、资金分散、成本上升[1]，为了尽快改变这一局面，应当提高统筹层次，由一定

---

[1] 参见任保平、王忠民《21 世纪中国社会保障制度发展的原则和趋势》，《西北大学学报》（哲学社会科学版），2001 年 5 月，第 31 卷第 2 期。

层次的政府统一管理，以避免各自为政，确保被征地农民社会保障工作的规范化和制度化。

（八）政事分开和执行监督分设原则

政府行政管理和保险基金运营要分开，具体执行机构和监督机构要分设，政府主管部门主要是管政策、制度、标准、监督，不直接管理资金的缴纳和运营，基金的运营由社会事业单位依法经办，受政府和社会监督，为了避免基金的挪用与浪费，应将基金纳入财政预算，单独列账并加强管理①。

第二节　新疆被征地农民就业和社会保障工作的历史回顾及取得的成绩

一　历史回顾

2008 年新疆维吾尔自治区被征地农民就业培训和社会保障实施办法出台以前，库尔勒、乌鲁木齐市等地率先开展了这方面的工作。因当时城市化水平比较低、被征地农民数量比较少，库尔勒市主要采取土地置换及单位安置等方式，解决了被征地农民的就业和社会保障工作。有不愿种地或不想在单位工作的，经社保部门及用人单位商量，用人单位为其提供一定的社会养老金，基本解决了被征地农民的就业和社会保障工作。

乌鲁木齐市作为新疆城市化最快的城市，2004 年制定了《撤村改居被征地人员基本生活保障暂行办法》，从医疗、养老、就业方面保障了被征地农民的基本生活。根据乌鲁木齐市城市总体规划（2000～2020 年）要求，主要通过撤村建居，土地征用这种方式，逐步地把"城中村"的农业人口转变为非农人口。乌鲁木齐市共有五个区涉及撤村建居，分别是：天山区涉及"城中村"主要有乌拉泊村（包括牧业队）、大湾村、二道湾村、宁夏湾村、八

---

① 参见任保平、王忠民《21 世纪中国社会保障制度发展的原则和趋势》，《西北大学学报》（哲学社会科学版），2001 年 5 月，第 31 卷第 2 期。

户梁村、碱泉街工贸公司（原碱泉沟村）和达坂城区新移交的红雁池村等三个村；沙依巴克区涉及的"城中村"主要有仓房沟村和九家湾村；新市区涉及的"城中村"有地窝堡乡的丰田村、地窝堡村和宣仁墩村，二工乡的百园路新村、三工村、二工村、二工乡砖厂、津北小区、小西沟村和西八家户村；水磨沟区涉及的"城中村"主要有红山村、王家梁村、南大湖村、南湖集团、六道湾村、东八家户村、水磨沟村、七道湾村、八道湾村；东山区涉及的"城中村"主要有卡子湾村和人民庄子村①。乌鲁木齐市在农民安置方面主要采取货币安置方式，对农用地、建设用地的补偿，主要依据《新疆维吾尔自治区实施土地管理办法》及自治区计委、财政厅《关于下发自治区国土资源系统土地行政事业收费标准的通知》（新计价房［2001］500 号）文件的有关规定。以大湾村为例，其具体标准为：耕地 32400 元/亩，林地 1 万多元/亩，集体建设用地 1200 元/亩。建设用地（宅基地）680.43 元/亩，公房187.77 元/亩，道路 261.63 元/亩，其他 664.92 元/亩。大湾村总面积为 242.43 公顷，其中耕地 1290.36 亩，林地 249.46 亩，除预留土地 100 多亩外，大湾村共得土地补偿费 7000 多万元（其中部分用于交纳"两保"费用，部分留做集体资产及支出有关费用）。安置补助费发放标准为 80136 元/人。大湾村共有人口 1562 人（523 户），共发放安置补助费 1.1 亿多元。青苗补偿费及地上附属物补偿费共约 4700 多万元②。此后乌鲁木齐市还启动了被征地农民的养老保险工作，其具体做法是以自治区 2002 年度社会平均工资的 60% 为缴费基数乘 26% 的比例缴费。其中个人承担 40%，集体承担 30%，政府承担 30%。对被征地时已年满 16 周岁，且男性不满 60 周岁、女性不满 55 周岁的人员，按照征地时实际从事农村生产劳动的时间（最低从年满 16 周岁起计算，上学期间以及被依法判处拘役、有期徒刑或被劳动教养期间除外，下同），每满 2 年为其一次性缴纳 1 年的养老基本生活保障费，最高为 15 年。折算

---

① 乌鲁木齐市政府办公室：《乌鲁木齐市城中村改造建设规划指导意见》，http：//www. urumqi. gov. cn/，2004 年 2 月 3 日。

② 李君霞：《乌鲁木齐两个"城中村"二道湾大湾村撤村建居》，http：//www. tianshannet. com. cn/，2004 年 8 月 31 日。

出的年限不满 1 年的按照 1 年计算。当时大概 1 万多名农民参加了被征地农民养老保险，目前领取退休金的大概有 300 多人，月支付标准 A 档为 280 元，B 档为 360 元。因乌鲁木齐市大部分村集体有集体资产及一定的经济收入，基本上承担了大部分的保险费用。但因出现很多空挂户及比较特殊的人员，在身份认定及具体操作方面遇到了很多困难。

医疗保险方面对年满 16 周岁以上的被征地人员以本市上一年度职工平均工资为基数乘以 4% 的缴费比例进行缴纳。征地时，被征地人员男性年满 60 周岁的，一次性缴纳 30 年的基本医疗保障费；女性年满 55 周岁的，一次性缴纳 25 年的基本医疗保障费。征地时，被征地人员男性不满 60 周岁，女性不满 55 周岁的，一次性补交距退出劳动年龄前不足规定缴纳年限（男 30 年，女 25 年）的基本医疗保障费[①]。

虽然乌鲁木齐市、库尔勒市等地率先启动了被征地农民养老、医疗保险制度，但保障水平比较低、保障内容比较简单，被征地农民的失业保险、工伤保险还没有考虑进去，被征地农民就业和培训需要继续完善。

二　新疆被征地农民就业和社会保障工作中取得的成绩

课题调研组在对库尔勒、伊宁市、昌吉市、乌鲁木齐市等地调研过程中发现，各地州被征地农民养老保险工作进行的比较顺利，各项工作做得比较扎实，有的单位突破了 140 号文件，做了进一步的细化，切实保证农民的利益。笔者认为具体的成绩如下。

（一）领导高度重视，各地出台了相关的地方性文件

自治区 140 号文件出台以后得到了各地政府部门的高度重视，先后成立了以劳动保障、国土资源、财政、审计、民政、农业、建设、卫生等相关部门为成员的领导小组，统一领导此项工作并多次召开会议安排和协调此项工作。各级党委政府把这项工作摆

---

① 天山区加快城市化进程工作领导小组办公室.《撤村建居被征地人员基本生活保障暂行办法》，2004，第 23 页。

上重要议事日程，要求各部门协调一致、分工协作，共同努力，把这项惠及民生的工作做得比较扎实。各地为了更好地开展这项工作起草了被征地农民就业和社会保障实施办法。比如伊犁州伊宁市、新源县先后起草了各自的被征地农民就业和社会保障实施办法。在昌吉市中山路街道办事处、天山路街道办事处先后出台了各自的被征地农民保障及安置办法，把责任落实到个人，实现被征地农民就业和社会保障有法可依。库尔勒市对这项工作高度重视，专门成立了城乡一体化办公室，以城乡统筹的角度考虑被征地农民的保障问题，在劳动年限的认定、空挂户、嫁过来的媳妇、部队转业人员等特殊人群劳动年限认定方面做了比较详细的规定，在养老金待遇调整、被征地农民的社会福利方面做了一些尝试，得到了广大群众的认可和赞赏。安置方面通过住房置换、门面置换及土地置换等方式基本解决了被征地农民的就业和生活问题。

（二）大力宣传党的惠民政策

各地政府高度重视这项惠民政策的宣传工作，通过召开座谈会、深入企业等方式进行宣传。此外，劳动社会保障部门在火车站、广场等地举办各种宣传活动，向广大群众发放宣传手册，解答他们的实际问题。其中伊宁市汉宾乡还专门举行了被征地农民养老保险发放仪式，提高了人们对这项工作的认可。库尔勒市集中人力、物力，充分利用广播电视、报纸、互联网及发放宣传单等各种方式加强宣传工作。同时深入街道社区和群众进行面对面的宣讲，大力宣传党的惠民政策，使广大群众更加深入了解具体政策和参保方式，增强参保意识。

（三）改进工作方式，实现信息化

为了进一步做好被征地农民的就业和社会保障工作，方便被征地农民参加养老保险，各地州开设专门窗口或指定专人负责这项工作，极大地方便了被征地农民的咨询和参保工作。此外库尔勒市还非常重视被征地农民养老保险工作的信息化、专门开发信息系统，实现被征地农民养老保险工作的完全信息化与其他养老保险的衔接工作。

第三节　新疆被征地农民就业和社会保障方面存在的问题

为了更好地了解被征地农民的生产和生活状况，笔者先后在库尔勒、昌吉、新源县、乌鲁木齐市等地对被征地农民的就业和社会保障进行调研。问卷调查结果显示目前大部分被征地农民的收入水平比较低，在收入水平上基本选择了年均 5000 元以下的选项，大部分农民没有收入或收入主要来自于社会保障。生活支出主要以日常生活、养老、医疗开支为主，每月生活支出大概在 1000 ~ 2000 元，对现在的安置方式比较满意，但普遍认为目前养老金水平还比较低，要求政府提高养老金。提出养老和医疗问题是目前最突出的两个问题，希望政府采取实际措施解决他们的就业和技能培训等问题并对养老及医疗提出了自己的看法。

尽管政府在农民就业和社会保障方面做了大量工作，得到了农民的认可，解决了被征地农民的养老、医疗及就业问题，但通过调查我们发现，目前被征地农民的就业和社会保障方面还存在一些问题。

一　农民本身方面存在的问题

（一）养老保险方面存在的问题

1. 参保率比较低，尤其是 20 ~ 40 岁之间农民的参保积极性不高

笔者对新疆各地州摸底调查过程中发现目前新疆被征地农民参保率比较低，以伊犁州为例，2011 年愿意参加被征地养老保险的农民为 1881 人，已参保的为 1114 人，参保率仅为 66.3%。在库尔勒市近郊目前常住人口为 28759 人，其中符合参保条件的人数为 19965 人，参保率仅为 33.36%，农民缴费为 33%，每三人当中只有一人参保，参保率比较低。经调查参保率低主要有以下几个方面的原因。

（1）农民土地补偿金还未到位。因审核手续比较复杂、涉及国土、财政、农业等多个工作部门，进展比价缓慢，在伊犁州有些农民还未领到土地补偿款，因此未能缴纳个人应承担的养老金。

（2）集体经济比较困难。被征地农民养老保险主要采取个人、集体及政府三方筹资的方式，但有些欠发达地区，比如新源县因集体经济比较困难，没有足够的资金支持，未能按时缴纳部分养老金。在乌鲁木齐市、昌吉市等地因集体经济比较发达有一定的承担能力，没有出现这种情况。甚至在乌鲁木齐市、昌吉市的一些村承担全部个人费用。

（3）年轻人参保意识比较薄弱。大部分年轻人尤其是 20 ~ 40 岁之间的年轻人对养老保险不感兴趣，以为养老保险与自己有一定的距离，持否定或怀疑态度，只考虑眼前利益，没有长期打算，参保积极性不是特别高。

（4）大部分农民观望态度比较浓厚，对政府持怀疑的态度。因土地补偿安置时间比较长、手续比较复杂，土地征收以后土地及门面房补偿款没有及时兑现，因此大部分农民对政府养老保险政策半信半疑，怕政策变，怕养老金不兑现，怕无法收回自己交的钱，不敢参保。

（5）宗教人士的阻挠。在库尔勒市等少数民族居住区调查过程中，笔者发现在有些宗教人士当中抵制被征地农民参加养老保险的事时有发生。有些宗教人士受宗教观念的影响，宣传人们不参保。他们认为参加养老保险就像是赌博，你交了1万，但多拿了4万~5万，这跟赌博没有什么区别，阻挠人们参保。

（6）有些没有交费能力的弱势群体被拒之门外。社会保障的主要目的是保证人们的最基本的生存权。在农村有些老年弱势群体本来土地很少，手里拿的养老金有限，没有交费能力或无法足额缴纳个人承担的部分费用。又没有集体经济的足够支持，目前这些人尚未参加任何保险，这就出现了被征地农民养老保险保富不保穷的局面。

（7）有些空挂户、嫁过来的媳妇、被收养的儿童等特殊群体因身份认定有问题等原因未能参保。自治区 140 号文件中有年限认定方面的具体规定，但对这些群体没有明确的实施细则，需要进一步细化。各地在实际操作过程中因种种原因把一些人群还未纳入被征地农民养老保险的范围。

（8）害怕失去低保待遇。有些特殊困难群体，尤其是老年弱势群体有比较强烈的参保意识和参保意愿，希望尽快参保。但根据目前的政策规定，一旦这些群体参保并领取养老金，就会失去享受最低生活保障待遇的资格及相应的待遇。目前城市最低生活保障待遇比较高，还享受一定的物价补贴及医疗救助。因此这一群体比较忧虑，他们普遍认为养老金与低保费之间的差距不大，60 岁以后还要享受高龄补贴，参保还不如不参保，受这种思想的支配参保积极性不高。

（9）农民手里没有足够的钱去交费。经调查发现，乌鲁木齐市一些失地农民将补偿款全部用来修建了房子、结婚、办喜事儿，部分村民还贷款借债修建房子，没有为缴纳保险留有节余。有的村民拿征地补偿的钱，一次性用于投资，结果投资失败，有的则用于赌博，几天之内将钱输光，导致最后无法参保的局面。

2. 中断缴费、不想续费现象比较普遍，农民对政策的理解不够

根据被征地农民养老保险的相关规定，农民最低缴费年限不能低于 15 年，交够 15 年以后可以继续缴费。大部分农民交够 15 年的养老金以后，因种种原因不想继续缴费，缴费积极性不高。有些人要求根据自己的经济情况及收入采取灵活缴费、分期付款等形式解决缴费问题，但因制度的缺失社保部门不知如何操作。根据《新劳社函字〔2006〕80 号》文件的规定，缴费年限（含视同缴费年限）满 15 年的，基础性养老金按 15% 计发，以后缴费每满 1 年加发 1%。这也就是说，养老金在缴纳费用达到 15 年的，如果继续缴纳，每年可以领到更多的养老补助。那些交够 15 年不再续交的村民因不完全了解政策而造成了利益损失，这说明农民对政策理解方面还存在一些问题。

（二）医疗保险方面存在的问题

1. 因户口的原因农民未能参加城镇居民医疗保险

目前国家对农村的政策比较好，若农民有农村户口在计划生育及子女上学、录取、学费方面享受比较好的待遇，还可以在自己的宅基地盖房子。受这种因素的干扰，大部分农民不想改户口，但又想参加城镇居民养老保险。根据城镇居民养老保险的相关规定，城镇居民医疗保险封顶线为 15 万，但受户口的限制未能参加，医疗问题从而成为被征地农民担心的主要问题。

2. 医疗保险缴费率比较高

以乌鲁木齐市为例，被征地农民照灵活就业人员的标准参加医疗保险，自己全额缴纳上一年度社会平均工资的 20%，其中，8% 是个人账户，12% 是社会统筹。假设按照 2006 年为基数进行缴纳，他们一年所需缴纳的医疗保险费是 1191.8 元。目前被征地农民中大部分人员是 40～50 岁，由于自身素质较差很难找到工作，有些人的房屋比较偏僻，租金收入也不能满足最基本的生活需要，因此，医疗费用远远超过他们的承受能力，医疗保障名存实亡，因病返贫现象时有发生。

（三）就业方面存在的问题及原因

就业是人生存之本，是被征地农民社会保障的核心及重要环节。新疆城市化过程中各级政府把被征地农民的就业作为重点工作来抓，并在自谋职业、自主创业及工作安置方面做了政策上的指导。主要做法是对被征地农民的就业、安置、培训进行了统一的安排和部署，通过举办专门招聘会、进行专业培训（汽车维修、驾驶、蛋糕制作、缝纫培训等）形式提高了农民的就业竞争力和创业能力。有些地区直接把 50～60 岁之间的人直接纳入到就业困难群体的行列，进行特殊的就业扶助。在就业政策方面提供了一定的就业贷款，鼓励农民自主创业，对安置被征地农民的企业提供了一定的补贴。此外，为了更好地提高农民的固定资产收入，有些地区还开办了被征地农民农贸市场。虽然各地州在被征地农民就业方面做了大量的工作，但仍存在一些问题。调查发现就业已成为被征地农民普遍关心的基本问题及主要困难。主要原因如下。

1. 大部分农民文化层次低，技能单一

经调查发现目前大部分被征地农民不具有初中、高中文化水平，尤其是 50～60 岁之间的年纪比较大的被征地农民文化水平比较低、体质差，就业和创业能力比较差，不能胜任单位的工作，就业方面处于弱势地位。

2. 就业观念滞后，就业要求高

目前大部分地区对被征地农民采取的是提供公益性岗位及引导自主创业的方式解决被征地农民的就业和生活问题。笔者调查过程中发现目前新疆公益性岗位工资水平比较低，大概每月在 1020 元左右，但其要求比较高。因此大部分农民特别是有些年轻人不想在公益性岗位就业，而转到第三产业。目前新疆各地在建筑、卸货、拾棉花等行业劳动力比较短缺，工资水平高，但大部分被征地农民因手里暂时有钱不想从事这种劳动强度比较大的行业。

3. 农民城市适应能力差

为了解决被征地农民的就业和社会保障问题，伊宁市、库尔勒市等地专门设立了被征地农民农贸市场，以便保证被征地农民拥有比较稳定的营业收入。笔者在调查过程中发现，目前在各地商铺经营的被征地农民数量较少，基本上以出租给别人的方式得到一定的租金收入，主要原因是目前大部分农民没有足够的资金用来从事第三产业，另外大部分农民文化水平低、经营经验不足，无法适应城市生活。

还有，大部分少数民族被征地农民汉语水平不高，与管理人员沟通有很大的困难，此外受饮食、生活习惯、就业观念等因素的困扰，故就业率特别低。

4. 培训效果差，有时甚至只能成为一种形式

尽管社保部门对被征地农民进行了大量的培训，但农民除驾驶培训以外对其他方式的培训不感兴趣，培训内容与用人单位的要求差距比较大，有些培训还脱离了实际，因此没有达到提高农民素质的目的。有些农民对培训的意义认识不足，往往把培训与浪费时间混为一谈，培训和自我提高的积极性不高，因技能未达到用人单位的需求，就业比较困难。

二　政策方面存在的问题

（一）被征地农民养老保险当中存在的问题

自治区 140 号文件出台以后，新疆各地州按照《自治区被征

地农民就业和社会保障实施办法》的规定，制定了被征地农民实际从事当地农业生产劳动的年限计算办法；养老保险缴费年限计算办法；确定养老保险缴费标准、退休待遇执行标准；给予丧葬补助费、发放抚恤金、执行高龄特调等有关政策，并在具备条件的村组率先试点，取得经验后，再逐步扩大面。大部分地区切实做到了"即征即保"及新老政策相互衔接，妥善解决了被征地农民养老问题。目前新疆各地被征地农民养老保险金大概在 400～500 元之间，基本实现应保尽保，农民比较满意。但与实际部门及对农民访谈调查过程中，我们发现目前还存在诸多问题。

1. 早期被征地农民养老保障水平低，待遇水平需要有所提高

乌鲁木齐市、库尔勒等地 2002 年率先启动了被征地农民养老保险工作并提出了撤村改居方案，基本上实现了被征地农民老有所养，病有所医，生活有所保障。但因早期土地补偿标准比较低、早期被征地农民缴费金额少，最后退休的时候拿的也比较少，无法保证被征地农民最基本的生活。从乌鲁木齐市相关部门了解到，按 2002 年所设的标准来计算，目前他们的退休金 A 档为 258 元，B 档为 360 元，加上目前的物价补贴一个月大概能领到 400 元左右，按乌鲁木齐市目前的物价水平来说，远远不能满足早期被征地农民的养老及最基本生活需要。据笔者了解，大部分早期未能参加被征地养老保险的农民现在想要参加被征地农民养老保险，但因集体经济缺失及经济困难等原因不能参加新一轮被征地农民养老保险，这些人当中因老反贫、因病致贫等现象比较普遍，解决早期被征地农民的保障问题已成为亟待解决的主要问题。

2. 保障水平低，不能满足被征地农民的养老需要

笔者在新疆各地州调研过程中发现，目前大部分农民普遍反映保障水平比较低，不能满足他们的养老需要，尤其是昌吉市中山路街道办事处、天山路街道办事处、新源县的农民都反映保障水平比较低，不能满足他们的最基本生活需要。比如说，目前伊犁州养老保险最高给付标准为 598 元，最低为 458 元，昌吉市 295～325 元，库尔勒市确定在 427～630 元，目前新疆物价水平不断上涨、通货膨胀压力比较大的条件下这些退休金不足以保证被征地农民的养老需要，保障水平需要继续提高。

3. 昌吉市女性退休年龄偏高，群众反映强烈

自治区 140 号文件明确规定被征地农民男女退休年龄一律为 60 岁。在实际调研过程中笔者发现，目前绝大部分地区为了解决被征地农民养老保险与灵活就业人员养老保险、企业职工养老保险之间的衔接问题，乌鲁木齐市、库尔勒市、伊宁市等地一律规定为男的退休年龄为 60 岁，女的退休年龄为 55 岁，只有昌吉市确定退休年龄男女均为 60 岁，这样女性退休年龄偏高，不符合目前我国社会保障法的相关规定，与其他社保制度衔接存在一定的困难，群众反映比较强烈。

4. 分段计算缺乏操作性

自治区 140 号文件规定，在城镇规划区范围内，失去大部分土地（50% 以上）并已达到退休年龄的被征地农民，按照每满两年折算 1 年的办法补缴养老保险费。缴费基数为各年的上年度自治区在岗职工平均工资的 40%~60%，缴费比例为 20%。补费后全部记入个人账户，实行完全积累。一次性补缴 15 年及以上的，按照个人账户累计储存额除以 180 按月计发基本生活费。在城镇规划区范围内，失去大部分土地（50% 以上）并处于劳动年龄段的被征地农民，按照每满两年折算 1 年的办法补缴养老保险费。缴费基数为各年的上年度自治区在岗职工平均工资的 40%~60%，缴费比例为 20%。补费后全部记入个人账户，实行完全积累。一次性补缴后允许按上述办法继续缴费，缴费满 15 年及以上的，待达到退休年龄时，按照个人账户累计储存额除以 180 按月计发基本生活费。在城镇规划区范围内，失去部分土地（50% 以下）并已达到退休年龄的被征地农民，按照每满两年折算 1 年的办法补缴养老保险费。缴费基数为各年的上年度自治区在岗职工平均工资的 20%~40%，缴费比例为 20%。补费后全部记入个人账户，实行完全积累。一次性补缴 15 年及以上的，按照个人账户累计储存额除以 180 计发基本生活费。在城镇规划区范围内，失去部分土地（50% 以下）并处于劳动年龄段的被征地农民，按照每满两年折算 1 年的办法补缴养老保险费。缴费基数为各年的上年度自治区在岗职工平均工资的 20%~40%，缴费比例为 20%。补费后全部记入个人账户，实行完全积累。一次性补缴后允许按照上述办法继续缴费，

缴费满 15 年及以上，待达到退休年龄时，按照个人账户累计储存额除以 180 按月计发基本生活费。从文件本身来看自治区对不同类型的失地农民进行不同的养老办法，基本实现了权利和义务的统一，但深入调查过程中绝大部分实际操作部门反映存在诸多问题。

（1）分段计算办法不利于政策的宣传。大部分被征地农民文化水平比较低，对最基本的社会保障政策理解不够，况且分段计算办法难懂，在这种情况下对分段计算办法进行宣传容易导致农民对政策的误解，从而严重影响政策的宣传和落实。

（2）分段计算办法不能保障农民的基本生活。伊犁州、库尔勒市等社保部门普遍反映如果按分段计算办法来计算，大部分农民领取的养老金金额大概为 150 元，普遍低于城市低保水平，远远不能满足被征地农民的养老需要，若长期下去必然会阻碍被征地农民养老保险工作的顺利普及。

（3）不利于后续工作的开展。目前虽然有些农民部分失地，但以后有全部失地的可能，那么他从部分失地转变为全部失地，需要对两种保险制度及缴费基数之间进行衔接，年限的重新折算，补缴费用计算等问题接踵而来。此外，若对不同的农民采取不同的缴费方式和不同的补偿标准，必然会引发农民的不满及对政策的误解，对以后工作的开展会带来诸多的困难。

（4）部分失地、全部失地实际认定比较困难，已造成参保率的下降。笔者在调查过程中大部分社保部门反映全部和部分失地的认定存在诸多困难。目前农村土地按大家庭来承包，小家庭的实际承包土地很难确定，有些小家庭它实际上不种地，而前往城市打工或灵活就业，当他们的土地被征时很难确定到底哪个家庭失去全部土地或部分。目前伊犁州的普遍做法是对大家庭的土地进行整合，把土地按人头均分，一般把老人当作全部失地农民来对待，先让老人参加保险，而年轻人暂时不参保，从而导致人为的年轻人参保率的下降。

5. 统筹层次低、基金运行风险大，被征地农民养老保险制度可持续发展存在严重隐患

自治区 140 文件规定，征地农民的基本养老保障基金由地、州、市社保经办机构统一集中管理，应与城镇职工养老保险基金分账管理，单独核算，专款专用，实行收支两条线和财政专户管理。被征地农民养老保障所需资金，从当地政府批准提高的安置补助费和用于被征地农户的土地补偿费中统一安排，两项费用尚不足以支付的，由当地政府从国有土地有偿使用收入中解决。从中我们可以看出目前被征地农民养老保险采取的县级或市级统筹，是小统筹，统筹层次比较低。据调查组了解，大部分社保部门反映因统筹层次低，加上地方财政能力有限，普遍存在支付危机。伊犁州劳动社会保障局反映按目前的标准来发放，统筹账户只能维持到 5～8 年时间。新源县反映他们能够承受 3～5 年。库尔勒市劳动社会保障局反映最多能承受 5 年，随着被征地农民数量的继续增加及养老保险水平的提高，被征地农民社会保障基金将会面临投资风险、贬值风险及支付能力风险，制度可持续发展将会遇到前所未有的挑战。

据笔者了解统筹层次低有以下两个缺点：①互济性不好：若各地财政相互独立，单独结算、单独记账，缺乏不同地区之间互相援助机制，会导致基金风险的增加。②异地转移困难：因各地各自为政，为了降低统筹基金的压力一般不想接受外来的被征地农民参保，则必然会导致被征地养老保险转移接续的困难。

自治区 140 文件明确规定，为保证被征地农民的生活水平不下降、长远生计有保障，防止出现养老金支付风险，县（市、区）政府要根据被征地农民数量的增加幅度和平均寿命的提高幅度，从被征用土地出让纯收入中提取部分资金，建立被征地农民的养老保险风险基金。从目前的调查情况来看，只有昌吉市设立了被征地农民养老保险风险基金，其他地区受地方财政不足等诸多因素制约，尚未设立被征地农民养老保险风险基金。其他县（市、区）需建立风险基金。

6. 基金保值增值能力有待提高

目前新疆被征地农民养老保险工作刚刚启动，参保的农民数量比较多，退休的农民相对来说比较少，暂时存在大量的闲置资金。以乌鲁木齐市为例，截至 2011 年底参保人数为 12338 人，退休人数为 3300 多人，基金收入为 8140 万元，利息收入为 3065 万元，其中国债收入为 2969 万元，结余资金为 57 万元，如何对这

8140 万元进行保值增值是个大问题。按社会保障法的相关规定，为了保证基金安全，社会保障基金只能通过购买国债或银行存款的方式实现保值增值。但是，随着物价的不断上涨及银行实际利率的下降，我区大量被征地农民社会保障基金正面临贬值的风险。因此拓宽基金保值增值渠道已成为增强基金抗险能力的主要途径。

7. 身份认定过于笼统，需要进一步细化

劳动年限的认定是被征地农民养老保险制度的重要环节，关系到群众的利益及相关制度的可持续发展。自治区 140 号文件有关劳动年限方面的认定过于笼统，缺乏实际可操作性，群众意见比较大。比如说 140 文件规定，在城镇规划区范围内失去全部土地并已达到退休年龄（男、女均 60 周岁，下同）的被征地农民，按照实际从事当地农业生产劳动的年限（最低从年满 16 周岁计算，上学期间以及被依法判处拘役、有期徒刑或被劳动教养期间除外，下同）每满两年折算 1 年，补缴养老保险费（折算出的年限不满一年的按一年计算，下同）。在实际操作过程中还存在一些嫁过来的媳妇、嫁出人员、空挂户、部队转业人员、与企业建立劳动关系的人等特殊的群体，在他们劳动年限的确定方面自治区 140 号文件没有比较明确的规定，需要进一步细化。比如乌鲁木齐市、昌吉市目前存在大量空挂户与民营企业职工，他们的劳动年限的认定成为影响他们工作的主要因素之一。笔者调查过程中还发现，有些群众对上学年限不认定劳动年限的做法不认可，认为把上学人员与判刑、劳动教养人员放在一起严重侵犯了他们的合法权益，希望有关部门加以考虑。

8. 缺乏比较明确的动态调整机制

自治区文件对被征地农民养老保险的调整没有做出明确的说明。目前各地州的实际做法有三种。

（1）按照城镇职工养老保险的标准进行调整。主要地区为库尔勒市。

（2）按照城镇职工养老保险提高一定比例进行调整。比如乌鲁木齐市以城镇职工养老保险金增幅的 70% 作为调整标准。

（3）按固定数额动态调整。以昌吉市为例，昌吉市人民政府考虑到物价水平及退休人员的需要，每人每月在 2010 年养老金标

准的基础上增发 35 元。对缴费年限超过 15 年的从第 16 年起每满一年增发 5 元养老金。总的来说目前新疆各地州缺乏统一的调整机制，导致政策的不衔接及转移的困难。

9. 缺乏提前退休及被征地农民福利方面的相关政策

新疆被征地农民当中因残疾、工伤及疾病等原因失去劳动能力的人普遍存在，据乌鲁木齐市劳动社会保障局的估算，目前这种人员在 15% 左右。自治区 140 号文件中目前没有被征地农民提前退休的办法及相关的规定，严重影响了相关部门的实际操作及被征地农民的切身利益。目前新疆各地出台了高龄补贴、缴费补贴、提供抚恤金、丧葬费补贴、采暖费等被征地农民福利措施，但自治区层面的文件尚未出台，需要进一步完善。

10. 被征地农民养老保险转移接续办法尚未出台，影响了被征地农民养老保险制度的普及

党的十六届六中全会提出建立覆盖城乡居民的社会保障体系。为实现这个宏伟目标，要充分考虑到被征地农民社会保障及其他社会保障制度的过渡和衔接。目前被征地农民养老保险制度正处于农村社会养老保险制度与城镇养老保险制度之间，随着城市化的发展及农民身份的改变，被征地农民养老保险及其他养老保险制度的过渡及衔接更加频繁，但目前还未出台统一可行的转移接续办法。从新疆目前的情况来看，有的被征地农民已参加了农村养老保险，还有一部分农民参加农村养老保险后实现了就业并参加了城镇职工养老保险。目前新疆实际是一个地方一个政策，一个街道一种办法，还没有一套统一的切实可行的相应转移接续办法。目前在广大农村地区村干部养老保险、村民养老保险、农牧场职工养老保险制度普遍存在，如何把众多的养老保险制度与现行被征地农民养老保险制度之间顺利衔接，已成为摆在实际操作部门面前的主要问题。笔者在库尔勒市调查过程中发现，目前大部分村干部同时参加被征地农民养老保险及村干部养老保险，有的已达到退休年龄，但怎样解决两种保险关系，因没有先例无从下手。目前被征地农民跨区流动比较频繁，但其被征地农民养老保险关系怎样跨区转移和接续，因制度空白出现了转移接续困难，从而影响了被征地农民养老保险制度的普及和发展。

11. 后续缴费没有明确的规定，缺乏相应鼓励措施

根据我国现行的法律养老保险缴费年限最少15年，目前大部分农民交够15年以后因各种原因不想再缴费或不能缴费。有些没有固定职业和收入的农民希望根据自己的经济状况采取按季度、按月、按年的灵活方式缴费，或希望允许补缴，但目前尚未有比较明确的规定。此外农民收入有限，就业不足等原因希望政府对自己提供一定的缴费补贴，但这个方面存在制度方面的空白，甚至没有像农保一样最基本的激励措施，最终导致缴费中断或不想缴费等局面。

12. 弱势群体缴费方面缺乏明确的规定

目前农村当中一些特殊的群体，因经济实力比较弱、土地补偿金少、家庭负担重等原因普遍存在无力缴费或无法足额缴纳个人承担的费用，这些群体最需要养老及就业保障，但由于缴费困难等原因未能参保，目前自治区文件中，对这种情况也没有比较明确的规定，涉及这些群体的切身利益，会造成保富不保穷局面的产生，从而影响社会公平和公正。

（二）被征地农民就业政策方面存在的问题

就业问题是目前被征地农民面临的主要问题。新疆大部分地区采取开发公益性岗位、技能培训及设立被征地农民农贸市场以解决被征地农民的就业问题，但仍存在一些不足。

1. 公益性岗位少，待遇低

目前新疆各地州在城市卫生、社区保安等领域开发公益性岗位等办法，基本做到被征地农民失地不失业，但开发的公益性岗位数量有限，无法对全部被征地农民提供比较合适的公益性岗位，况且公益性岗位工资待遇低、要求高，大部分农民对这项工作不感兴趣。

2. 农贸市场效益差

目前设立的大部分被征地农民农贸市场地理位置比较偏僻，生意不好，至少3~5年之内不能满足他们的就业和生活需要。

3. 培训形式单一，与社会需求之间差距比较大，没有足够的资金支持

虽然各地州对被征地农民进行了大量的职业培训及技能培训，

但还无法适应社会需求，与用人单位的要求之间存在较大的差距。笔者从有关部门了解到目前用人单位用工需求比较大，但对用工的要求比较高，希望进行大量培训，但这些培训内容尚未列入培训的范围。此外这些培训所需资金比较大、培训期长、很难找到合适的培训教师。因此这种订单式、菜单式培训很难进行，严重制约了被征地农民的就业。

（三）其他方面问题

被征地农民社会保障作为一个系统的社会工程、民生工程包括的范围广泛，内容丰富，但从自治区 140 号文件的内容来看其内容不太全面，尚未涉及被征地农民失业保险、工伤保险、医疗救助、法律援助及基本生活保障等相关制度，需要进一步加以补充和完善。

第四节　完善被征地农民就业和社会保障的相关政策建议

鉴于被征地农民就业和社会保障方面存在的问题，我们认为要想把这项工作更好地开展下去，最大限度地保证被征地农民的利益，社会保障部门应及时与农民沟通，通力合作，从以下几个方面进行调整和改善。

一　被征地农民养老保险方面

（一）修改被征地女性退休年龄

目前女性退休年龄问题是造成被征地农民养老保险衔接困难的主要问题之一。女性退休年龄过高不但影响城镇职工养老保险、城镇灵活就业人员养老保险的转移衔接，而且严重影响女性最基本的劳动权利，引发被征地农民的不满。鉴于目前试点地区的通用做法，笔者建议自治区把征地农民女性退休年龄统一到 55 岁，以便保证政策衔接及可持续发展。

（二）应进一步细化被征地农民劳动年限计算办法

被征地农民劳动年限的确认是被征地农民养老保险制度的重要环节，涉及农民核心利益和政府的补贴力度。联系目前新疆各地实际，笔者建议采取以下办法对不同人员的劳动年限加以确认。

（1）在城市规划区内嫁进人员的落户时间从出生日期计算。从城市规划区外嫁进的人员劳动年限以结婚证上的时间为标准计算。

（2）其他城乡迁入本村落户从事农业生产的人员的劳动年限以实际到村为标准计算。

（3）嫁出人员无论户口迁出还是未迁出，其劳动年限从满16周岁至结婚时间计算。

（4）与行政事业单位、企业建立劳动关系并交纳社会养老保险以及下岗领取失业金期间起计算劳动年限。

（5）空挂户不计算劳动年限，不能纳入被征地农民养老保险的范围。

（6）部队转业干部的参军时间计算劳动年限，其参军年限不能折算。

（三）建立被征地预存社会保险款制度

为了解决目前被征地农民参保率比较低的问题，应建立被征地农民预存社会保障款制度，开设被征地预存社会保障款资金专户，暂存被征地农民补偿安置方案中用于社会保障的资金。预存社会保障基金主要用于被征地农民的各项社会保障支出，按照"专户存储、专款专用、封闭运行"的原则进行管理，确保被征地农民社会保障资金的足额支付。从试点地区的情况来看，目前伊宁市采取被征地农民养老保险金提前从土地补偿金中扣除，专户储存的办法，尽量做到应保尽保，避免农民因缴费原因未能参保等情况的发生，效果很好，普遍得到农民的理解和好评。

（四）应妥善解决好历史遗留"老"被征地农民的养老保险问题

早期被征地农民土地补偿金比较少，保障水平较低，参保新型被征地农民养老保险有困难。鉴于上述情况，笔者建议：允许被征地农民以补缴养老金的方式参加被征地农民养老保险或新型居民养老保险，政府提供适当缴费补贴。若早期被征地农民参加城镇居民养老保险可优先享受政府提供的基础养老金，其标准可以高于其他群体，参保所需资金可以采取银行贷款、政府贴息等方式解决；对于难以参加养老保险制度早期被征地的农民，应纳入城市最低生活保障制度。

（五）取消分段计算办法

大部分试点地区普遍反映分段计算办法不好理解，实际运行过程中缺乏可操作性，因此建议取消分段计算办法，全部农民按完全失地来处理，以便以后工作的顺利开展。

（六）避免缴费标准一刀切的办法，尽量解决困难群体的参保问题

缴费困难群体是最需要帮助的群体。为了解决他们的参保缴费问题，经村民代表大会研究决定各村根据具体经济情况适当给予补助。同时发挥帮贫帮困机制，动员各方力量，帮助无力缴费或无法足额缴费的困难群体筹措部分社会保障费用，村民也可以采取互相担保、养老金抵押、银行贷款等方式解决他们的缴费问题。各地州可根据自己的经济情况设立困难群体缴费补助基金，对困难群体提供一定的缴费补贴，缴费上可以突破"四三三制"，政府和集体可以多补贴一点，个人少缴一点。对于生活困难、无力缴费、人均收入低于城镇居民最低生活保障标准的应按有关规定纳入城镇居民最低生活保障范围。

（七）拓宽被征地农民养老保险基金投资增值渠道，提高基金抗击风险的能力

被征地农民养老保险基金是被征地农民养老保险制度的物质基础，对于失地农民社会养老保险制度能否顺利、健康运作起着十分重要的作用。目前新疆被征地农民养老保险主要采取专款专用、收支两条线管理方式。政府收取养老保险费后主要以银行存款和购买国债的方式实现基金的保值增值。但实际上，受通货膨

胀及实际利率下降等诸多因素的影响，这种投资方式保值、增值很难做到。总的来看新疆被征地农民养老保险金投资运行限制比较严，投资渠道相对狭窄，这种单一投资虽然保证了基金安全，但基金盈利效益比较差，很难做到保值增值。因此，我们在保证基金绝对安全的条件下应积极探索被征地农民养老保险基金的投资渠道，除了银行存款、购买国债外，适当考虑实物投资，尤其是把基金投入到新疆的煤电、化工、高速公路、高速铁路、基础设施、地铁、BRT 等高利润、低风险行业，有效实现被征地农民养老保险基金的保值增值问题。在建立被征地农民养老保险储备基金的同时，积极引导征地企业、社会团体、慈善机构向被征地农民养老保险事业提供资金支持。此外，有必要的话，向征地企业征收被征地农民养老保险费来解决资金问题。

南疆三地州是新疆贫困群体比较集中的地区，也是目前援疆背景下城市化速度比较快的地区，地方财政十分有限，农民缴费能力差、土地补偿金不多，因此在地方设立被征地农民养老保险风险基金的同时，应争取自治区政府提供一定的财政支持，保证南疆三地州（阿克苏地区、哈密地区和巴州）被征地农民养老保险制度的可持续发展。

（八）建立被征地农民养老保险动态调整机制

在被征地农民养老保险制度的建设过程中，政府始终应承担一定的法律责任、财政责任、组织和宣传责任，其中财政责任十分重要。政府应建立合理的利益分配机制，确保被征地农民核心利益不受任何侵犯。同时应根据经济发展及通货膨胀水平建立被征地农民养老保险动态调整机制。国际上通用的做法是养老保险待遇与工资水平和物价水平直接挂钩，但实际操作起来比较困难。因此笔者强烈建议，根据城镇职工养老保险金增加标准来提高被征地农民养老保险待遇，从而保证被征地农民安度晚年。

（九）尽量实现被征地农民养老保险制度与城市低保制度的有机统一

被征地农民养老保险制度与城市低保制度的不兼容是农民参

保率比较低的主要原因之一。为了提高被征地农民的参保积极性，笔者提议被征地农民养老保险制度启动后，对农村优抚对象、三老人员、享受计划生育家庭奖励扶助政策的人员、重度残疾人、五保供养人、低保对象、爱国宗教人士，凡年满 60 周岁的，可按被征地农民养老保险的规定计发养老金，并不得抵消本人原来按国家和自治区规定应享受的各项待遇。其中，低保对象按新被征地农民养老保险的规定计发的养老金可不计入家庭人均收入，从而保证被征地农民养老保险及城市低保制度的有机统一。

（十）加快建立城镇居民养老保险制度，把未参加被征地农民养老保险的农民尽量纳入到城镇居民养老保险的范围

缴费能力有限是影响被征地农民养老保险参保率低的主要原因。为了保证未能参加被征地农民养老保险的少数农民的利益，继续加快城镇居民养老保险制度的建设步伐，将他们全部纳入城镇居民养老保险的范围，将获得的土地补偿费、劳动力安置费、新提取的"社会保障补偿费"和基本生活补助费用于城镇居民养老缴费补贴，有效减轻被征地农民的缴费负担。

（十一）做好被征地农民养老保险与其他养老保险的转移接续工作

做好被征地农民养老保险与其他养老保险的转移接续是保证制度可持续发展的关键，也是被征地农民养老保险工作中必须解决的中心议题。笔者认为，用以下方法可以解决被征地农民养老保险与其他养老保险的衔接。

1. 与村干部养老保险的衔接

各地州应将村干部养老保险纳入被征地农民养老保险的范围。已参加村干部养老保险、且年满 60 周岁、已开始领取村干部养老金的人员，可在原待遇的基础上，增发被征地农民养老保险应享受的待遇；已参加村干部养老保险、但未满 60 周岁、且没有领取村干部养老金的人员，应将原个人账户资金并入被征地农民养老保险个人账户，按被征地农民养老保险的缴费标准继续缴费，待

符合规定条件时享受相应待遇。为保证村干部原待遇不降低，被征地农民养老保险启动后年满 60 周岁、按被征地农民养老保险规定计发的养老金低于原村干部养老金标准的，由各地州市人民政府补足差额。

2. 被征地农民养老保险与城镇职工养老保险的衔接

在城镇规划区范围内，失去全部土地并处于劳动年龄段的被征地农民，按照实际从事当地农业生产劳动的年限每满两年折算 1 年补缴养老保险费。缴费基数为各年的上年度自治区在岗职工平均工资的 60%～100%，缴费比例为 20%。补缴后按照 8% 建立个人账户。补费后被用人单位招用的，由用人单位依照城镇企业职工基本养老保险办法继续为其缴纳养老保险费；自谋职业的，依照城镇灵活就业人员基本养老保险办法参保缴费。其先前缴费如数划转，前后缴费年限可合并计算。达到退休年龄、缴费满 15 年及以上的，依照新政发〔2006〕59 号文件规定的新办法计发养老金。

已参加城镇职工养老保险并在企业工作的被征地农民原则上不能参加被征地农民养老保险，企业打工年限不计入被征地农民的劳动年限，各地州根据自身财力及被征地农民的劳动年限适当提供补贴及并入到城镇职工养老保险个人账户，待退休后享受相应的退休待遇。

已参加城镇职工养老保险，但目前下岗失业的被征地农民要想参加被征地农民养老保险，其企业工作时间不计算劳动年限，个人账户并入到被征地农民养老保险的个人账户，达到退休年龄，缴费满 15 年以上的，享受相应的退休待遇。

3. 新农保与被征地农民养老保险的衔接

已参加新型农村养老保险、且年满 60 周岁、已开始领取养老金的人员，可在原待遇的基础上，增发被征地农民养老保险应享受的待遇；已参加新型农村养老保险、但未满 60 周岁、且没有领取养老金的人员，其劳动年限按上述方法（第二条）认定并将原个人账户资金及政府补贴并入到被征地农民养老保险个人账户，按被征地农民养老保险的缴费标准继续缴费，待符合规定条件时享受相应待遇。

（十二）　制定提前退休政策

笔者了解到，目前被征地农民当中因伤或因病完全丧失劳动力的人比较多，提前退休愿望比较强烈，而软件系统也完全支持，但目前还没有这方面的比较明确的规定和法律依据。据此，我们建议，自治区政府尽快出台被征地农民提前退休的相关规定，在劳动力能力鉴定及疾病鉴定的基础上，仿照城镇职工提前退休政策，尽量把一些失去劳动能力的被征地农民纳入提前退休的范围。可考虑在未达到法定退休年龄时因病或者非因工致残完全丧失劳动能力的，领取病残津贴，所需资金从被征地农民养老保险统筹基金中支付。

（十三）　继续完善被征地农民退休福利方面的相关规定

保障被征地农民的基本生活是被征地农民养老保障的基本出发点及目标所在。目前自治区140文件中缺乏被征地农民退休福利方面的相关规定，需要加以补充。笔者认为被征地农民应享受以下退休福利。

（1）丧葬费和抚恤金：目前自治区文件明确规定被征地农民不能享受丧葬补贴和抚恤金，损害了被征地农民的利益，希望加以补充。其具体金额各地可以按照自己财政情况具体确定或参照城镇职工抚恤金方面的相关规定。

（2）高龄补贴：库尔勒市和昌吉市普遍实行了被征地农民高龄补贴政策，效果很好，但标准不统一，希望自治区尽快出台相关政策。

（3）采暖费：库尔勒市按城镇职工标准每人每月发放120元的采暖费，得到了群众的认可和拥护。

（4）病残津贴。

（十四）　提高统筹层次

统筹层次低是影响被征地农民养老保险制度可持续发展的主要障碍之一。目前新疆被征地农民养老保险水平普遍提高、被征地农民数量逐年增加的条件下，建议自治区政府适当提高统筹层次，把被征地农民的统筹层次从县级、市级统筹提高到省级，并建议自治区政府设立被征地农民养老保险统筹准备基金，对于出现被征地农民养老保险支付困难的地区提供一定的财政补贴，从源头上保证被征地农民养老保险基金的可持续发展。

（十五）引入激励机制，解决后续缴费困难问题

后续缴费困难是目前大部分试点地区面临的主要困难之一。大部分农民交够 15 年的养老金以后，因收入不稳定、缺乏相关的激励政策等原因不想再缴费或延期缴费。因此为了提高被征地农民的缴费积极性，课题组建议对累计缴费满 15 年的农牧民（补缴费不计入缴费年限），每增加 1 年缴费，月增发一定数量的基础养老金，所需资金由被征地农民养老保险统筹基金来承担。可以考虑对缴费年限比较长、连续缴费的被征地农民提供一定的缴费补贴或给予一定的奖励，从而有效提高农民的缴费积极性。

（十六）将完全失地农民纳入城镇灵活就业人员基本养老保险的范围

课题组在库尔勒、伊宁、新源、昌吉市调查过程中发现，由于公益性岗位比较少、待遇低，加上被征地农民综合素质差等原因，灵活就业已成为大部分被征地农民谋生的主要手段。因此，绝大部分被征地农民补缴被征地农民养老保险金以后，按城镇灵活就业人员标准参保缴费，中间还要办理被征地农民养老保险与城镇灵活就业养老保险的转移审批手续，审批手续复杂、时间长，农民反映比较强烈，因此课题组建议自治区政府把全部失地农民纳入城镇灵活就业人员养老保险的范围，彻底解决后续可能出现的问题，为制度的可持续发展提供有力的政策保障。具体做法是审核与劳动年限的计算办法与被征地农民劳动年限折算办法基本相同，缴费比例仍然采取"四三三"制，缴费标准与城镇灵活就业人员缴费标准相同，直接与城镇灵活就业人员养老保险制度接轨。

（十七）向缴费困难群体、贫困地区提供一定的缴费补贴

南疆三地州，尤其是喀什、和田地区是新疆贫困人口比较集中的地区，也是目前自治区和援疆省市重点开发的地区。随着喀什经济特区的建立及喀什城市圈的发展，喀什地区将会面临诸多问题。喀什、和田地区人多地少，尤其是人均耕地不足 2 亩，土地补偿标准低，加上集体经济几乎是空白，没有多少资金来源，按"四三三"制缴费有一定困难。因此，建议自治区政府向喀什地区、和田地区、克孜勒苏柯尔克孜自治州和属于边境县、贫困县的被征地农民提供一定的缴费补贴；其他县（市）可根据本地实际向缴费困难群体提供适当的补贴，所需资金自行负担。对重病、重残人等缴费困难群体，各地州人民政府可考虑为其代缴最低标准的养老保险费或为其代缴最低标准的城镇居民养老保险费。

（十八）继续完善中断缴费、退保等相关政策规定

被征地农民后续缴费及中断缴费的处理是现实中必须解决的重要环节。笔者建议参加被征地农民养老保险的个人达到法定退休年龄时，累计缴费不足 15 年的，可以延长缴费至满 15 年。个人缴费困难时可以采取银行贷款、村民互相担保、养老金抵押等形式解决缴费问题，也可考虑政府根据当事人的情况参照城镇灵活就业人员缴费补贴办法提供一定的缴费补贴。被征地农民缴费方式一般可按月或按季、半年缴纳养老保险费（含延期利息）；缴费时间累加计算为实际缴费年限，其未缴费的月份和年份不能计算缴费年限，也不得以事后追补缴费的方式增加缴费年限。

被征地农民因故中断缴费，其中缴费年限满 15 年的，待其办理退休手续计算养老金时，应将其实际缴费年限累加后，采取向前推算的办法计算出最后一次缴费年份，并以推算出的该年份自治区职工月平均工资作为基础性养老金的计算依据；在计算指数化月平均工资时其"12N"应为本人缴费起始月份至本人最后一次缴费月份之间所含自然月数之和。

参加被征地农民养老保险的个人达到法定退休年龄后，累计

缴费不足 15 年的，可以申请转入户籍所在地新型农村社会养老保险或者城镇居民社会养老保险，享受相应的养老保险待遇。参加被征地农民养老保险的个人达到法定退休年龄后，累计缴费不足 15 年且未转入新型农村社会养老保险或者城镇居民社会养老保险的，个人可以书面申请终止被征地农民养老保险关系。社会保险经办机构收到申请后，应当书面告知其转入新型农村社会养老保险或者城镇居民社会养老保险的权利，以及终止被征地农民养老保险关系的后果，经本人书面确认后，终止被征地农民养老保险关系并将个人账户储存额一次性支付给本人。

（十九）建立被征地农民养老保险责任体系和协调机制

为了做好被征地农民养老保险工作，必须明确地方政府主要领导对当地被征地农民养老保险工作负主要领导责任，各级人力资源和社会保障、国土资源部门负责人根据职责对被征地农民生活保障工作负责。实行"一把手"负责制，建立责任追究制度。应建立人力资源社会保障部门、国土资源、财政等相关部门的沟通和协调机制，协商制订被征地农民养老保险要点和工作计划，加强督促检查，协调解决困难。

（二十）建立被征地农民养老保险补贴制度

对被征地农民从事并申报灵活就业或家庭服务业且按规定缴纳被征地农民养老保险费的就业困难人员、残疾人，可以参照自治区相关政策提供一定额度和期限的养老补贴。

二 就业和培训方面

（一）培训方面

解决被征地农民的就业和城市适应能力是确保被征地农民基本生活的关键，也是目前被征地农民面临的最主要的困难，而目前大部分被征地农民认为就业是他们关心的头等大事。为了保证被征地农民的充分就业，建议继续加强培训的力度，增加对培训的投入力度，在充分市场调查的基础上适当确定培训内容和培训方式，根据工业园区、经济开发区的实际需要，增加培训的内容，从企业聘用、内地引进的形式解决专业教师缺口等问题，充分利用对口援疆的大好形势，可以探索内地培训或内地援疆省市提供一定数量的专业教师来满足企业的培训需求。此外，还可考虑企业建立培训基地、政府提供适当补贴等方式解决被征地农民培训场所不足、培训内容与市场严重脱离等问题。

（二）继续完善现行就业政策

（1）应继续加快集贸市场、农贸市场、民族特色商业街等各类专业特色化市场的开发建设，积极引导农民经营农家乐、家庭旅游业等形式自主创业。大力发展第三产业，采取被征地农民入股、自主创业等多种方式，促进被征地农民就业。同时大力发展乡村劳动经济，打造劳务品牌，通过劳务输出或劳务派遣等多种形式实现再就业。

（2）可考虑把农民的土地、宅基地入股的方式保证被征地农民的基本生活。

（3）被征地农民中凡具有一定经营能力、愿意自主创业的，有关部门应提供及时的便捷服务，并按照城镇失业人员对待，享受现行有关注册登记、场地安排、税收优惠、小额担保贷款、社会保险补贴、职业培训补贴等优惠政策。

（4）国家应出台就业方面的强制性政策，规定企业尽量雇用新疆籍员工和被征地员工，其比例自治区和地方政府自行规定，若比例少于自治区相关规定不能征地。凡新招用被征地农民就业达到一定比例的企业，自治区应按相关规定提供一定期限和一定数额社保补贴、工资补贴或可以采取减免税收等形式，鼓励他们优先招用被征地农民。

（5）建立被征地农民就业信息数据库，进行动态跟踪管理。

建立被征地农民数据库和用工信息库，为用人单位和被征地农民提供良好的就业服务环境，实时掌握被征地农民的就业信息，对于长期处于零就业状态的被征地农民及时干预，提供公益性岗位、社区服务业等形式尽快解决他们的就业问题。尽快形成择业指导、职业介绍、用工登记、保险接续等一系列服务的新体系，贯彻以市场引导培训、以培训促进就业和再就业的方针，努力强化责任意识、服务意识和创新意识，采取积极措施，有效促进被征地农民就业。

（6）建立被征地农民就业考核责任制。为了促进被征地农民的就业，应把被征地农民的就业纳入到政府主要领导人政绩考核体系，继续完善问责制，追究地方政府主要负责人和社会保障部门主要负责人的相关责任。

（三）其他方面的政策建议

被征地农民就业和社会保障作为一个庞大社会体系，涉及面广，内容丰富。从自治区 140 号文件来看，其内容比较狭窄，主要包括就业、养老、医疗保险等内容，其中失业保险、工伤保险、生育保险、医疗救助、法律援助、基本社会保障制度等内容需要继续完善。为了扩大范围，我们应做好以下工作。

1. 尽快把被征地农民纳入到法律援助的范围

依法保护被征地农民的合法权益，被征地农民应享受与城镇劳动力同等的劳动、就业、培训等权利。为了保证被征地农民的起诉权、应诉权、参与权、表达权、监督权，应向被征地农民提供政策咨询、法律咨询、免费司法调解等法律服务，尽量把矛盾解决在萌芽状态。此外，土地征用过程中若被征地农民和开发商，被征地农民和用人单位出现争议，应为被征地农民提供免费辩护律师等法律援助。

2. 建立被征地农民失业保险制度

现行《失业保险条例》规定，失业保险金的领取时间是由失业人员失业前所在单位与本人按照规定累计缴费时间决定的，满 1 年但不足 5 年的，最长不超过 12 个月；满 5 年不足 10 年的，最长不超过 18 个月；10 年以上的，最长不超过 24 个月。据此，被征地农民失业保险缴费的折算缴纳年限可规定不超过 10 年。其折算及筹资办法可参照被征地农民养老保险的折算办法，从而为被征地农民提供一定的失业保险。

3. 建立被征地农民救助制度

对家庭确有生活困难，符合当地城市居民最低生活保障条件的，纳入当地城市居民最低生活保障范围，做到"应保尽保"。对符合城市医疗救助条件的，纳入城市医疗救助范围。对被征地农民当中就业困难群体，尤其是 50~60 岁之间的人，若其生活水平稍高于最低生活保障水平，可按月领取生活补助费，最低标准按不同地区分为不同档次；领取期限为 2 年，待达到退休年龄时，方可按月领取养老金。

被征地农民就业和生活保障问题的妥善解决，不仅有利于被征地农民的自身生活和未来发展，也为新疆经济发展和社会稳定保驾护航。随着新疆经济的快速发展及大量民生工程的落实，我们相信新疆被征地农民社会保障制度将会更加完善，更加全面。

第五节　新疆被征地农民养老保险替代率的实证研究

城市化是新疆社会经济发展的必然趋势，城市化在推进新疆经济发展和社会繁荣的同时，也给广大农民带来了前所未有的影响。随着新疆城市化及新型工业化的快速发展，越来越多的耕地被征用为城市用地并出现了新的特殊群体——被征地农民。土地对于农民来说，不仅是生产资料，更重要的是最基本的生存保障。目前在新疆整体社会保障水平比较低、社会保障体系尚未完善的条件下，农民一旦失去土地，就会失去最基本的生活来源，将会面临巨大的生存危机。若被征地农民的就业和社会保障问题处理不当，很容易引发社会矛盾，影响新疆经济发展和社会稳定。为了保证被征地农民基本生活不下降、生存长远有保障，2004 年乌鲁木齐市出台了《撤村建居被征地人员基本生活保障暂行办法》，并将 1.5 万多人纳入到了被征地农民社会保障的范围。2008 年，新疆维吾尔自治区出台了《被征地农民就业和社会保障实施办法》，先后在库尔勒、伊犁、昌吉、塔城、哈密、阿克苏等地进行试点，并取得了一定成绩。新疆被征地农民社会保障体系中养老保险和就业处于重要的地位，而被征地农民的养老保险显得更加重要。在被征地农民养老保险制度的构建过程中，养老保障水平的高低是我们必须考虑的关键因素。过高或过低的保障水平不仅影响被征地农民的生活水平，而且严重影响养老保险体系的正常运行，对农民储蓄、社会福利、资本形成及劳动产出会产生巨大的影响①，确定合理的养老保险水平十分重要。由于受物价不断上涨等各种因素的影响，养老金的绝对数不能正确反映农民真实养老保障的程度，而替代率这个相对指标能够客观反映被征地农民实际养老水平。因此，在新疆被征地农民养老保险制度的构建中确定合理替代率并对其进行理论分析，具有一定的理论意义和现实意义。本文根据社会保险精算及计量经济学相关理论，构建新疆被征地农民替代率计算模型，在对库尔勒市、伊宁市、昌吉市、乌鲁木齐市等地实地调查的基础上，从不同角度对被征地农民保障水平进行实证分析，以期为新疆有关部门提供决策参考及理论依据。

一 被征地农民养老保险替代率的含义

所谓被征地农民养老保险替代率，是指被征地农民退休时的养老保险领取水平及退休时上年度社会平均工资的比例。从广义上来看，被征地农民养老保险替代率主要包括个人账户替代率、社会统筹账户替代率及家庭替代率等三个方面。从狭义上来看，被征地农民养老保险替代率包括个人账户替代率及统筹基金替代率。根据研究内容及统计口径的不同，被征地农民养老保险替代率主要分目标替代率、交叉替代率、平均替代率、合意替代率、最高替代率等几种。

从大范围来看，被征地农民养老保险替代率作为衡量被征地农民养老保险水平的重要指标及关键因素，用来衡量政府对养老保险的制度安排和政策取向②。从小范围来看，替代率的高低影响养老金的正常运行及可持续发展。被征地农民养老保险替代率要适度，若替代率太低，不能维持被征地农民的基本生活，影响社

---

① 徐颖：《中国社会养老保险保障水平分析与评价》，社会科学文献出版社，2010。
② 褚福灵：《养老保险金替代率研究》，《北京市计划劳动管理干部学院学报》2004 年第 3 期。

会和谐及稳定，若被征地农民养老金替代率过高会增加政府的负担，阻碍被征地农民养老保险工作的顺利开展。

二　被征地农民养老保险替代率精算模型的构建

（一）设计替代率

1. 个人账户精算模型

设计替代率，也就是制度想要实现或计划达到的目标替代率[①]，属于一种"名义"收入替代率，反映了国家在制定政策过程中对国民养老保障水平的考虑和安排[②]。自治区被征地农民就业和社会保障办法规定在城镇规划区范围内，失去全部土地并已达到退休年龄（男、女均60周岁，下同）的被征地农民，按照实际从事当地农业生产劳动的年限（最低从年满16周岁计算，上学期间以及被依法判处拘役、有期徒刑或被劳动教养期间除外，下同）每满两年折算1年，补缴养老保险费（折算出的年限不满一年的按一年计算，下同）。缴费基数为各年的上年度自治区在岗职工平均工资的60%～100%，缴费比例为20%。补缴后按照8%建立个人账户。一次性补缴满15年及以上的，可依照自治区人民政府《关于调整完善城镇企业职工基本养老金计发办法的通知》（新政发〔2006〕59号）规定的新办法计发养老金，但不执行城镇企业职工基本养老金最低保证数政策。以此为标准，假设农民参保年龄为16岁，领取养老金的年龄为r岁，平均预期寿命为75岁（根据自治区文件计发系数为180月），男女退休年龄均为60岁，一次性补缴为m元，养老金发放额为y，利率折现值为V，预定利率为I，已生存年龄为n，根据社会保障精算学相关原理，被征地农民养老金给付额在退休时精算现值为：

$$PVFB = y \sum_{N=1}^{15} v^{n-1} \tag{1}$$

[①] 褚福灵：《论养老保险的缴费替代率与待遇替代率》，《北京市计划劳动管理干部学院学报》2006年第1期。

[②] 徐颖、王建梅：《对城镇基本养老保险制度设计替代率的评估分析》，《人口与经济》2009年第4期。

老人个人账户缴费总额在计算时点的精算现值为：

$$PVC = m\left(1 + i\right)^{\frac{r-16}{2}} \tag{2}$$

根据社会保险精算学相关原理，得出 PVFB = PVC，根据上式，计算出被征地农民个人账户未来给付额为：

$$y = \frac{y\left(1 + i\right)^{\frac{r-16}{2}}}{\sum_{n=1}^{75} v^{n-1}} \tag{3}$$

2. 统筹账户精算模型

根据新疆维吾尔自治区被征地农民养老保险办法的相关规定，被征地农民养老金待遇由个人账户及统筹账户两个部分组成，并根据城镇职工养老保险办法领取统筹账户养老金，但不执行城镇企业职工基本养老金最低保证数政策。根据国务院城镇职工养老保险办法的相关规定，统筹账户以退休时上一年度在岗职工平均工资和本人指数化工资的平均值为基数，缴费每满一年发给1%。其中指数化月平均工资为上年度在岗职工月平均工资与本人平均缴费工资指数的乘积[①]。假设 P 为每月发放的基础养老金，上年度在岗职工月平均工资为 W，W_{60} 为退休时上年度在岗职工月平均工资，k 为本人月指数化平均缴费工资，S 为本人每年的实际缴费工资，本人平均缴费工资指数为分 F，根据社会保险精算原理，有：

$$F = \frac{\dfrac{s_1}{w_1} + \dfrac{s_2}{w_2} + \dfrac{s_3}{w3} + \cdots \dfrac{s_n}{w_n}}{12n} \tag{4}$$

$$K = Fw \tag{5}$$

根据上述公式可得出：

$$p = \frac{w_{60} + k}{2} \times n \times 1\% \tag{6}$$

---

① 陈绍军：《失地农民和社会保障——水平分析与模式重构》，社会科学文献出版社，2010，第 134 页。

假设农民参保年龄为 16 岁，退休年龄为 60 岁，一次性缴费年为 22 年（因为根据自治区的规定每两年折算成一年），根据公式（6）可以算出个人基础养老金月发放金额为：

$$P = 0.11 \ (1 + F) \ W_{60} \tag{7}$$

被征地农民个人月领取养老金总额为：$M = y + P$

根据养老保险替代率的定义得出被征地农民养老金替代率计算公式为：

$$T = \frac{y + p}{w^{r-1}} = \frac{y(1+i)^{\frac{r-16}{2}} + 0.11(1+f)w_{60}}{w^{r-1}\sum_{n=1}^{75} v^{n-1}} \tag{8}$$

（二）被征地农民养老保险合意替代率

合意替代率是指为维持退休农民基本生活所必需的货币支出与农民平均收入的比值。新疆被征地农民养老保险的主要目的就是保证退休农民的最基本生活需要，而满足退休农民的基本需要是被征地农民养老保险制度的主要任务之一①。被征地农民养老保险替代率必须有一个合理的区间，其下限是要求必须保证被征地农民的基本生活需要，上限必须保证被征地农民生活水平不会大幅度降低。本文以扩展性支出系统为基础，构建被征地农民养老保险合意替代率的精算模型。扩展性线性支出模型是经济学家兰契（Lunch）与 1973 年在美国计量经济学家斯通（Stone）的线性基础系统模型的基础上推出的一种需求函数系统。它有如下三个方面的基本假设：其一，所有人的边际消费倾向基本相同；其二，人们消费支出主要分基本消费支出和非基本消费支出等两个方面，基本消费需求是一种刚性需求，与收入水平无关；其三，人们对某种商品的消费主要取决于商品的价格。其数学表达式为：

$$C_i = p_i x_i + a_i (Y - \sum_{i=1}^{n} p_i x_i) \tag{9}$$

① 孙博、雍岚：《养老保险替代率警戒线测算模型及实证分析——以陕西省为例》，《人口与经济》2008 年第 5 期，第 66~65 页。

［公式（1）中 P_i 为第 i 种商品或服务的价格；X_i 为消费者第 i 种商品或服务的基本需求量；$P_i X_i$ 为消费者对第 i 种商品或服务的基本需求支出；Y 为可支配收入；a_i 为消费者对第 i 类商品或服务的边际消费倾向］

经对上述公式变形得：

$$\sum_{i=1}^{n} C_i = \sum_{i=1}^{n} (1 - a_i) p_i x_i + \sum_{i=1}^{n} a_i Y$$

令 $\sum_{i=1}^{n} (1 - a_i) p_i x_i = a$，$b = \sum_{i=1}^{n} a_i$ 可以得到一元线性回归模型 $C = a + bY$ 该模型中人们可支配收入和对不同商品的消费可以从统计年鉴直接获得。

根据上述假定和计算公式可以得出被征地农民最基本的消费支出为：

$$C = \frac{\sum_{i=1}^{k} (1 - a_i)_i}{1 - \sum_{i=1}^{k} b_i} \tag{10}$$

根据养老保险替代率的定义进一步得到被征地农民合意替代率下限为：

$$T = \frac{\sum_{i=1}^{k} (1 - a_i)_i}{w_{r-1} 1 - \sum_{i=1}^{k} b_i} \tag{11}$$

（三）基于调整指数的替代率

被征地农民养老保险作为一个长期的社会保险，容易受通货膨胀及物价变动等因素的影响，因此需要对养老保险保障水平进行逐年调整。新疆被征地农民养老保险制度也要根据物价变动及通货膨胀率对统筹账户进行指数化调整。目前新疆普遍采取的办法主要有两种：第一个是按照城镇职工养老金增幅的 70% 作为标准进行调整；第二个是根据物价水平的变动进行动态调整。假设新疆各地普遍采取根据物价变动趋势对养老金进行动态调整，通货膨胀率为 π，假定工资呈几何增长，工资增长率为 g，则调整指数为：

$$\theta = 1 + \beta\pi + \alpha g \ [1] \tag{12}$$

（式中 α 为享受经济增长成果的比例，其取值范围为 $0 \leq a < 1$）。

$$T = \frac{y + p}{w^{r-1}} = \frac{y(1 + i)^{\frac{r-16}{2}} + 0.11(1 + f)w_{60}}{w_{r-1}\sum\limits_{n=1}^{75}v^{n-1}}(1 + \pi + ag)^{n-1} \tag{13}$$

假设城镇职工工资呈几何增长，平均增长率为 g，则上述公式可以表示为：

$$T = \frac{y(1 + i)^{\frac{r-16}{2}} + 0.11(1 + f)w_{60}}{w(1 + g)^{n-1}\sum\limits_{n=1}^{75}v^{n-1}}(1 + \pi + ag)^{n-1} \tag{14}$$

（四）比较替代率

被征地农民是一个特殊的群体，他既不同于市民，也不同于城镇职工，但其养老保险缴费标准与城镇职工完全相同，为了更好地与城镇其他居民的生活水平进行比较，笔者创造性地提出了比较替代率的概念，就是被征地农民养老金及城镇居民平均收入的比例。其具体表达式为：

$$T = \frac{y + p}{w^{r-1}} = \frac{y(1 + i)^{\frac{r-16}{2}} + 0.11(1 + f)w_{60}}{q\sum\limits_{n=1}^{75}v^{n-1}} \tag{15}$$

（q 为城镇居民平均收入）

三　新疆农村社会养老保险替代率的实证分析

（一）设计替代率的计算

根据养老金设计替代率的计算公式及新疆各地实际计算出新

---

[1]　韩伟：《适度统筹养老金调整指数——理论构建与方法选择》，经济科学出版社，2008，第164页。

疆被征地农民试点地区的制度设计替代率及保障水平。

表 3 - 1   新疆各地州制度设计替代率

地 区	新 疆		乌鲁木齐		昌 吉		伊宁市		库尔勒	
标 准	最高	最低	最高	最低	最高	最低	最高	最低	最高	最低
养老金（元）	500	400	700	400	425	330	598	477	900	400
替代率（%）	23.8	19.1	33.4	19.1	20.3	15.7	28.5	22.7	42.9	19.1

从表 3 - 1 可以看出，新疆各地州被征地农民养老保险替代率有所不同，但差别不是特别大，平均替代率为 23.8，其中替代率水平最高的是库尔勒市，最高替代率竟达 42.9，替代率水平最低的昌吉市，替代率为 15.7，远远低于自治区平均水平。

（二）比较替代率的计算

依据公式（13）及新疆统计年鉴的相关数据计算出新疆被征地农民的比较替代率。

表 3 - 2   新疆被征地农民的比较替代率

地 区	新 疆		乌鲁木齐		昌 吉		伊宁市		库尔勒	
标 准	最高	最低	最高	最低	最高	最低	最高	最低	最高	最低
养老金（元）	500	400	700	400	425	330	598	477	900	400
替代率（%）	18.5	14.8	26.0	14.8	15.8	12.2	22.2	17.7	33.4	14.8

从表 3 - 2 可以看出，新疆各地州被征地农民养老保险比较替代率有所不同，但差别不是特别大，平均在 14～33 之间，其中替代率水平最高的是库尔勒市，最高替代率竟达 33%，替代率水平最低的昌吉市，替代率为 12.20，远远低于其他地区。

（三）合意替代率的计算

根据新疆 2011 年统计年鉴得知，新疆城镇居民家庭消费支出主要包括食品、衣着、医疗保健、交通通讯、家庭设备及服务、居住、杂项等八项，同时根据个人收入水平的不同分八个组，相关数据见表 3－3。

表 3－3　新疆城镇居民收入水平的分组情况

单位：元

消费项	困　难	低收入	中等下	中　　等	中等上	高收入	最高收入	平　　均
食品	1793.19	3048.27	3294.08	3696.18	4399.67	4839.96	6238.29	3694.81
衣着	377.26	790.72	1094.27	1766.33	2002.99	2194.73	3274.65	1513.42
家庭设备	171.84	314.99	542.02	673.71	893.00	1108.91	1414.03	669.87
医疗保健	218.55	467.51	567.74	655.87	755.07	1420.71	1560.04	708.16
交通通讯	249.14	544.07	861.54	1419.08	1733.06	1933.80	2983.01	1255.87
教育文化	241.57	487.49	834.7	852.64	1478.59	1625.94	2239.04	1012.37
居住	426.63	615.48	623.23	890.28	1204.67	1328.33	1635.67	898.38
杂项	56.56	140.18	251.73	441.31	688.53	653.82	1393.30	444.2
可支配收入	3090.54	7159.58	9931.05	13593.46	17727.84	23008.35	33810.81	13643.77

资料来源：《新疆统计年鉴》（2011）。

根据上述资料把城镇居民年可支配收入为自变量，各项消费支出为因变量，运用 DPS 数据处理软件进行线性回归分析，回归分析结果如表 3－4 所示。

表 3－4　扩展性消费支出模型回归结果

项　　目	b	a	项　　目	b	a
食品	0.1396	1708.996	交通通讯	0.0893	6.5613
衣着	0.0939	183.269	教育文化娱乐	0.066	91.1015
家庭设备用品及服务	0.0419	82.2887	居住	0.0407	338.2787
医疗保健	0.0455	104.3803	其他	0.042	-125.916

从表 3－4 中我们可以看出，目前新疆城镇居民的消费支出主

要由衣食支出、居住和医疗保健支出等四个部分组成，其中食品支出和居住支出所占的比例较大，交通通讯及教育文化支出较少，呈现出比较层次的消费结构。把上述数据代入公式（10）得出2010 年新疆城镇居民消费支出为 5416 元，衣食消费支出为 2468元，衣食居住消费支出为 3073 元。从新疆统计年鉴（2011）可知，新疆在岗职工年平均工资为 32361 元，根据公式（11）得出新疆被征地农民的合意替代率下限为 16.7%，合意衣食替代率为7.6%，合意衣食居住替代率为 9.4%。

养老金合意替代率的上限为城市居民家庭人均年消费性支出占社会平均工资的比例。2010 年新疆城镇居民消费性支出为 10197元，在岗职工社会平均工资为 32361 元，经计算得出新疆被征地农民合意替代率的上限在 31.35% 左右。

（四）基于调整指数的替代率的计算

1. 相关参数的假定

（1）工资增长率的假定：2000 年新疆城镇职工平均工资为8717 元，2010 年为 27753 元，据此假定新疆城镇职工年收入增长率为 14%，并假定在未来一段时间之内长期不变。

（2）物价上涨率的假定：据有关部门预测 2002～2010 年物价上涨率为 2%，2011～2030 年为 2.5%，到 2031 年以后物价上涨率将会超过 3%[1]，有的学者认为中国目前物价上涨率为 5.5%，结合上述分析及新疆农村具体实际，本文假定新疆城镇未来物价上涨率为 5.5%。

2. 调整系数的假定

调整系数 a 一般很难确定，但可以参考内地各省市的做法假定a 为 0.7[2]，根据公式（12）推算出养老保险调整系数为 15.5%。

根据上述假定及公式（14）计算出新疆被征地农民基于调整指数的替代率。

---

[1] 韩伟：《适度统筹养老金调整指数——理论构建与方法选择》，经济科学出版社，2008，第 164 页。

[2] 陈绍军：《失地农民和社会保障——水平分析与模式重构》，社会科学文献出版社，2010，第 160 页。

表 3 – 5　基于调整指数的新疆农村社会养老保险替代率

（假定最低领取额为 400 元）

单位：%

年　份	2015	2020	2025	2030	2035
替代率	21	21	22	23	24

从表 3 – 5 中可以看出在 15.5 调整指数之下，新疆被征地农民养老保险替代率呈逐年上升的趋势，养老金替代率逐年下降的势头有所转变，但增长速度比较缓慢，每隔五年按 1% 比例增长。

3. 新疆被征地农民养老保险替代率的敏感性分析

为了详细说明各种要素对养老金替代率的涌向程度，需要对养老金替代率进行敏感度分析。

（1）交费总额：从公式（8）中可以看出在其他条件不变的情况下，缴费金额与养老金替代率呈正比，缴费越高，个人账户积累总额越高，养老保险替代率总体水平也有所提高。

（2）缴费年限：缴费年限对统筹账户的影响比价明显，若缴费年限增加 1 年，则统筹账户会增加 5%。

（3）调整指数：从表 3 – 5 我们可以看出调整指数对养老金替代率的影响比较显著，当调整指数大于工资增长率，养老金替代率会持续增长，若调整指数比工资增长率高 1%，养老金替代率每年以 0.2% 的速度增长。

（4）投资收益率：投资收益率与养老金替代率呈正比，投资收益增加，个人账户积累总额增加，养老金替代率会有所提高。

（5）实际收入增长率。实际养老金替代率主要取决于城镇职工工资收入的增长率，若城镇职工实际收入增长率高于预期增长率，则被征地农民养老金实际替代率低于设计替代率。设城镇职工收入预期增长率为 g（本文假定 14%），实际增长率为 h，参保年限为 15，预设替代率为 19.1%，那么实际养老金替代率 d 可表示为：[①]

---

① 潘盈盈：《耕地农民养老保险精算模型及其数据分析》，山东科技大学硕士论文，2007，第 31 页。

$$d = u \left(\frac{1+g}{1+h} \right)^n \qquad\qquad 公式（15）$$

表 3 - 6   新疆被征地农民实际养老金替代率的仿真结果

单位:%

实际增长率	8	9	10	12	13	14	15	16
替代率	20.2	20	19.8	19.4	19.3	19.1	18.9	18.8

（6）物价上涨率：实际利率是名义利息及物价上涨之差。若物价上涨率高，在名义利率不变的条件下，实际利率会有所下降，随着个人账户积累总额的减少，最终会导致养老金替代率的下降。

四　结论及政策启示

根据以上的实证分析我们可以得出如下基本结论：目前新疆被征地农民养老金金额大概在 400 元左右，平均养老金替代率为 14.8%，低于合意替代率 16.7%，稍微低于养老金替代率警戒线，属于比较低水平的保障，其中昌吉市的被征地农民养老保险替代率比较低，只能满足被征地农民的最基本的衣食居住需要，若长期继续下去，被征地农民的生活水平会有所下降，必然会对当地经济发展及社会稳定带来一定的挑战。总的来看，目前新疆被征地农民养老保险水平尚处于初步状态，保障水平需要进一步的提高。从新疆被征地农民养老保险制度的运行情况来看，被征地农民月领取额 500~800 元比较合理，但新疆好多地州还没有达到这个标准。近几年来新疆物价上涨形势比较严峻，被征地农民养老保险水平逐年下降，但关乎被征地农民切身利益的养老保险动态调整机制直到现在还没有正式形成，大部分地区仍然各自为政，养老金补贴水平较低。此外被征地农民养老金动态调整基金尚未设立，这种制度的缺失必然会导致被征地农民生活水平的下降及养老保险基金风险的增加，对被征地农民养老保险制度的可持续发展带来诸多不利的影响。随着新疆城市化的快速发展，被征地农民将会继续增加并对地方财政带来巨大的经济负担，制度的可持续性可能受到致命打击。因此，应采取以下有效措施完善新疆被征地农民养老保险制度，使其能够又好又快发展。

（一）解决资金保值增值问题

笔者实际调查过程中发现，目前新疆大部分被征地农民处于劳动年龄阶段，近一段时间之内对地方财政的压力不是特别大，存在大量的闲置不用养老保险基金。新疆各地州人力资源社会保障部门的普遍做法是购买国债或存入银行，基金收益率不是特别高，尤其是随着物价上涨及实际利率的下降，新疆被征地农民养老保险基金正面临贬值和增值困难的危险。因此有必要采取各种措施解决养老保险基金的保值和增值问题。

（1）投资于新疆的石油天然气、高速公路、电力供应等低风险，高利润行业，解决资金保值增值问题。

（2）委托给实力雄厚、规模大的投资公司对基金进行运营管理，由金融机构承担风险，社保机构支付一定的管理费用。

（3）以发行被征地农民福利彩票的形式筹集一定数量的基金。新疆被征地农民养老保险投资基金应采取专款专用、专人负责制度，应把投资收入作为主要资金来源建立养老保险风险基金及养老保险动态调整基金。

（二）设立被征地农民养老保险动态调整制度

为了让被征地农民生活有所保障，我们应设立养老保险动态调整机制。目前新疆各地州的做法主要有两种：①以乌鲁木齐市为例，主要按照城镇职工养老金增幅的70%来进行动态调整。②昌吉市按当地物价水平及财政接受能力给予一定的生活补贴，但补偿标准比较低，远远不能满足被征地农民的基本生活需要。笔者认为，新疆应实行养老保险指数化调整机制，养老保险合意替代率上下限为20%～31%，调整指数为15%比较合适。调整指数不能低于当地工资增长率，否则必然会导致养老金替代率及农民生活水平的下降。

（三）设立被征地农民养老保险风险基金

为了面对潜在的支付危机及社会统筹金面临的风险，笔者建议设立被征地农民养老保险风险基金。风险基金应纳入到地方财政预算体系，通过划拨土地出让金、设立征地企业社会保险税、发放福利彩票、接受社会捐助等多种方式解决风险资金短缺的问题。

总而言之，目前新疆被征地农民养老保险制度存在诸多如保障水平低、缺乏动态调整基金、制度尚未完善、政策不衔接等问题。新疆被征地农民养老保险制度的建设只要坚持因地制宜、循序渐进，根据新疆的具体实际确定比较合理的保障水平及养老金标准、设立被征地农民养老保险风险基金、采取多种有效措施保证资金保值增值，就能建立一套符合新疆区情的保障水平比较合理、可持续的被征地农民养老保险制度。

第六节　内地被征地农民社会保障模式及其对新疆的启示

国务院办公厅转发劳动保障部《关于做好被征地农民就业培训和社会保障工作指导意见的通知》（国办发［2006］29 号）文件下发后，我国进一步完善被征地农民就业保障体制，这种保障体制具体由养老保险制度、医疗保险制度和就业培训制度构建而成，被征地农民保障工作进入了规范、统一的新阶段。国务院 29 号文件下发之前，我国各地区已经从各自实际出发，积极探索，不断创新，为被征地农民保障工作积累了相应的经验。从全国来看，虽然各地区对被征地农民保障工作的操作方式不尽相同，但总体制度构建相似，各地区按照实际情况，开拓创新，保持长效机制，许多经验值得新疆借鉴。

一　我国内地被征地农民就业培训和社会保障工作概况

（一）西安市被征地农民就业培训和社会保障工作概况

早在 2005 年 4 月 27 日，西安市就制定了《西安市建设被征地农民就业培训和社会保障制度的若干意见》，旨在加快建立被征地农民社会保障制度,在经过实践操作后,积累了丰富的经验,其主要涉及以下四项内容。

1. 就业服务和技能培训

西安市以市场就业为原则,指导被征地农民有计划、有步骤地促进就业,并将被征地农民纳入城镇就业管理服务范围,同时采取长短结合、引导性培训和技能培训相结合等多种形式,组织其参加就业前的技能培训,以提高被征地农民的职业技能和就业技能。对有就业愿望的被征地农民开展有针对性的就业指导、职业介绍服务及劳务输出等方式帮助就业,对女子年满 40 岁、男子年满 50 岁及其他就业困难群体,可参照城镇下岗职工失业人员的有关援助政策给予援助,纳入公益性岗位和社区岗位的服务范围,并对有创业愿望的被征地农民提供小额贷款。

2. 养老保险

新征地农民按本人所处的不同年龄段一次分别缴纳 5~15 年的养老保险费,由国土资源管理部门一次性从被征地农民土地补偿费和安置补助费中扣除。达到领取养老金(男 60 周岁、女 55 周岁)条件的被征地农民可按月领取 260 元的养老金①。被征地农民养老保险享受待遇分为高、中、低三个档次,由失地农民自愿选择相应的缴费标准,其中政府财政给予 30%~20% 的补助。

3. 医疗保险

新征地农民的医疗保险费缴费标准为西安市上年度职工平均工资的 4.9%,一次性缴纳相应年限(男子年满 30 年、女子年满 25 年)的住院医疗保险费后,即不再缴纳住院医疗保险费,享受退休人员住院医疗保险待遇。累计缴费年限不足的,按当年缴费基数一次性补缴差额年限后,方可享受西安市退休人员医疗保险待遇,并且此缴费年限不得中断,否则不再享受住院医疗保险待遇。

4. 最低生活保障

被征地农民由农村户口身份转为城镇居民后,家庭人均收入

---

① 《西安市建设被征地农民就业培训和社会保障制度的若干意见》同时规定了男性 18~50 岁、女性 18~40 岁处于劳动年龄段的被征地农民与用人单位建立劳动关系后,可按照城镇企业职工基本养老保险办法缴纳其基本养老保险费。

低于当地居民最低生活标准的，可依法享受城市居民最低生活保障待遇，但前提是要转为城镇居民。

（二）江苏省被征地农民就业培训和社会保障工作概况

江苏省于 2005 年 9 月起施行《江苏省征地补偿和被征地农民基本生活保障办法》，以指导全省范围内的被征地保障工作，其主要有以下创新举措。

1. 土地补偿标准

江苏省土地补偿费标准为该耕地被征用前 3 年平均产值的 10 倍，但其前 3 年的平均产值具有最低标准，该标准将土地划分为四类，每一类具有相应的最低补偿标准，即一类地区每亩 1800 元，二类地区每亩 1600 元，三类地区每亩 1400 元，四类地区每亩 1200 元。

2. 安置补助费

每一个需要安置的被征地农民的安置补助费最低标准，一、二、三、四类地区分别为 2 万元、1.7 万元、1.3 万元、1.1 万元。

3. 保障标准

依据被征地农民不同的地区和不同年龄段，实行不同的保障标准。具体为[1]：第二年龄段（女性 16 周岁以上[2]至 45 周岁，男性 16 周岁以上至 50 周岁）人员，从实行基本生活保障的当月起，按月领取生活补助费，期限 2 年，到达享受养老待遇条件时，按月领取养老金；第三年龄段（女性 45 周岁以上至 55 周岁，男性 50 周岁以上至 60 周岁）人员，从实行基本生活保障的当月起，至到达退休年龄期间，按月领取生活补助费，符合享受养老待遇的，按月领取养老金；第四年龄段（女性 55 周岁以上，男性 60 周岁以上）人员，因达到了退休年龄，从实行基本生活保障的当月起，按月领取养老金。

---

① 第一年龄段（16 周岁以下）人员不是保障对象，因此没有保障标准。
② "以上"包含本数在内，下同。

（三）安徽省被征地农民就业培训和社会保障工作概况

安徽省于 2005 年颁布了《安徽省人民政府关于做好被征地农民就业和社会保障工作的指导意见》（皖政〔2005〕63 号），其主要规定了各地区做好被征地农民保障工作的意见、原则等比较宏观的措施，对各地区给予了较大的灵活操作空间。

1. 被征地农民的身份转换

安徽省鼓励被征地农民向城镇转移，主张被征地农民由农业户口转为非农户口①，被征地农民办理农转非户口时，市、县（区）公安机关要本着就近、属地办理的原则，及时为其办理手续，且办理机关不得收取任何费用。

2. 养老保险制度

征地时年满 16 岁且未参加城镇企业基本养老保险的被征地农民，可以自愿参加被征地农民养老保险，被征地农民养老保险金由当地政府、村集体和个人共同出资，其中政府和村集体的出资用于养老保险金的发放，个人缴纳的部分用于补充养老保险金的发放，各地区被征地农民养老待遇享受标准原则上不低于每人每月 80 元，领取养老保险的年龄原则上为男满 60 岁，女满 55 岁。

（四）成都市被征地农民就业培训和社会保障工作概况

为了认真贯彻国务院办公厅《转发劳动保障部关于做好被征地农民就业培训和社会保障工作指导意见的通知》（国办发〔2006〕29 号）和四川省政府办公厅《关于进一步做好被征地农民社会保障工作的通知》（川办发〔2008〕15 号），成都市制定了《成都市人民政府关于进一步做好被征地农民社会保障工作的通知》（成府发〔2009〕31 号）文件，为成都市的被征地农民保障工作提供了统一的政策支持，主要涉及以下几个方面。

1. 分类参保

成都市实行按城镇人口安置的被征地农民社会保障和按农村人口安置的被征地农民社会保障。按城镇人口安置的被征地农民，

---

① 简称"农转非"。

主要是指因政府统一征收农村集体土地而导致失去全部或大部分土地，且在征地时享有农村集体土地承包权的年满 16 周岁的原在册农业人口。该类人员按以下规定享受社会保险、最低生活保障及医疗救助。

（1）基本养老保险方面，2008 年 4 月 11 日以后，征地补偿安置方案批准时年满 16 周岁的被征地农民，按照城镇职工基本养老保险制度的规定，参加基本养老保险，其缴费标准为：以征地补偿安置方案批准时上一年全省在岗职工平均工资为缴费基数，按 28% 的缴费比例（其中个人承担 8%），根据征地补偿安置方案批准时被征地农民的实际年龄，按照从 16 周岁开始实际年龄每增加 2 周岁增加 1 年缴费年限的办法，一次性缴纳基本养老保险费，缴费年限最多不超过 15 年。

（2）基本医疗保险方面，2008 年 4 月 11 日以后，征地补偿安置方案批准时年满 16 周岁的被征地农民，按照城镇职工基本医疗保险制度的规定，参加基本医疗保险，缴费标准为：以征地补偿安置方案批准时上一年全市职工平均工资为缴费基数，按 7.5% 的缴费比例，根据征地补偿安置方案批准时被征地农民的实际年龄，按照从 16 周岁开始实际年龄每增加 2 周岁增加 1 年缴费年限的办法，一次性缴纳基本医疗保险费，缴费年限最多不超过 15 年[1]。

2. 失业保险

2008 年 4 月 11 日以后，成都市征地补偿安置方案批准时年满 16 周岁以上且男不满 60 周岁、女不满 55 周岁的被征地农民，按照失业保险制度的规定，纳入失业保险范围。成都市建立了比较完善的失业保险制度，将就业困难的被征地农民纳入这一体系之中，以确保被征地农民失地不失业。

3. 最低生活保障

对于生活确实有困难的被征地农民，可以依法按照成都市最低生活保障的标准，将符合条件的被征地农民纳入城市最低生活保障，以确保生活困难的被征地农民得到相应的保障。

---

[1] 参见《成都市人民政府关于进一步做好被征地农民社会保障工作的通知》（成府发〔2009〕31 号）第二项。

（五）甘肃省被征地农民就业培训和社会保障工作概况

甘肃省依照国务院办公厅《转发劳动保障部关于做好被征地农民就业培训和社会保障工作指导意见的通知》（国办发［2006］29号）的精神，制定了《甘肃省被征地农民养老保险办法》（以下简称《办法》），以指导全省的被征地农民养老保险工作，主要有以下几项做法。

1. 规定公示制度

被征地农民参加被征地农民养老保险，由所在村（社区）居民委员会负责向乡镇政府（街道办事处）填报被征地数量、涉及人数等情况，并在本村（社区）范围内张榜公示，公示时间不得少于7天①。（按：这一规定具有一定的进步意义，在一定程度上促进了被征地农民保障工作的效率，值得新疆借鉴。）

2. 身份的转换

甘肃省被征地农民参加被征地农民养老保险的条件为：征收土地时年满16周岁以上（含16周岁）、征收土地面积占总承包土地面积的20%以上（不含20%）。征收土地面积达到总承包面积的80%以上（不含80%）的视为失去全部土地，剩余土地交回村集体，被征地农民的身份由农业户口转为城镇户口，并依法被纳入城镇企业基本养老保险体系。征收土地面积为20%～80%的被征地农民，视为部分失地农民，实行个人独立账户，与城乡居民社会养老办法相衔接②。

3. 建立被征地农民养老保险跟踪检查和报告制度

甘肃省被征地农民养老保险工作由县级以上人民政府统一统筹管理，并建立被征地农民养老保险跟踪检查和报告制度，将这项工作列入个人目标责任考核，实行责任追究制，形成政府统一领导，人力资源和社会保障、发展改革、国土资源、财政、农牧等部门各负其责，上下协调配合的工作机制③。

---

① 参见《甘肃省被征地农民养老保险办法》第十五条。
② 参见《甘肃省被征地农民养老保险办法》第四条。
③ 参见《甘肃省被征地农民养老保险办法》第三条。

二 完善新疆被征地农民就业培训和社会保障工作的意见

因新疆被征地农民就业培训和社会保障实际工作中存在一些问题，亟须从内地各省、市借鉴实施措施，以夯实新疆被征地农民的社会保障工作。内地各省市，特别是沿海省、市，是我国城市化进程的前沿地区，对被征地农民的保障工作着手较早，在经过长期的实际操作后，积累了丰富的政策和实施经验，新疆应该结合自身实际情况，对内地各省市形成的保障模式及措施有步骤、有选择地予以借鉴，通过对西安市、江苏省和安徽省的被征地农民保障工作的介绍、对比，笔者认为以下几项措施值得借鉴。

（一）夯实就业保障工作

被征地农民的就业保障工作是整体工作的薄弱环节，因多数被征地农民文化水平较低，缺乏专业技能，致使给予提供的就业岗位收入低，劳动强度大，被征地农民多数半途放弃了政府提供的工作机会。对政府保障部门而言，因失地农民自身条件所限，不能提供适合被征地农民要求的工作岗位，而且就业需求大于现有岗位数量，一些被征地农民中途放弃工作后，政府也难以进行跟踪及动态监测。因此，提高被征地农民的就业水平和就业质量刻不容缓，各保障部门应建立被征地农民就业的个人档案，并积极建立健全被征地农民就业的动态跟踪监测机制，对于就业困难群体，应当列入就业保障工作的重点，优先保障就业。同时，给失业状态的被征地农民发放失业证，以更加系统、规范地保障其得以就业。此外，应建立小额创业贷款机制，对有愿望、有能力创业的被征地农民提供创业贷款，虽然我区内某些县（市）在操作中已经开展了此项工作，如乌鲁木齐市，但只是停留在实际操作层面，并没有在政策上得以规定，其可以提供小额创业贷款的县（市）为数不多，只有财政能力较强的地区有条件实施，为此，建立健全小额创业贷款制度同样是解决被征地农民就业问题的有效措施。

（二）提高统筹层次

内地多数地区征地保障工作不属于省级统筹，新疆为县（市）级统筹，由县（市）财政予以保障。因经济发展水平差异所限，新疆区内多数县（市）不具备我国内地县（市）同等的财政能力，致使保障水平留有较大差距。被征地农民保障工作低层次的统筹将会引发相关不利因素，其中最为严重的问题是一些县（市）因财政能力较弱导致被征地农民保障基金面临着崩盘的风险；还有就是增加了区域限制，被征地农民只能在其所在县（市）参加被征地农民养老保险和医疗保险，给失地农民增加了生活成本。因此，被征地农民保障工作应由省级政府统一统筹，统一管理①，以解决目前存在的问题。

（三）细化土地补偿标准

新疆大多数县（市）对征收土地的补偿标准没有在相关政策中体现出来，由各县（市）自行实际确定，甚至是由乡级部门自己规定。例如伊宁市在相关被征地农民保障政策中没有规定土地补偿标准②，同样，伊犁州新源县也没有规定相应的土地补偿标准③。虽然江苏省被征地农民保障工作由市、县人民政府统一负责④，但由省级统一下发的文件中明确规定了土地最低补偿标准⑤，将全省细化为四类地区，各类地区按照经济发展水平等因素实行不同的土地最低补偿标准。通过对比，我区应对全疆各地区进行实地统筹分类，掌握经济发展差异，制定相应地适合地区发展的土地补偿标准，使被征地农民土地补偿标准体现在具体的明文政策上来。土地征收补偿标准的细化，将有助于进一步保障被征地

---

① 城镇企业职工基本养老保险制度是由省级统一统筹的。

② 参见《伊宁市被征地农民社会保障实施办法（暂行）》。

③ 参见《关于印发新源县被征地农民社会保障实施办法（暂行）的通知》。

④ 参见《江苏省征地补偿和被征地农民基本生活保障办法》（江苏省人民政府令第 26 号）第四条。

⑤ 参见《江苏省征地补偿和被征地农民基本生活保障办法》（江苏省人民政府令第 26 号）第八条。

农民的权益，有助于促进分配的公平合理，有助于防止土地补偿资金的流失。

（四）被征地农民身份的转换

农民土地被征收后有的仍为农村户口，有的转为城镇户口，身份的不同将直接导致享受待遇程度的不同。安徽省积极鼓励农民将农村户口转为城镇居民户口[①]，以便更好地统一管理。农民身份的转换可以更好地保障其权益，同时，身份的不一致也是目前阻碍新疆各种保障制度之间有序衔接的因素之一，因此，为了高效便利地管理，为了提高保障水平，为了促进社会公平，应鼓励被征地农民将农村户口转为城镇户口。

随着我国城镇化进程的不断推进，被征地农民作为一个特殊群体出现，做好被征地农民的保障工作将涉及地区的安全稳定，合理、高效的保障工作制度更可以拉动本地区的经济发展，被征地农民的保障工作是一项责任，也是一次促进城乡一体化经济的机遇，只有本着负责任的工作态度，化挑战为机遇，才能合理、妥善地完成这一历史性的任务。

---

① 参见《安徽省人民政府关于做好被征地农民就业和社会保障工作的指导意见》（皖政〔2005〕63号）第三项。

第四章　新疆被征地农民就业和社会保障调查分析

第一节　伊犁州被征地农民就业和社会保障调查分析

一　伊犁地区被征地农民养老保险调研组工作概况

被征地农民就业培训和社会保障,旨在确保农民被征地后的生活得以全面保障,即确保征地补偿金按时足额发放,确保农民失地不失业,确保农民被征地后老有所依、老有所养,确保被征地农民不因失地而降低生活水平,确保被征地农民长远生计有所保障。截至目前,自治区得到了中央的大力支持,并按照中央所颁发的《关于做好被征地农民就业培训和社会保障工作指导意见》(国办发〔2006〕29号)的精神,下发了《新疆维吾尔自治区被征地农民就业培训和社会保障实施办法》(新政办发〔2008〕140号),为疆内各地区做好被征地农民保障工作提供了具有可靠性、操作性的依据。伊犁州严格按照中央的指导意见和自治区的实施办法,结合州内实际,制定了《伊犁州被征地农民就业培训和社会保障实施办法(暂行)》(伊州政办发〔2010〕81号),指导伊犁州各地区被征地农民的保障工作。

伊犁地区被征地农民就业培训和社会保障调研组于2011年11月14～15日,先后对伊犁州、伊宁市、伊宁市汉宾乡、伊宁市达达木图乡、新源县的被征地农民就业培训和社会保障工作的实施情况和存在的问题进行了专题调研。本次调研活动历时两天,行程 1000 多公里，对州、县（市）、乡的被征地农民养老保险工作进行了多层次的调研，在此次调研活动中，召开座谈会 3 场，农民访谈 2 场，共计 15 个小时，座谈会和访谈都有记录，还对被征地农民发放了调查问卷等。此次调研活动虽然时间短暂，但对伊犁州具有代表性和据说矛盾突出的地区进行了多层次的调研，确保了调研工作质量和效率的结合。

通过调研发现，伊犁地区被征地农民就业和社会保障工作进展顺利，领导高度重视，特别是伊宁市成立了以市委书记为工作组长的领导小组，加强了对此项工作的领导；被征地农民养老保险覆盖率较高，基本上囊括了全部被征地农民；宣传力度比较大，农民总体上对政策有了一定认识；农民参保积极性高。从被征地农民的反映来看，伊犁地区关于被征地农民养老保险的工作比较扎实，取得了一定的工作成效，农民比较认可。

二 伊犁地区被征地农民保障工作所取得的成绩

（一）被征地农民普遍了解了自治区养老保险政策

1. 宣传范围广，提高了被征地农民对政策的认识

伊犁州根据中央的指导意见和自治区的实施办法，向伊犁州各地区印发了《伊犁州被征地农民就业培训和社会保障实施办法（暂行）》（伊州政办发［2010］81 号），以确保各地区工作的顺利进行。各县（市）、乡根据地区实际情况，制定了地方实施细则，通过电视、广播、报纸、互联网及传单等多种传播媒介，采用哈、维、汉三种语言方式加强宣传工作，并深入街道、社区、村和群众家中进行面对面讲解，大力宣传党的惠民政策，使广大群众对具体政策和参保方式有了更深入的了解，部分县（市）的社保经办机构开设了专门窗口，极大地方便了被征地农民的咨询和参保。各县（市）、乡对被征地农民的情况进行了摸底调查，切实掌握了被征地农民的人数和实际情况，宣传对象覆盖了每一位被征地农民，使被征地农民养老保险政策人人皆知，家喻户晓。

比如伊犁州劳动和社会保障局通过结合《社会保险法》实施宣传工作，并会同伊犁州总工会、州国资委、州社会保障管理局、

伊宁市人事劳动和社会保障局，在伊宁市铜锣湾、阳光广场和客运中心举办《社会保险法》宣传日活动，活动中向广大群众发放宣传册（单）、折页等宣传品近万本（张），对前来咨询社会保险方面知识的近200名群众进行了耐心解答，此次宣传日活动三个宣传点共出动15人，制定宣传板报3张，同时伊犁州劳动和社会保障局在伊犁晚报开辟专刊，集中宣传相关政策。伊宁市劳动人事和社会保障局利用电视媒体、散发传单等形式，营造浓厚的参保氛围，共散发维、汉文传单1万份，并认真开展"缴费与存款算账对比、缴费与国家补助缴费算账对比、缴费与解除自身养老后顾之忧算账对比、缴费与减轻自身负担算账对比、缴费与自己最终受益算账对比"，向农牧民讲清政策，算清账，让农民从思想上真正理解和接受这项惠民政策。

2. 提高了农民参保积极性

通过伊犁州各地区的一系列大力宣传工作，被征地农民思想上有了很大的提高，对被征地农民养老保险政策有了较深入的了解，参保意识不断增强，参保率有了很大提升。

截至2011年11月15日，伊犁州2011年以前被征地农民中愿意参加被征地农民养老保险的1881人中，已参保1114人，未参保767人，参保率为66.3%，不愿意参加被征地农民养老保险的农民已经被动员参加新型农村养老保险或城镇居民基本养老保险。

伊宁市2011年以前被征地农民中愿意参加被征地农民养老保险的1281人中，已参保819人，未参保452人，参保率65%，不愿意参加被征地农民养老保险的农民已被动员参加新型农村养老保险和城镇居民基本养老保险。

新源县2011年以前被征地农民中愿意参加被征地农民养老保险的300人中，目前已参保175人，未参保125人，参保率为58.3%。（见图4-1、图4-2）。

伊宁市2011年以后符合参加被征地农民养老保险的人员3676人中，已参保2544人，未参保1132人，参保率为69%，其辖区内参保完成情况较好的乡（镇）中，英也尔乡和潘津乡参保率为100%，达达木图乡参保率为97%，汉宾乡参保率为77%；完成参保情况较差的乡（镇）中，巴彦岱镇参保率为23%，塔什库勒克

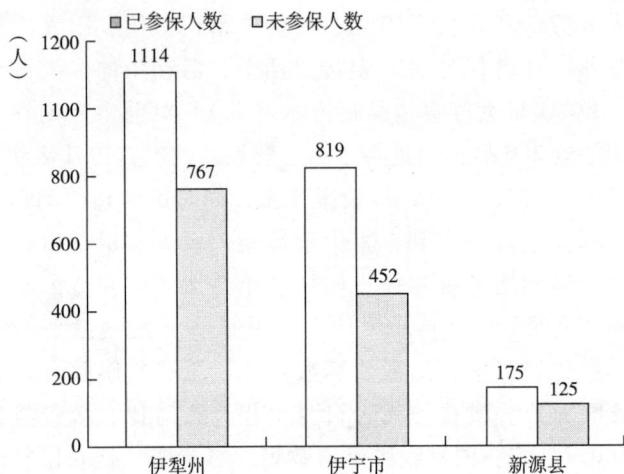

图 4 – 1　伊犁州 2011 年以前被征地农民中已参保与未参保人数比较

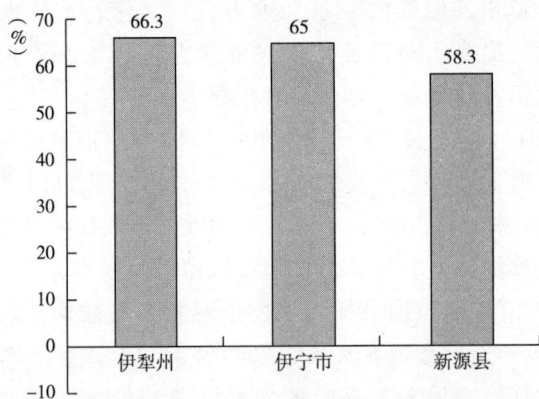

图 4 – 2　伊犁州 2011 年以前被征地农民已参保率

乡参保率为 13%，喀尔墩乡参保率为 16%（见图 4 – 3）。

　　从图 4 – 3 可以看出，伊宁市 2011 年以后符合参保农民中参加养老保险的积极性是比较高的，全市平均参保率达到了 69%，其中有两个乡（镇）达到 100%，一个乡达到 97%，一个乡达到 77%，只有巴彦岱乡、塔什库勒克乡、喀尔墩乡因土地补偿款未发放到位致使农民参保率较低。但从总体上看，农民参保的积极性有了很大提高，参保率也高，而且随着时间的推移及农民思想认识的不断深入，农民参保率还会逐步提升。

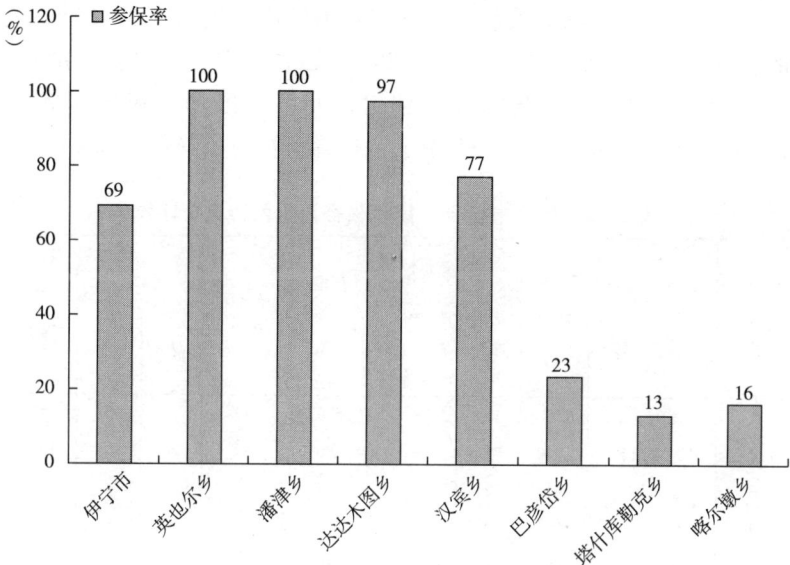

图 4 - 3　伊宁市及其各乡镇 2011 年以后符合参保农民中已参保率

（二）维护了被征地农民的合法权益，保障了被征地农民的生产和生活

为把我国建设成为一个现代化国家，为促进社会经济协调发展，为提高广大人民群众的生活水平，随着城乡一体化进程的推进，被征地农民作为一个特殊群体，作出了很大的牺牲和贡献，伊犁州以确保被征地农民生活水平不降低、长远生计有保障为出发点，对失地农民进行了补偿和安置，具体措施表现在以下几个方面。

1. 依法对被征地农民进行补偿

伊犁州征收农民土地后，依程序按时对被征地农民进行了足额补偿，补偿标准按照农民被征收的土地数量和被征收土地所处地段的不同，各地区制定了相应的补偿标准。伊宁市达达木图乡征地面积为 7859 亩，涉及被征地人数 1980 人，被征收土地部分用于建设富民市场和奶牛养殖基地，补偿标准约为 39000 元/亩，其中包括青苗补助费；伊宁市汉宾乡地属伊宁市开发区，背靠伊犁河，全乡被征地面积 1285 亩，主要用于商品房及农贸市场建设，涉及被征地人数6957人，属伊宁市各乡镇中被征地涉及人数最多的乡（镇），其补偿标准约为39000元/亩，其中包括青苗补助费；与伊宁市不同，新源县因地处偏远，补偿标准低于伊宁市各乡（镇），约为21600元/亩，其中也包括青苗补助费（见表4-1）。

表4-1　伊宁市各乡（镇）被征地农民情况统计表

| 序　号 | 被征地乡（镇） | 征地面积（亩） | 征地总户数 | | 征地涉及人数 | 16~55周岁 | 55~60周岁 | | 60周岁以上 |
			征地涉及户数	其中失去部分土地户数			总人数	其中女性	
1	巴彦岱	1600	190	—	570	512	16	5	42
2	达达木图乡	7859	772	—	1980	1817	28	10	135
3	英也尔乡	1813	195	10	624	557	9	4	58
4	潘津乡	5000	300	3	1050	945	19	8	86
5	喀尔墩乡	3850	397	5	1390	1267	32	11	91
6	塔什库勒克乡	3000	800	—	2700	2446	38	15	216
7	汉宾乡	1285	2119	—	6957	6520	67	23	370
合　计		24407	4773	18	15271	14064	209	76	998

2. 被征地农民的养老保险得到了保障

伊犁州为保障失地农民老有所养、老有所依，制定了《伊犁州被征地农民就业培训和社会保障实施办法（暂行）》（伊州政办发〔2010〕81号），动员广大失地农民参加被征地农民养老保险，从图4-2中可以看出，伊宁市2011年以前被征地农民中愿意参加被征地农民养老保险的参保率为65%，新源县为58.3%，而整个伊犁州的参保率为66.3%，参保率比较高。从图4-3中可以看出，伊宁市2011年以后被征地农民中愿意参加被征地农民养老保险的参保率为69%，其中英也尔乡和潘津乡参保率达到了100%，达达木图乡为97%，汉宾乡为77%，参保率都比较高，只有巴彦岱乡、塔什库勒乡、喀尔墩乡因土地补偿款未发放到位导致参保率低，但三乡（镇）正在积极向市政府申请土地补偿款。被征地农民中，不愿意参加被征地农民养老保险的农民已被动员参加新型农村养老保险，或者城镇企业职工基本养老保险，被征地农民转为城镇户口且未在用人单位就业的，被动员参加城镇灵活就业人员基本养老保险。

被征地农民在不同时段分别参加城镇企业职工基本养老保险、被征地农民养老保险、新型农村养老保险，在符合条件时，分别享受相应的养老保障待遇或按社会保险有关规定转续养老保险关系享受相应的待遇。此外，被征地农民身份属城镇居民并符合城镇居民最低生活保障条件的，依法被纳入城镇居民最低生活保障；被征地农民身份属农村居民并符合农村最低生活保障条件的，纳入农村最低生活保障。总之，多类别的养老保险及城、乡最低生活保障全面覆盖了被征地农民，解除了农民的后顾之忧。

3. 被征地农民失地不失业

为确保被征地农民失地不失业，伊犁州各地区通过多种方式拓宽就业渠道，创造就业机会。各地区对被征地农民进行就业指导，并根据个人意愿选择适合的岗位免费进行岗前培训，尽可能地提供各种公益性岗位，且首先满足被征地农民的就业需求，此外，政府通过引导，鼓励农民创业，输出本地区富余劳动力等形式增加就业。伊宁市征收土地后，政府以成本价将门面房出售给被征地农民，被征地农民可以自己经营，也可以通过出租门面房的方式确保生活收入。伊宁市达达木图乡的部分征地用于建设奶牛养殖基地和富民市场，乡政府以成本价将富民市场的摊位出售给被征地农民，并开办"清华班"，进行职业技能培训，以此促进就业。从总体上看，被征地农民的就业得到了相应的保障。

（三）维护了社会稳定，促进了经济发展

1. 维护了当地社会的稳定

城乡一体化建设，是一项时间长、涉及农民多、影响深远的惠民工程，也是我国现代化建设的一部分，在推进城乡一体化进程中，解决好各种矛盾就显得尤为重要，被征地农民养老保险政策为缓和矛盾、保障民生、维护地方稳定提供了牢固的基础，维护了地方社会和谐、有序发展。被征地农民养老保险工作是一项复杂的工程，其征收土地面积广、涉及人数多，且被征地农民的年龄不同，也给保障被征地农民就业和社会保障工作的顺利进行造成了一定困难。以伊宁市的七个乡（镇）为例，七乡（镇）

共征收土地 24407 亩，征地涉及户数为 4773 户，涉及人数 15271 人，在这 15271 人中，16 ~ 55 岁的被征地农民为 14064 人，约占 92%，这部分农民处于劳动年龄段，失地后的岗位需求多，其中 60 岁以上的老龄失地农民 998 人，且老龄人口数量逐年呈上升态势，养老问题和就业问题面临严峻考验。综合以上问题，目前的被征地农民养老保险政策基本上化解了出现的种种矛盾，伊犁州各地区结合自治区文件精神积极探索解决办法，促进了伊犁地区社会的稳定与和谐发展。

2. 促进了当地经济的发展

在城乡一体化过程中，被征收土地的产值能力将大大提高，土地产值效率大幅度提升，改变了小农生产的落后发展模式，这部分被征收的土地因地缘优势或其他原因将发挥出其巨大的潜力，促进地区经济的发展。伊宁市汉宾乡地处伊犁河畔，连接伊宁市，其被征收土地多用于商品房及农贸市场建设，这一举措对繁荣伊宁市商业具有重大意义。商业的繁荣，可以更大限度地拉动本地区农业的发展，且发展速度快于被征收土地前的农业发展速度，这样既繁荣了商业，也带动了农业的发展。伊宁市达达木图乡的一部分土地用于建设伊宁市火车站，该站的建立，扩大了旅客容量，方便了口岸对外贸易，加强了与外界的沟通，改变了以往单一的交通方式，促进了伊犁州经济、文化事业的发展，此外，该乡部分征地用来建设富民市场，该市场的建立，对提高农民生活水平、转变生产方式，对拉动该乡经济将产生长远影响。通过对征地用途的科学、合理安排，被征收土地的巨大潜力得以发掘，地区经济将以点带面，快速发展。

三 现阶段伊犁地区被征地农民保障工作中存在的问题

通过对伊犁州各地区的深入调研发现，虽然被征地农民养老保险工作取得了一定的成绩，但在实施过程中也出现了一些政策上的盲点，许多细节性问题没有政策依据得以解决，还有一些政策不具有可操作性，实施起来比较困难，在各个险种之间的衔接过程中，出现了互相矛盾的情况，导致缴纳养老保险费和享受养老金的不平等，出现"制度打架"的问题，主要有以下几点。

（一）宣传力度有待加强

虽然伊犁州各地区在宣传工作上采取了一系列举措，但通过对基层被征地农民的走访发现，部分被征地农民只是大概地了解一些相关的政策，对细节却不很了解。例如农民知道有多种养老保险险种，但对其相互间的区别不甚了解，不清楚多险种的缴费要求和待遇之间的差别，被征地农民不知道哪一种养老保险具有较高的保障水平，导致参保率不能进一步提升；此外，部分农民在缴纳相应比例的被征地农民养老保险费用后，对应当享受的养老金水平不很了解，农民心中仍然存有疑虑。所以，部分地区和单位的宣传力度还有待加强，应对被征地农民进行深入、细致、耐心地讲解。

（二）手续复杂，审核时间长

被征地农民的养老保险工作涉及国土资源、财政、审计、民政、农业、卫生、法制、建设、房产、公安、监察等多部门，各部门之间的协调配合是一项复杂的工作，这导致申报、审核、批准时间过长。例如新源县的部分被征地农民具有积极参保的热情，迫切希望参加被征地农民养老保险，但截至 2011 年 11 月 15 日，一部分失地农民仍然没有被纳入被征地农民养老保险体系中，原因是申报、审核时间过长，速度过慢。另外一个导致审核速度缓慢的原因，是由于被征地农民养老保险在上机核定时，个人缴费、村集体补贴、财政补贴三部分不能同时核定，造成上机操作核定速度缓慢，平均每五分钟才能完成一位被征地农民的核定工作，所以各地区和部门都建议改进软件程序，以提高工作效率。

（三）分段缴费不具实际操作性

《伊犁州被征地农民就业培训和社会保障实施办法（暂行)》（伊州政办发〔2010〕81 号）中详细地规定了分段缴费的办法，具体规定为，在城镇规划区范围内失去大部分（50% 以上）土地的已达到退休年龄的被征地农民，按照每满两年折算 1 年的办法补缴养老保险费，缴费基数为各年的上年度自治区在岗职工平均工资的 40%~60%，缴费比例为 20%，补缴后全部记入个人账户，实行完全累积，一次性补缴 15 年及以上的，按照个人账户累积储存额除以 180 按月计发基本生活费。失去大部分（50% 以上）土地并处于劳动年龄阶段的被征地农民按照每满两年折算 1 年的办法补缴养老保险费，缴费基数为各年的上年度自治区在岗职工平均工资的 40%~60%，缴费比例为 20%，补缴后全部记入个人账户，实行完全累积。对于在城镇规划区范围内失去部分（50% 以下）土地并已达到退休年龄的被征地农民，按照每满两年折算 1 年的办法补缴养老保险费，缴费基数为各年的上年度自治区在岗职工平均工资的 20%~40%，缴费比例为 20%，补缴后全部记入个人账户，实行完全累积。失去部分（50% 以下）土地并处于劳动年龄阶段的被征地农民，按照每满两年折算 1 年的办法补缴养老保险费，缴费基数为各年的上年度自治区在岗职工平均工资的 20%~40%，缴费比例为 20%，补缴后全部记入个人账户，实行完全累积。

《伊犁州被征地农民就业培训和社会保障实施办法（暂行）》（伊州政办发 ［2010］ 81 号）具体地将失地农民划分为失去大部分（50% 以上）土地的已达到退休年龄和处于劳动年龄阶段的被征地农民，以及失去部分（50% 以下）土地的已达到退休年龄和处于劳动年龄阶段的被征地农民，并且做出了详细规定。但是，在实践中，因为此规定在实际中难以具体操作，伊犁州各地区将被征地农民养老保险的对象确定为全部失地（98% 以上）的农民，而将部分失地排除在被征地农民养老保险体系之外，因此，分段缴费理论与实践相左，不具有可操作性。

（四）缺乏最低保障，保障水平偏低

伊犁地区达到退休年龄的被征地农民依照自治区人民政府《关于调整完善城镇企业职工基本养老金计发办法的通知》（新政发 ［2006］ 59 号）规定的办法享受养老金，但不享受城镇企业职工基本养老保险最低保证数。伊犁州各地区执行被征地农民养老保险政策时，依照城镇企业职工基本养老保险计发养老金，但不同的是，被征地农民养老保险没有最低养老金保证，难以真正有效地保障农民的养老。同时，伊犁州各地区的被征地农民养老保险保障水平低，不足以保障农民的老年生活。截至 2011 年 11 月 11 日，伊犁州已享受待遇的被征地农民月人均养老金为 477 元，最高养老金标准为 598 元。伊宁市达达木图乡的月平均水平为 506 元/人，最低 423.6 元/人，最高 598.7 元/人。通过对被征地农民的走访得知，每月 400～500 元的养老金根本不能维持生计，养老保障水平有待提高。

（五）部分被征地农民的权益难以得到保障

《伊犁州被征地农民就业培训和社会保障实施办法（暂行）》（伊州政办发〔2010〕81 号）笼统地规定，失去部分（50% 以下）土地的被征地农民，按照每满两年折算 1 年的办法补缴养老保险费，缴费基数为各年的上年度自治区在岗职工平均工资的 20%～40%，缴费比例为 20%，补费后全部记入个人账户，实行完全累积，缴费满 15 年且达到退休年龄时，按照个人账户累积储存额除以 180 按月计发基本生活费。但在实践中，为了便于操作，以伊宁市为例，在征地过程中 98% 的土地被征收农民才属于全部失地，失地不足 98% 的属部分失地。因伊宁市的被征地农民养老保险的保障对象为全部失地的农民，部分（98% 以下）失地的农民则被拒之门外，被纳入新型农村养老保险体系，而新型农村养老保险的保障水平很低，根本无法保障生活，这样无疑提高了被征地农民养老保险的准入门槛，缩小了保障范围。如果一个农民 90% 的土地被征收后，再按 100 元缴费档次缴纳 15 年新型农村养老保险费后，月待遇却只有 96.18 元，剩下未被征收的 10% 的土地已经远远不足以维持日常生活。

（六）少地农民被征收土地后生活困难

在调研中发现，一些少地农民被征地后，因土地面积小，得到的补偿款也少，有的农民只得到几千元的补偿款，这些补偿款在缴纳完个人的被征地农民养老保险费用后，所剩无几，甚至不足以缴纳保险费用，还得借钱来缴，更造成后续缴费困难，增加了农民的生活负担。伊宁市为解决这个问题，由政府向不能足额缴费的农民出借资金，待农民退休后以养老金补还，但即使这样，少地农民的日常生计也面临困境。

（七）后续缴费困难

伊犁州对不能一次性缴纳被征地农民养老保险费用的农民，规定可以分期缴纳，在申领基本养老保障待遇时全部缴清，但即使采用这样的办法，部分被征地农民仍然没有能力负担这部分费用。一些农民拿到土地补偿款后，因家庭人口多，平均分配后人均持有的土地补偿款大大减少，虽然缴清了首次应缴费用，但导致后续费用不能按时缴纳。还有相当一部分农民在拿到补偿金后，用于购置房屋、车辆等高消费物品，不能很好地把握大量的资金，同样导致了后续缴费困难。另一部分农民属于病、弱、残、孕等特殊群体，少量的土地补偿款在不能满足治疗等费用需求时，缴纳被征地农民养老保险费更是无从谈起。后续费用的不能及时跟进，将导致整个保障基金面临崩盘的危险，一旦发生这样的危机，被征地农民的生计得不到保障，社会的不稳定因素也将增多。

（八）"四险"衔接困难

所谓"四险"分别是指新型农村养老保险、城镇居民基本养老保险、城镇灵活就业人员基本养老保险、城镇企业职工基本养老保险，在这"四险"中，因各自规定的不同，致使与被征地农民养老保险的转化、接续工作复杂化，实际操作中面临的主要困难如下。

1. 接续过程中的年龄问题

被征地农民养老保险的特征之一，就是提高了妇女享受养老保险待遇的年龄标准，规定男、女均满60岁且缴清被征地农民养老保险费用后，才能按月享受养老保险待遇。而城镇企业女职工基本养老保险享受养老待遇的年龄标准与被征地农民养老保险不同，规定妇女年满55岁即可享受养老保险待遇。因被征地农民养老保险是依照城镇企业职工基本养老保险计发养老金，实践中为便于操作，伊犁州允许被征地农民以城镇户口参与城镇企业基本养老保险，这样被征地农民就有了选择性，既可以选择参加城镇企业职工基本养老保险，也可以选择参加被征地农民养老保险。对妇女享受养老待遇的年龄标准不同，致使两者衔接过程中出现年龄障碍；另外，对自谋职业的被征地农民，依照城镇企业灵活就业人员基本养老保险办法参保，当二者互相转化时，同样存在年龄障碍；因新型农村养老保险的保障水平最低，很少有农民愿意选择。总之，对被征地农民提高妇女享受养老待遇的年龄门槛，导致了很多不必要的复杂性，加重了被征地农民思想上和实际上的负担。

2. 衔接过程中的身份转化问题

农民土地被征收后，身份上多数仍为农民，这给愿意参加养老保险待遇较高的城镇企业职工基本养老保险的农民造成了身份障碍。因身份不同，被征地农民不能享受较高的养老待遇，只能参加没有最低保障且保障水平较低的被征地农民养老保险，居住在同一城市的居民因基于农民和职工的身份区别而被区别对待，造成城镇居民中的不平等。被征地农民若要将农民的身份转化为职工身份，实践中因属不同部门管辖而不容易实现。身份的区别对待，往往给被征地农民心理上造成一定伤害，应当尽快出台解决办法，做到一视同仁。

3. 衔接过程中的待遇差别问题

在被征地农民养老保险工作中，伊犁州各地区发出多缴多得的口号，但很多被征地农民反映多缴了不一定多得，养老保险存在待遇差别问题。以农民身份参加被征地农民养老保险的妇女的退休年龄为 60 岁，以城镇职工身份参加城镇企业职工基本养老保险的妇女的退休年龄为 55 岁，这样就会出现被征地农民中妇女多缴纳 5 年保险费用的情况，而享受的养老待遇却相同，而且是推迟 5 年才享受养老待遇。此外，伊犁州的一些地区按缴费的 60%～100% 四个档次计算被征地农民养老保险待遇，缴纳比例越高，养老待遇越高，但是被征地农民养老保险一律按照城镇企业职工基本养老保险计发养老金，这就造成了不同缴费比例的被征地农民享受同样的待遇，多缴费却没有多得，被征地农民养老保险没有按其自身的养老保险待遇计发标准，只是参照城镇企业职工基本养老保险计发标准。

（九）统筹层次低，养老基金存在风险

被征地农民养老保障属于县（市）级统筹，因统筹层次低，资金保障难以长久维持下去，地域限制明显，形成各自为政的局面，给被征地农民造成了一定的障碍。

1. 存在地域限制，异地缴费、转移困难

被征地农民只能在其所属县（市）区域范围内缴纳养老保险费用，无法进行异地缴纳和异地享受养老待遇。现实情况中，因人口流动量大，流动范围广，一些外出务工人员无法在其县（市）区域以外缴纳养老保险费用，只能返回其原住地缴纳，给被征地农民增加了生活成本。地域限制主要表现为县（市）际、省际限制，因统筹层次只限定在县（市）级，各个县（市）之间的被征地农民养老保险工作无法进行"沟通"，更谈不上省际之间的统一，全疆区域范围内制定统一、一致的标准迫在眉睫。

2. 资金保障困难

伊犁州被征地农民养老保险费用承担比例为 4:3:3，即政府财政承担 40%，村集体承担 30%，个人承担 30%，在特殊情况下，当一些村集体难以承担其 30% 的费用时，由政府财政代替承担，政府财政承担费用额达到了 70%。除此之外，当被征地农民难以缴纳养老保险费用时，伊犁州由政府财政统一向其出借，待农民退休后以养老金偿还的形式来解决，这一举措看似可行，但无形中减缓了财政回流速度，延长了资金循环时间，给政府财政造成了更大的压力。因统筹层次低，县（市）级政府财政能力有限，不能保证养老基金长久持续下去。据伊犁州地方工作人员估计，按照目前的资金保障水平和被征地农民人口数量发展速度的趋势看，被征地农民养老保险基金只能维持 5~8 年的时间。

（十）缺乏就业动态跟踪监测机制

各地区虽然做了大量的就业工作，创新了各种就业形式，但根据调研实际看，被征地农民因文化素质比较低，缺少专业技能，政府只能提供一些收入低的就业岗位，比如环卫、门卫、清洁工、司机等，被征地农民在就业一段时间后，因对自己的岗位不满意

而中途放弃，仍然回到失业状态。被征地农民的就业问题虽然有专职部门和人员负责，但没有建立失地农民就业动态跟踪监测机制，在提供一些简单的工作岗位后，各部门就完成了其就业任务。伊犁州还通过创新机制，以成本价给被征地农民出售门面房的形式解决就业问题，失地农民可以出租门面房，也可以自己经营，但根据基层农民反映，新建的门面房一般地处城市开发区或郊区，离市区中心较远，在开始的几年内无法进行商业经营，也难以出租出去，导致缺少生活收入。总之，被征地农民的就业问题需要建立一种长效机制来解决。

四　改进和完善伊犁州地区被征地农民保障工作的意见和建议

（一）加大宣传力度

（1）增加咨询窗口数量，树立正规的农民咨询途径，由业务较为熟练的工作人员负责宣传工作，确保宣传的准确性和一致性。

（2）拓展宣传途径，加强宣传力度，延长宣传时间，减少阶段性宣传，建立长久的宣传工作机制。

（3）派基层工作人员进入农民家中，进行细致讲解，让农民分清各种养老保险区别，争取做到每一位被征地农民清楚地知道养老政策的内容。

（4）对参保积极性较高的农民和参保率高的地区进行评选并予以表彰，树立典型，形成典型和榜样的群体性效应，形成良好的养老保障工作的舆论环境，联合新闻广播媒体和宣传单位，选取县（市）级、地州级、自治区级的典型在相应的电视、广播、报纸、互联网、公告栏等进行宣传，激发参保热情，增强农民的认可度。

（二）提高保障水平

针对目前被征地农民养老保险保障水平低的问题，自治区应当提高保障水平，每位退休参保农民每月提高到千元左右，并且根据市场物价的波动水平，建立相应的被征地农民养老保险金的动态保障机制，以确保失地农民不因物价的上涨而陷入生活困境。

（三）保障部分被征地农民的权益

依法将部分失地农民纳入被征地农民养老保障体系中，按照被征收土地的多少来缴纳养老费用和享受养老待遇，将土地征收面积作为养老保障体系的参考因素，即征收农民土地面积比例大，农民缴纳费用和享受待遇的比例也相应地扩大，征收农民土地面积比例小，农民缴纳和享受待遇的比例也随之减少，这样就可以很好地将部分失地农民纳入被征地农民养老保障体系之中，做到部分失地农民与全部失地农民之间的平等，维护部分被征地农民的权益。

（四）解决弱势农民群体的保障问题

对少地农民，尤其是对病、弱、残、孕的少地农民，应采用灵活缴费的方式，实施减、免、缓缴养老保险费用，依法将其纳入被征地农民养老保险体系中。少地农民中只有一小部分存在缴费困难的问题，可以借鉴伊犁州的做法，由政府财政统一向其免息放贷，待其退休以后用领取的养老金逐次、分批偿还，保证少地农民老有所养、老有所依。特别是对于病、弱、残且无劳动能力的被征地农民，因其生活受到伤病和残疾的困扰，已经没有能力缴纳养老保险费用，更不能重新就业，政府应当全额补贴其应缴纳的养老费用，并允许其提前退休，做到特别问题特别对待，使弱势群体的生活有所保障。

（五）提高统筹层次

将被征地农民养老保险的统筹层次由县（市）级提高到地（州）级或者自治区级，统筹层次的提高，能增强养老基金抗风险的能力，缓解地方财政压力，资金得以保障，相应地也可提升农民养老保险待遇提高的空间。同时，统筹层次的提高，也减少了养老保险的地域限制，扩大地域范围，方便农民的生产生活。

（六）建立健全就业动态跟踪监测机制

为确保被征地农民享有符合其自身特点的工作，确保其工作的不中断，应当建立健全就业动态跟踪监测机制，设立专门的机构负责被征地农民的就业问题，为被征地农民建立就业档案，进行动态跟踪，争取每一位处于工作阶段的失地农民得到符合其自身特长的工作，并且建立长效机制，以确保就业工作持续发展。

（七）建立健全激励机制

将被征地农民养老保险工作纳入责任领导的政绩考核范围，并且提高其在年终考核项目中所占的比重，制定基层工作人员奖惩细则，对完成任务好的地区和个人进行奖励，以激发全疆对被征地农民养老保障工作的积极性。

（八）尽快解决"四险"衔接过程中出现的矛盾

针对被征地农民养老保险与"四险"衔接过程中出现的各种矛盾，亟须出台相关统一标准和制度，消除衔接过程中的制度冲突，扫清操作障碍，使之顺利衔接。

1. 消除衔接过程中的制度冲突

因伊犁州被征地农民养老保险规定男女均满60岁才可享受养老待遇，这一规定与其他险种之间存在冲突，首先应当统一养老待遇享受年龄标准，一律规定男子年满60岁，女子年满55岁，且缴清15年养老保险费用后即可享受养老待遇，以解决年龄不平等的问题；其次，应统一被征地农民身份的认定标准，以解决各险种之间的转移、接续；最后，消除衔接过程中的待遇差别问题，以体现多缴多得的精神，激励失地农民参加被征地农民养老保险。

2. 构建"四险"衔接制度

因新型农村养老保险保障水平最低，无法保障农民基本生活，因此，建议已经参加新型农村养老保险的失地农民，将缴纳的新型农村养老保险费用划入被征地农民养老保险的个人账户中，划入的费用不足时，由失地农民补缴完整，如果划入的费用超过被征地农民应缴的个人费用时，则多缴多得，退休后享受更高的待遇。

第二节 库尔勒市被征地农民就业和
社会保障调查分析

一 调研背景

随着城市化的不断推进，大量的农村土地，特别是城市郊区的土地，由于多种原因被征用，大量的农民被全部征用或部分征用而失去土地，成为"被征地农民"。一部分农民失地又失业成为新的困难群体，社会矛盾日渐突出，对社会稳定有着不可低估的影响。因此，被征地农民的社会保障成为一个重要问题。

中央于 2006 年颁布了《关于做好被征地农民就业培训和社会保障工作指导意见》（国办发 ［2006］29 号），全国各省市区出台了相关政策措施及办法，新疆维吾尔自治区也根据自身情况，于2008 年出台了《新疆维吾尔自治区被征地农民就业培训和社会保障实施办法》（新政办发 ［2008］140 号），自治区各地州市积极响应，认真落实。库尔勒市依据国家相关法律和自治区相关文件，颁布出台了《中共库尔勒市委员会、库尔勒市人民政府关于推进城乡一体化实施村改居、乡改办的意见》（库党发 ［2009］9 号）、《库尔勒市推进城乡一体化试点单位村集体经济组织成员资格认定暂行办法》（库政发 ［2009］71 号）、《库尔勒市被征地农民社会保障暂行办法》、《库尔勒市被征地农民缴纳养老保险明细表》，以及《库尔勒市被征地农民就业培训暂行办法》等，并开始实施。

虽然自治区和地方都积极出台了相关规章制度及一系列政策措施，但是，相关工作各地都是刚刚开始，自治区的相关办法也未配套相关实施细则，加上各地被征地农民社保工作经验不足，在实践过程中，被征地农民的就业培训和社会保障工作大到体制和机制层面，小到具体的实施操作层面都还存在一定的问题和困难，因此有必要对地方的现状及存在的问题进行详细调查和研究，提出对策建议。

二　调研情况

被征地农民社会保障问题调研组一行三人于 2011 年 12 月 20 ~ 21 日在库尔勒市进行了实地调研，本次调研活动以工作汇报、座谈交流、问卷调查、实地走访等形式展开。

12 月 20 日上午在库尔市人力资源和社会保障局会议室进行了座谈交流，库尔勒市人社局相关领导对库尔勒市被征地农民社会保障工作情况进行了详细的汇报，包括自治区 140 号文件的实施情况、存在的问题，以及库尔勒市目前就业培训的现状和存在问题，之后对调研组提出的问题进行了全面的解答，并进行了充分的交流。

12 月 20 日下午，调研组在库尔勒市人社局社会保障办事大厅进行了现场调研，详细了解了被征地农民养老保险缴纳流程，以及与其他类型保险转换采取的做法，同时也了解了被征地农民养老保险缴纳软件系统，现场听取了具体工作人员的介绍以及反馈的问题；其后对为被征地农民补偿安置而建设的"天华市场"进行了现场查看，并了解了市场经营的相关情况。

12 月 20 日下午，调研组还到库尔勒市铁克其乡进行了调研，听取了基层相关负责人的汇报和建议，同时也与当地被征地农民近 40 人进行了交流和沟通，并且做了问卷调查，发放问卷近 100 份，问卷回收率和有效率达到 100%；其后在铁克其乡社会保障所进行了调研，了解了被征地农民登记申请、身份确认、建立档案等程序，并详细听取了基层工作人员的建议和意见。

12 月 21 日，调研组分别在库尔勒市英下乡几个村进行了调研，对基层工作人员和被征地农民进行了访谈，详细了解了被征地农民对政策措施的态度以及面临的困难和问题。

三　库尔勒市被征地农民社会保障现状

（一）基本概况

库尔勒市位于新疆中部，天山南麓，是新疆维吾尔自治区巴音郭楞蒙古自治州的首府，全市总面积 7116.9 平方公里，总人口约 80 万，常住人口 48.7 万人，流动人口约 30 万人。有 23 个民族，少数民族约占总人口的 30%。

库尔勒市被征地农民主要涉及近郊三个乡中的 14 个村，分别是铁克其乡、恰尔巴格乡、英下乡，其中铁克其乡共有 8 个村全部参加了被征地农民养老保险，分别是阿合塔什村、铁克其村、海力帕尔村、艾兰巴格村、上卡其村、中卡其村、下卡其村和沙南村；恰尔巴格乡共有 8 个村，目前已有 5 个村被征地农民参加养老保险，分别是恰尔巴格村、哈赞其村、哈尔墩村、博斯坦村和萨依巴格村；英下乡 4 个村当中目前有其朗巴克村部分被征地农民已参保。

目前，库尔勒市近郊三乡常住人口数是 28489 人，其中 16~59 岁人数为 19965 人，符合参保条件的 14187 人，已参保人数 4734 人。截至 2011 年 12 月 19 日已达到退休年龄的 1206 人，已领退休工资的 1994 人，领取就业失业登记证的为 3889 人。被征地农民参保后死亡人数为 9 人。三乡共有流动人口 91856 人。近郊三乡共审核个人档案 13318 份，审核并已通过档案 12163 份，未通过及还在收集资料的档案 1374 份。库尔勒市被征地农民档案认定率已达到 92.67%，参保率达到 47.4%，缴费率达到 33.36%，各乡具体情况见表 4-2。

表 4-2　库尔勒市被征地农民养老保险缴费及参保情况统计表

乡　名	参保村	常住人口	符合参保人数	已缴费人数	已退休人数	登记失业人数	参保率
铁克其乡	8	15472	7379	3098	1202	983	58.3
恰尔巴格乡	5	11000	5408	1220	576	1042	33.2
英下乡	1	2017	1400	416	216	1864	45.1
合　计	14	28489	14187	4734	1994	3889	47.4

（二）政府主要做法及具体措施

为妥善解决库尔勒市被征地农民的基本生活和长远生计，维护其合法权益，保持社会稳定，促进城乡一体化健康发展，根据《新疆维吾尔自治区被征地农民就业培训和社会保障实施办法》

（新政办发〔2008〕140号）、《中共库尔勒市委员会、库尔勒市人民政府关于推进城乡一体化实施村改居、乡改办的意见》（库党发〔2009〕9号）、《库尔勒市推进城乡一体化试点单位村集体经济组织成员资格认定暂行办法》（库政发〔2009〕71号）等文件精神，库尔勒市采取了一系列政策措施维护被征地农民的合法权益，保障和改善被征地农民生活质量。

1. **精心组织，向被征地农民大力宣传相关政策**

中共库尔勒市委、市人民政府领导高度重视被征地农民就业和社会保障工作，将其列入城乡一体化委员会工作重要议事日程，纳入政府和部门责任目标考核体系。市里成立了由市长任组长，分管副市长为副组长和劳动保障、财政、人事、国土资源、民政、教育、建设、税务、工商等部门为成员的领导小组，各司其职，密切配合，及时研究解决被征地农民参保工作中遇到的实际问题，并实施在认定档案及村龄中责任追究制度，层层抓好落实，确保被征地农民生活水平不因征地而降低，长远生计有保障。

人社局会同城乡一体化办公室全体人员对被征地农民进行政策宣传，对各乡劳动保障事务所的全体工作人员及分管领导采取多种形式进行业务培训，并在例会中进行"以会代训"的方式渗透政策，在具体工作中，采取提问、交流、沟通的方式促进此项工作的正常运行。对被征地农民开展养老保险工作以来，共举办各类培训班42次，走访各村村民6327户，受到了各族参保农民的一致好评。

2. **建立和完善被征地农民社会保障规章制度，依法严格落实**

依据国家和自治区相关文件，从库尔勒市实情出发，市政府出台了《库尔勒市被征地农民社会保障暂行办法》、《库尔勒市推进城乡一体化试点单位村集体经济组织成员资格认定暂行办法》以及《库尔勒市被征地农民缴纳养老保险明细表》等相关法规，各部门依法严格落实，切实维护了被征地农民的合法权益。

按照被征地农民坚持保障水平与经济社会发展水平相适应，库尔勒市政府实行了个人缴费、集体补助、政府补贴的筹资原则，以做到权利与义务相统一，同时坚持社会统筹与个人账户相结合，缴费水平与待遇相挂钩的原则，将库尔勒市城镇规划区范围内，因政府统一征收农村集体土地，且在征地时处于劳动年龄段（年满 16 周岁以上，男不满 60 周岁、女不满 55 周岁）的在册农业人口纳入保障范围，被征地农民男年满 60 周岁，女年满 55 周岁及以上的，实行"即征即保"，即在一次性足额缴纳所选档次的养老保险费后，按月享受养老保险待遇，其具体的政策和措施如下。

（1）制定了严格的申报与审核制度。库尔勒市被征地农民社保采取了严格的审核制度。被征地农民中符合参加基本养老生活保障、基本医疗保障条件的，须由本人向所在村（居）委会提出申请，被征地农民实际从事农村生产劳动时间由村（居）委会代表大会讨论确定，公示确认无异议后，经乡（镇）人民政府审核，报市劳动保障部门审批，由市社会保险经办机构办理。

对于特困人群，无力缴费或无法足额缴纳个人承担部分费用的，经村民代表大会讨论决定，各村根据集体经济实力适当给予补助。同时，发挥扶贫帮困机制，动员各方力量，帮助无力缴费或无法足额缴费的特困人群筹措部分社保费用。村民也可采取相互担保方式，通过向金融机构贷款等方式筹集社保资金。对于生活困难、无缴费能力的、人均收入低于城镇居民最低生活保障标准，按规定纳入城镇居民最低生活保障范围内。

（2）详细规定了被征地农民养老保险年限计算办法。库尔勒市被征地农民实际从事当地农业生产劳动的年限，采取居住地派出所提供的村民落户到本村实际从事生产、生活时间相结合的原则界定（简称劳动年限），以 2008 年 12 月 31 日之前年满 16 周岁的被征地农民为界限。①本村落户时间界定：本村出生实际从事生产、生活人员的落户时间从出生日期起计算；在城市总体规划区以内嫁进、入赘人员的落户时间从出生日期起计算；在城市总体规划区以外嫁进、入赘人员的落户时间以结婚证时间为准计算；其他乡迁入本村落户从事农业生产、生活人员的落户时间以实际到村时间为准。②外出上学劳动年限计算办法：外出上学年限是指初中以上上学学历（包括高中、中专、技校、大专、本科、研究生等全日制学习学历，不包括自学、函授等未脱产学历），上学年限不计算劳动年限。③嫁进人员劳动年限计算办法：在城市总体规划区内嫁进人员从年满 16 周岁起计算劳动年限。在城市总体规划区以外嫁进人员从结婚时间起计算劳动年限，如嫁进人员离婚或其他原因离开本村，其劳动年限从结婚时间至离开本村时间起计算。④嫁出人员劳动年限计算办法：嫁出人员无论户口迁出还是未迁出，其劳动年限从满16周岁至结婚时间起计算（如在本村范围内结婚人员全部计算劳动年限）。外嫁城市总体规划区，离婚或其他原因又回村人员从结婚时间至回村时间不计算劳动年限；在城市总体规划区以内嫁出，离婚或其他原因又回村人员全部计算劳动年限。⑤入赘人员劳动年限计算办法：在城市总体规划区以外（包括其他县市）入赘人员从结婚时间开始计算劳动年限；在城市总体规划区以内入赘人员全部计算劳动年限。⑥判刑、劳教人员劳动年限计算办法：被依法判处拘役、有期徒刑或被劳动教养期间的人员，判刑、劳教期间不计算劳动年限。⑦与行政事业、企业建立劳动关系，并缴纳社会保险以及下岗领取失业保险金期间不计算劳动年限。⑧空挂户：指户口在本村、无房无地的人员。"空挂户"不属于被征地农民养老保险参保对象。

（3）给予被征地农民养老保险缴费及退休待遇优惠政策。根据前述劳动年限计算法，每满两年折算一年缴费养老保险金，折算出的缴费年限不满一年的按一年计算。缴费时间从1994年1月开始到2008年12月为止，缴费年限为15年，折算出的缴费年限高于15年的，均按15年计算。

被征地农民养老保险缴费档次分为五档，缴费基数为各年的上年度自治区在岗职工平均工资的60%、70%、80%、90%、100%，养老保险所需资金按政府30%、村集体30%、个人40%分别负担。被征地农民可按照自行选择的缴费档次，一次性缴纳个人部分，缴费后不得再变更缴费档次，缴费比例为20%。

被征地农民养老保险采取本人自愿原则，按照所选参保档次，一次性足额缴纳养老保险费满15年并达到退休年龄的（男年满60周岁、女年满55周岁及以上的）均可按其所选档次对应的标准，按月领取养老金，直至死亡。同时，被征地农民退休人员冬季每人每年增发采暖补贴120元。被征地农民退休后依据不同的缴费档次领取不同档次退休金，具体为按60%、70%、80%、90%、100%，退休待遇分别为427.80元、479.10元、530.40元、

581.70 元、633 元（不含冬季采暖补贴 120 元）。

（4）丧葬补助、抚恤金及高龄补贴优惠政策。被征地农民参加养老保险死亡后，丧葬补助按照自治区上年度职工月平均工资 2 个月标准支付。已达到退休年龄并按月领取养老金的，死亡时按本人的月养老金标准一次性发给 20 个月的供养亲属抚恤金；未达到退休年龄的被征地农民死亡后，以死亡前本人 12 个月的平均缴费工资基数为标准，按缴费每满一年支付 1 个月，最多一次性发给 20 个月的供养亲属抚恤金。

对被征地农民建立了高龄退休人员养老金倾斜机制，对 2010 年 10 月 1 日以后年满 70 周岁的，从年满 70 周岁之月起每人每月按 70 元的标准增加养老金，对 2010 年 10 月 1 日以后年满 80 周岁的，从年满 80 周岁之月起每人每月按 105 元的标准增加养老金。

对符合条件的新增被征地农民，在征地的同时要落实相应的社会保障政策，做到"即征即保"；对原被征地农民的社会保障，也要统筹考虑需要与可能、新老政策相互衔接等因素，本着因地制宜、实事求是、量力而行的原则，予以妥善解决。

（5）提供了灵活方便的医疗保险政策。被征地农民转为城镇户口，且在用人单位就业并明确劳动关系的，可参与城镇职工基本医疗保险，未在用人单位就业、符合参加城镇居民医疗保险条件的，可参加城镇居民医疗保险，也可按照灵活就业人员参加城镇基本医疗保险，被征地农民参加新型农民合作医疗的，可继续参加新型农牧区合作医疗，各类保险享受相应的医疗保险待遇。

3. 建立培训就业机制，促进被征地农民就业创业

对于被征地农民的就业培训，库尔勒市政府高度重视，精心组织，建立和完善相关规章制度，出台了《库尔勒市被征地农民就业培训暂行办法》等规章制度，落实责任，辅以多种优惠政策，不断加大财政投入力度，大力促进被征地农民就业创业。

（1）针对被征地农民的就业问题，库尔勒市建立了被征地农民社会保障制度，落实被征地农民就业安置责任，将被征地农民就业工作纳入库尔勒市就业和职业培训工作整体规划当中，提高被征地农民的职业技能和创业能力，在职业培训和就业服务等方面给予优先安排。

（2）库尔勒市劳动保障部门积极协助、指导实施"村改居"的乡（镇）加强劳动保障工作平台建设。建立健全"一站式"乡级劳动保障事务所和村级劳动保障工作站，选配专职工作人员，强化公共就业服务功能。为被征地农民提供免费职业介绍、求职登记、职业指导政策咨询等公共就业服务，创造有利于被征地农民就业的机制和环境。

（3）库尔勒市建立了以培训促就业、以培训促创业、以创业带就业的工作机制。以提高被征地农民的职业技能为重点，结合被征地农民的文化层次、年龄结构、民族类别和市场需求等因素，由被征地农民自主选择培训工种、有针对性地开展职业技能服务、创业培训、专项职业能力培训以及学历教育等相关培训。特别是立足于企业岗位需求，开展了订单式培训、定向式培训，不断加大对未就业大中专毕业生职业技能培训力度。政府对被征地农民进行的就业培训给予资金投入和支持，并且将该项支出列入政府年度财政预算。

（4）积极引导被征地农民创业，给予各种优惠政策。被征地农民凡具有一定经营能力、愿意自主创业的，有关部门提供及时便捷服务，并按照城镇失业人员对待，享受现行有关注册登记、场地安排、税费优惠、小额担保贷款、社会保险补贴、职业培训（包括创业培训）补贴等优惠政策。

（5）通过企业层面，加大被征地农民的就业。积极鼓励各类企业（单位）和个体经济组织及个体工商户吸纳被征地农民就业。各类企业（单位）和个体经济组织及个体工商户在招用人员时，在同等条件下，要求企业优先吸纳被征地农民就业。对积极吸纳被征地农民就业，并与其签订期限1年以上劳动合同并缴纳社会保险费的各企业（单位）、个体经济组织及个体工商户，可按照（或参照）自治区、自治州现行有关政策，在社保、岗位等方面优先给予一定额度和期限的补贴。

（6）库尔勒市通过乡村集贸市场、农贸市场、民族特色商业街等各类专业特色化市场的开发建设，促进第三产业发展，采取了被征地农民投资入股、参股经营、自主创业等多种方式，促进被征地农民就近就地就业。同时，库尔勒市还大力发展劳务经济，打造劳务品牌，通过劳务输出或派遣等多种形式实现就业或再就业。

（7）对于被征地农民中的就业困难人员，库尔勒市千方百计开发各类就业岗位，其中以开发各类公益性岗位居多，包括城市园林绿化工、清洁工、社区服务等公益性岗位，将被征农民中就业困难人员优先安排，并且按照自治区、自治州现行政策，使其享受一定额度和期限的公益性岗位补贴和社会保险补贴。

（三）创新与经验

1. 建立被征地农民参保申报、身份的认定以及审核制度

在被征地农民参加养老保险过程中，库尔勒市建立了被征地农民申报、身份认定、三级审核的制度，严格按照参保程序，对每个农民分别建立健全个人档案，在本人提出申请时，填写申请表，并提供有法律依据的农村土地承包经营权证、土地承包合同书、户口簿原件、宅基地证、结婚或离婚证、毕业证、身份证等相关证明材料，经村民大会或村民小组讨论同意后上报村民委员会，召开村民大会或村民代表会议，按法定程序讨论决定村民落户的时间，村民委员会初审通过（一审）并公示无异议的，报乡（镇）人民政府审查、核准、登记造册；乡镇人民政府审查通过后（二审），村民填写参加养老保险登记表，市劳动保障部门审核批准后（三审），由市社会保险管理部门办理被征地农民参加社保的相关手续。

尤其是在身份认定方面，做出了详细全面的规定，出台了《库尔勒市被征地农民缴纳养老保险明细表》，详细规定了落户时间的界定、劳动年限的计算以及"空挂户"等问题的解决办法。

2. 对被征地农民采取多样化的安置方式

库尔勒市政府从被征地农民的根本利益出发，征收农民土地后，政府采取了适合农民的，农民满意的，并且是可持续发展的多样化安置方式，按照农民被征收土地的面积和位置，在城区给被征地农民置换住房，农民可自住也可进行出租；通过建设集贸市场，进行门面安置，农民可出租也可自主经营；在异地给农民开发新的耕地，农民依然可以选择种地也可将土地承包出去。多

样化的安置方式得到了被征地农民的大力支持，切实提高了农民的生活质量。

3. 考虑被征地农民中的特殊群体，补贴资助方式多、力度大

对于被征地农民中的特困人群，无力缴费或无法足额缴纳个人承担部分费用的，经村民代表大会研究决定，各村根据集体经济实力适当给予补助。同时，村民也可采取相互担保方式，通过向金融机构贷款等方式筹集社保资金。对于生活困难、无缴费能力、人均收入低于城镇居民最低生活保障标准的，按规定纳入城镇居民最低生活保障范围。

被征地农民参加养老保险死亡后，给予丧葬费和抚恤金；同时，对被征地农民建立了高龄退休人员养老金倾斜机制，对 2010 年 10 月 1 日以后年满 70 周岁的，从年满 70 周岁之月起每人每月按 70 元的标准增加养老金，对 2010 年 10 月 1 日以后年满 80 周岁的，从年满 80 周岁之月起每人每月按 105 元的标准增加养老金。

被征地农民达到退休年龄后，除了领取正常养老金外，每人冬季每年还增发采暖补贴 120 元。同时，养老金额度与城镇职工工资水平、物价水平联动挂钩，进行调整。

四　存在的问题

（一）被征地农民养老保险方面

1. 宣传力度有待加强

库尔勒市政府精心组织策划，成立了专门的领导小组，大力部署，加强领导，会同城乡一体化办公室全体人员采取有力的宣传措施，全员对被征地农民进行政策的宣传，对各乡劳动保障事务所的全体工作人员及分管领导采取多种形式进行业务培训。但是由于养老保险及相关政策具有一定的复杂性，农民理解上存在困难，同时对政策的长期性和延续性存在一定的疑虑，这也导致被征农民参加养老保险比例偏低，因此有必要进行有针对性的宣传和讲解。

2. 经费缺乏，基层社保工作开展难度大

被征地农民社保工作配套经费缺乏，致使办公经费少，同时又由于工作经验缺乏，工作人员少，再加上被征地农民工作点多、

面广，工作任务繁重，并且基层工作中乡村组距离较远，没有专门的交通工具，大大影响了工作的进展。

3. 被征地农民养老保险统筹层次低，保障水平不高

首先，按照《新疆维吾尔自治区被征地农民就业培训和社会保障实施办法》（新政办发［2008］140号）文件要求，被征地农民养老保险是县（市、区）政府根据被征地农民数量的增加幅度和平均寿命的提高幅度，从被征用土地出让纯收入中提取部分资金，建立被征地农民的养老保险风险基金，属地方统筹，这样统筹层次低，支付能力有限，虽然被征地农民养老保险缴费数额高（与城镇职工养老保险缴费数额一样），但退休时养老金发放数额低，并且未来可能存在支付风险。

其次，库尔勒市对于达到退休年龄的被征地农民养老金领取是按照自治区《关于调整完善城镇企业职工基本养老金计发办法的通知》（新政发［2006］59号）规定执行，但不享受城镇企业职工基本养老保险最低保证数，并且库尔勒市被征地农民养老保险保障水平低，不足以维持生计，很难真正保障被征地农民的生活。目前，库尔勒市达到退休条件的被征地农民依据不同的缴费档次领取不同档次的退休金，很难有效保障被征地农民的生活，保障水平有待提高。

4. 被征地农民参加养老保险比率低，社会保障效果不佳

截至2011年12月19日，库尔勒市"被征地农民养老保险"参保率约为33.36%，总体来说比较低，大大影响了被征地农民社会保障的效果。通过问卷调查和访谈发现，参保率低主要原因有以下几个方面：第一，宣传不到位，对于农民来说，被征地农民养老保险是一项新的事物，很多农民对政策不理解，存在很多模糊认识甚至疑虑的地方，导致不愿参保；第二，通过分析参保人群年龄特征发现，主要是以50岁以上被征地农民为主，50岁以下被征地农民所占比例极小，调查发现，50岁以下被征地农民参保存在缴费年限长，金额大，导致经济负担重，很多想参保，但根本无力缴费；第三，很多农民土地被征后，征地费用尚未及时补偿，有一个时间过渡，因此未能缴费参保；第四，一些特困、特殊群体无法缴费；第五，被征地农民认识、思想和观念问题，对

政策存在疑虑，甚至不信任，很多持观望态度。

5. 相关政策制度不健全，亟待完善

被征地农民养老保险工作在新疆实施时间不长，相关制度及政策还不完善，实施中暴露出了一些问题和困难。例如对于村干部养老保险问题、各类保险衔接问题、后续缴费问题、异地缴费问题、特殊群体问题等一些在实际工作中出现的问题还没有政策制度层面的规定，亟待完善。

（1）村干部养老保险问题。库尔勒市很多乡村干部，例如村长、村党委（或支部）书记等村干部在被征地之前曾参加专门针对基层村干部的养老保险，但是土地被征后，目前参加了被征地农民养老保险，但是原来的村干部保险与被征地农民养老保险无法衔接。由于目前还没有针对此类问题的相关规定和实施办法，很多村干部（包括曾经是村干部的）曾缴纳的村干部养老保险费无法转入现参与的被征地农民养老保险，相关规定亟待出台。

（2）相关政策及操作办法缺失，各类养老保险衔接困难。我国与养老相关的保险类型主要有新型农村养老保险、城镇灵活就业人员基本养老保险、被征地农民养老保险、城镇企业职工基本养老保险等，各类保险在规定和细则上有所不同，同时统筹层次不同，参保范围和对象不同，以及缴费标准和退休待遇等方面也存在较大差别，致使互相之间的转化、接续工作复杂化。例如被征地农民保险转入新型农保的衔接问题，被征地农民保险转入城镇居民保险的衔接问题，村干部保险与被征地农民保险衔接的问题。目前还没有各类保险转换衔接的相关规定，因此操作上存在困难，相关规定和实施层面的细则亟待出台。

（3）被征地农民后续缴费困难。库尔勒市被征地农民在初期缴费时因政府和村集体负担了60%的费用，个人只需负担40%，缴费压力相对较小，缴费情况较好，但是后续缴费因需个人全额负担，缴费压力大。当然进入企业工作明确劳动关系的被征地农民一般由企业缴纳参保城镇职工基本养老保险；没有就业的被征地农民则按照灵活就业的标准自己全额支付，部分农民在拿到补偿金后，往往用于购置房屋、车辆等高消费物品，不能很好地把握大量的资金，致使缴费困难，也有很多被征地农民确实因经济困难或其他原因无法完成后续缴费。

（4）异地缴费参保以及保险转移存在困难。因被征地农民养老保险由各县市地方自行建立，属小统筹，县市各自独立，没法衔接，所以被征地农民只能在其所属县市区范围内缴纳养老保险费用，无法进行异地缴纳或过渡以及异地享受养老待遇，但实际上确实有异地缴费或异地享受农民养老保险的现实需要，相关规定亟待完善。

（5）特困特殊群体缴费困难。库尔勒市对于特困及特殊群体虽然出台了一些政策，比如对于被征地农民中的特困人群，无力缴费或无法足额缴纳个人承担部分费用的，经村民代表大会研究决定，各村根据集体经济实力适当给予补助。同时，村民也可采取相互担保方式，通过向金融机构贷款等方式筹集社保资金。对于生活困难、无缴费能力的、人均收入低于城镇居民最低生活保障标准的，按规定纳入城镇居民最低生活保障范围内等，也起到了积极的作用，但是因其覆盖面和支持力度有限，实际上很多被征地农民，特别是少地农民中的病、弱、残、孕群体，少量的土地补偿款在不能满足治疗等费用需求时，缴纳被征地农民养老保险费非常困难，后续费用更是无从谈起。

（6）提前退休等内容尚未涉及和纳入。库尔勒市被征地农民养老保险相关规定中，退休年龄确定为男年满 60 岁，女年满 55 岁，不管其经济状况、身体条件和健康状况，一律按此规定执行。实际调研中，部分被征地农民虽然年龄远未达到退休年龄，但体弱多病，很难再次就业，又失去土地，基本没有任何收入来源，致使其生活非常困难，这样的群体也必须达到规定的退休年龄才能享受退休待遇，这部分人日子难熬，对这些人能否规定"提前退休"？

（二）被征地农民就业培训方面

1. 就业方面

从农民方面来看，库尔勒市被征地农民中部分农民文化水平不高，就业技能低，很多农民思想观念落后，部分少数民族农民不愿去二、三产业就业，存在一些语言上的沟通障碍，不适应企业的工作环境和管理方式，不习惯在企业工作，虽然政府也通过多种渠道进行就业安置，包括开发公益性岗位，但毕竟岗位数量有限，而被征地农民群体又十分庞大，因此库尔勒市被征地农民就业难度大，任务繁重。

从企业方面来看，虽然政府对于使用被征地农民的企业出台了不少优惠政策进行鼓励，但很多企业雇用被征地农民的意愿依然不强烈，这其中存在客观原因，也不乏主观原因。首先，被征地农民相对来讲文化素质不高，技能水平低，不太适应企业的各种管理，企业需要花费大量的人力物力对被征地农民进行培训，使其能够适应企业的工作；其次，有些企业，担心饮食、语言以及管理上的问题不愿招用少数民族人员。

在被征地农民中，也有一批大中专毕业生，主要瞄准机关和事业单位，而很少考虑去各类企业，尤其是中小企业就业，而机关和事业单位招录人数毕竟有限，竞争激烈，就业几率低，因此就业观念亟待转变，先就业，后择业，实现尽早就业。

2. 培训方面

库尔勒市对于被征地农民的培训工作非常重视，组织专门力量进行各种形式的培训，取得了一定成绩，但也存在很多问题。首先，由于培训的补贴和经费有限及其他原因，聘请的培训机构和人员水平参差不齐，同时培训时间一般都较短，很难真正掌握各类培训的技能，培训效果不佳，很难适应市场的用工需求。培训后就业率低，导致很多农民参培积极性不高。其次，目前开展的各类培训是受相关文件规定的工种限制，主要以汽车驾驶、汽车维修、面点、缝纫等为主，工种类型有限，也不适应市场的需要。再次，培训主要是政府主导的一般性培训为主，而与企业联系合作的订单式培训项目较少。

五　对策建议

（一）社会保障方面

1. 继续加大宣传力度，转变思想观念，提高参保率

首先，继续加大宣传力度，加强宣传的针对性和深入性，采用多种方式，多种渠道深入基层，深入农户家中进行宣传和细致

的讲解，让农民认识各种养老保险争取做到每一位被征地农民清楚地知道养老保险政策的内容，通过宣传和讲解转变农民的观念，使被征地农民认识到被征地养老保险所带来的实惠；其次，对参保积极性较高的农民和参保率高的地区进行评选并予以表彰，树立典型，形成典型和榜样的群体性效应，形成良好的养老保障工作的舆论环境，提高被征地农民的参保率。

2. 提高统筹层次，提高保障水平

首先，目前库尔勒市被征地农民养老保险是由地方政府建立的基金，属地方小统筹，统筹层次低，支付能力有限，并且存在支付风险，这种各县市各自为政，各自独立建立的基金也给各地保险转移、异地缴费及享受养老待遇制造了障碍，因此有必要提高统筹层次，可能的情况下将地方小统筹并入区级大统筹，提高统筹层次，缓解地方财政压力，资金得以保障，支付风险降低，方便保险在各地转移以及异地缴费等业务；其次，针对目前库尔勒市被征地农民养老保险保障水平低的问题，应逐步分阶段提高保障水平，同时建立与物价、城镇职工工资水平联动的动态保障机制，以确保被征地农民不因物价的上涨而陷入生活困境。

3. 建立和完善相关制度、政策及实施办法

制度缺失及不完善是目前被征地农民社会保障中最重要的一个问题，被征地农民养老保险实施时间不长，尚处于制度磨合调整期，存在很多不健全不完善的地方，包括前面述及的各种保险的衔接问题，村干部保险问题，异地参保及转移问题等一系列问题。因此需要建立、调整和完善相关制度，对于实施过程中发现的问题通过调整和完善政策制度给予解决；同时，完善相关制度的配套政策，包括养老保险的实施办法和细则，使其具有现实性，可操作性及灵活性。

4. 提高资金投入，使社保工作顺利开展

库尔勒市政府对被征地农民社会保障给予了高度的重视，通过多种渠道和方式进行资金投入，使社保工作能够得以开展，但是地方财力有限，被征地农民社保工作配套经费缺乏，致使办公经费少，再加上被征地农民工作点多、面广，工作任务繁重，并且基层工作中乡村组距离较远，没有经费购置专门的交通工具，

大大影响了工作的进一步拓展，因此，在社保工作经费投入上应通过多个层面、多种渠道进行筹集，包括自治区、自治州及地方共同投入，以确保社保工作能够顺利开展。

（二）就业培训方面

1. 加大教育力度，提高被征地农民文化素质，转变思想观念

加强教育力度和宣传工作，包括基本文化知识教育、语言教育等，通过各种渠道和方式提高被征地农民的文化素质和就业技能，从根本上解决就业障碍；同时深入开展多种层次的宣传活动，发挥示范带动作用，逐步转变农民就业观念，尤其是少数民族被征地农民的就业观念，提高就业率。

2. 加大对企业的宣传，积极引导激励企业吸纳被征地农民就业

除了做好对被征地农民的教育和宣传工作外，对于各类企业，尤其是在本地注册的中小企业的宣传工作也不能放松，改变部分企业存在的用工歧视；同时对于企业进行引导和激励，甚至强制性管理和引导等手段和方法，积极研究出台各种优惠政策，激励和引导企业积极吸纳被征地农民就业。

3. 加强培训力度，增强培训的市场导向性和针对性

首先，继续加强培训力度，增加培训的经费投入，提高培训水平，延长培训期限，使被征地农民真正能够通过培训获得一定的专业技能；其次，培训的内容要能够符合适应市场的需求，根据各工业基地、产业园区用工需求来设置培训专业，增加培训的工种类型，尤其是市场需求旺盛的工种，使被征地农民学有所用；再次，除了政府全面主导的培训外，可以联系企业，进行定向式、订单式的针对性培训，提高被征地农民的就业率；最后，培训以各镇街、村、企业培训基地为依托，社会办学为补充的一体化、全方位、多层次的就业培训网络，就近就地对动迁被征地农民开展就业培训工作。

4. 加强就业培训平台建设，提高服务水平

加强专门针对被征地农民的就业培训平台建设，健全就业培训相关机制。建立被征地农民数据库和用工信息库，为用人单位和被征地农民提供良好的就业服务环境，形成择业指导、

职业介绍、用工登记、保险接续等一系列服务的新体系。贯彻以市场引导培训、以培训促进就业和再就业的方针，努力强化责任意识、服务意识和创新意识，采取积极措施，着力提高培训质量，做好服务工作，提高服务水平，有效促进被征地农民就业。

第三节　昌吉市被征地农民就业和社会保障调查分析

一　调研情况

被征地农民是我国工业化和城镇化发展过程中产生的一个特殊群体。目前，他们正处在从农业劳动向非农职业转化的中间地带，相关制度、政策及保障条件都非常薄弱，由此产生的各种矛盾日益突出。因此，尽快建立健全被征地农民的社会保障制度对社会的稳定和城乡经济的可持续发展具有非常重要的意义。

自 2008 年昌吉州被征地农民养老保险工作开展以来，州政府和各有关部门高度重视这项工作，把它作为一项重要工作来抓，努力克服被征地农民养老保险中存在的各种困难，安排工作，确保工作顺利、有序开展。

本次调研于 2011 年 11 月 16～17 日在昌吉市进行。其间调研组成员在昌吉州各地共召开座谈会 3 场，重点访谈了 21 人，走访了两个新建示范区，与有关单位领导和具体工作人员进行了座谈，深入了解了被征地农民的实际情况以及对被征地农民政策的看法，获得了很多有用的第一手资料。调研过程中，共发放问卷 97 份，在调研人员细心安排下，使问卷回收率达到了 100%，同时确保了每份问卷的有效性。

二　昌吉市被征地农民就业和社会保障的现状

（一）总体概况及参保情况

昌吉市总面积 8215 平方公里，城区 37 平方公里，规划区 42 平方公里，城镇化率达 67%，市辖 7 镇 3 乡 6 个街道办事处，50

个社区居委会，87 个村民委员会，总人口 42 万，其中农村人口 16 万，城镇人口 26 万。近年来，随着昌吉市城镇化进程的加快，城镇规模的扩容，用地量逐年增加，特别是城区及近郊的部分村组、社区。目前，全市人均占用耕地 7 亩，其中，城区 3 个涉农办事处，共有耕地 2.53 万亩，人均耕地 1.45 亩。2010 年全市农牧民人均纯收入达 9408 元。"十一五"以来，昌吉市辖区共计征收、征用集体土地 18132.4 亩，其中主要涉及中山路办事处 7436.24 亩、建国路办事处 6657.91 亩、宁边路办事处 271.08 亩、三工镇 1532.88 亩、大西渠镇 32 亩、六工镇 907.77 亩、滨湖镇 1178 亩。

昌吉市辖区共有 1731 名完全失地农民参加了养老保险。中山路街道北沟一村符合参加被征地农民养老保险政策的村民共有 511 人，录入系统已参保 405 人，未被录入参保系统 35 人（11 人属个体参保，17 人属单位参保，2 人在乌市参保，4 人参加城镇居民医疗保险，1 人参加职工医疗保险），实际参保人数 440 人。九家沟村符合参加被征地农民养老保险政策的村民共有 636 人，录入系统已参保 473 人，未被录入参保系统 65 人（23 人属个体参保，27 人属单位参保，15 人在异地参保），实际参保人数 538 人。三畦村符合参加被征地农民养老保险政策的村民共有 882 人，录入系统已参保 683 人，未被录入参保系统 30 人（以各种形式已参保），实际参保人数 713 人。小渠子一村符合参加被征地农民养老保险政策的村民共有 260 人，录入系统已参保 170 人，未被录入参保系统 18 人（以各种形式已参保），实际参保人数 188 人。

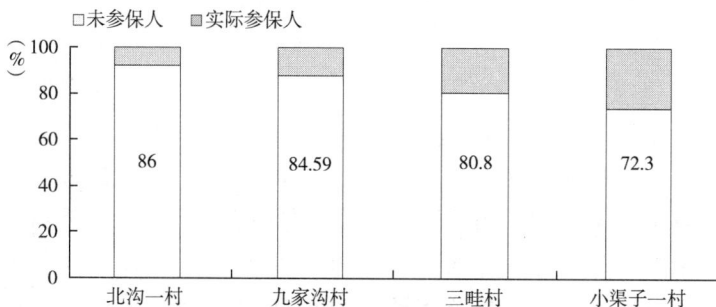

图 4-4 昌吉市中山路街道四个村参保人数比例图

（二）主要工作及具体措施

1. 征收土地补偿标准

"十一五"期间，昌吉市在征地工作中严格执行《土地管理法》规定和自治区《关于下发自治区国土资源系统土地管理行政事业收费标准的通知》，征地标准，城区每亩按 3 万元征收。

2. 养老保险缴费和发放情况

失地农民养老保险按照缴费标准由市财政、村财政、个人三方共同承担 5∶3∶2 的原则，总计缴纳失地农民养老保险 3410 万元。目前，缴费年满 15 年且已达退休年龄的人员北沟一村有 66人，从 2009 年初每人每月发放 295 元的养老金；九家沟村有 84人，从 2009 年初每人每月发放 323 元的养老金；三畦村和小渠子一村自 2011 年 1 月 1 日启动以来，年满 60 周岁符合退休条件的人员两村共有 151 人，每人每月发放 325 元的养老金。

表 4 - 3　四村已达退休人数及发放养老金情况

单位：个，元

	已达退休年龄人员	被征地农民养老保险金
北沟一村	66	295
九家沟村	84	323
三畦村和小渠子一村	151	325

3. 医疗保险保障

一是被征地农民符合法定就业年龄的，按照《关于转发昌吉回族自治州城镇灵活就业人员参加基本医疗保险实施细则的通知》规定，参加基本医疗保险的，享受相应基本医疗保险待遇。二是被征地农民被城镇用人单位招用并与用人单位签订劳动合同或已构成事实劳动关系的，由用人单位按规定为其办理城镇职工基本医疗保险参保手续。三是被征地农民未达到法定退休年龄或超过退休年龄的，未进行非农业人口登记的，可继续参加新型农村合作医疗保险；进行非农业人口登记后，可按相关规定参加城镇居民医疗保险，享受城镇居民相应的基本医疗保险待遇。

4. 就业培训保障

昌吉市高度重视城市规划区内失地农民就业培训问题，以加快城市化进程、统筹城乡经济发展、统筹社会经济发展为切入点，对失地农民的就业、安置、培训进行了统一安排部署。一是积极组织实施被征地农民的职业培训，提高被征地农民的就业竞争能力和创业能力，使失地农民普遍掌握 1~2 门专业技能，适应城乡一体化需要，提高他们从事二、三产业的技能。2007~2010 年先后组织召开多次失地农民专场招聘会，为 50 余家企业输送劳动者 3000 余人次。二是鼓励引导各类单位吸纳被征地农民就业，支持被征地农民自谋职业和自主创业。昌吉市在做好失地农民职业技能培训的同时，做好外出务工农民的定向就业服务和鼓励自主创业，根据各村的实际需求和特点开展培训，在开办市场的八工一村、南五工二村等村组开展营业员导购、保安、保洁等技能培训；根据用人单位需求，为华电热电等单位开展司炉工培训；针对中沟村机械较多的特点，开展挖掘机、铲车培训。通过以上各种方式培训，确保失地农民就业有保障，失地不失业。三是制定扶持政策，集中安置失地农民。建立适应失地农民就业的保障机制。昌吉市针对辖区失地人员年龄大无技能的现状，与各类用人单位联系举办保洁员培训，培训合格直接录用；建立了优先使用本地劳动力制度。投资商在与昌吉市签订投资协议的同时，还要签订使用本地农民工的协议，确保失地农民在新建企业就业人数达到一定比例；建立失地农民与城镇下岗失业人员享有同等优惠政策制度。各类企业吸收、安置失地农民就业，同样可以享受政府给予企业的安置城镇下岗失业人员的优惠政策。

5. 其他保障方面

一是帮助农民发展二、三产业。通过兴办农副产品批发市场，鼓励农民参股分红，在集体经济组织资金积累壮大的基础上，为失地农民购置商业门面房，解决失地农民再就业问题，提升失地农民生活水平。二是充分发挥农民自身的优势，利用昌吉市国有后备耕地资源优势，给失地农民提供一定面积的国有土地用于农业生产。

三 昌吉市社会保障问题实施中存在的问题

(一) 农民方面存在的问题

从总体上看，失去土地后农民都比较稳定，对被征地农民社会保障政策比较认同，对政府的一些做法表示理解，但普遍认为被征地农民养老保障水平比较低，被征地以后收入和生活水平有所下降，但基本上都能够正确对待，但也存在一些问题。

1. 失去了最稳定、最基本的生活来源，对未来生活信心不足

土地被征收征用前，农民种田虽然收益不是很好，但是这部分收入稳定，为农民提供最低生活保障。土地被征收征用后，农民失去了最稳定的经济来源，对其生活带来较大影响，尤其是对那些以种养业为主、年龄偏大，又没有技能的农民，影响最大，成为失地农民中的弱势群体。部分以土地为生的农民认为失去土地就等于失去了最稳定、最基本的生活来源，担心将来生活遇到困难，没办法解决，特别是一些老年人和因病丧失劳动能力的人，失去土地后再就业的可能性极小，担心将来生病住院没有钱。

2. 续缴费难度大，农民参保意识不强

农民失去土地这个最基本的生产资料后，无论愿不愿意"农转非"，农民的一切生活都已经城市化了，以往自己种自己吃，而现在大部分生活用品都需要去市场购买，因而增加了生活成本，从而影响了他们的后续缴费能力。

3. 有些早期被征地农民没有纳入被征地农民养老保险的范围

有一些早期被征地农民因为多种方面的生活需要，被征地补偿金早就用完或者只剩下一小部分。因此，没法或者不想参加被征地农民养老保险。这样很多早期被征地的农民没有纳入被征地农民养老保险范围。

(二) 制度方面存在的问题

1. 统筹层次低，县际转移困难

统筹层次过低是昌吉市社会保障制度中一个严重缺陷，它引起了其他一系列问题。一是各地方之间的社会保障制度不统一。

多年来社会保障改革由地区决策，各地区分别制定仅适用于本地区的政策、标准、措施，形成各地区之间缴费水平、管理方式不同。二是区际转移的困难。由于各地保障制度不统一，就使得社会保障在区际之间的转移阻碍重重，不但省际之间很难转移，就是省内地区之间都难以转移。

2. 缺乏衔接办法

受城乡二元经济结构的影响，客观上形成了我国目前社会养老保险制度城乡分割的现状。在《昌吉市建设征地补偿安置办法》确定将农转非劳动力纳入城镇职工社会养老保险体系之前，有一部分失地农民已经参加了农村养老保险，还有一部分失地农民参加农村养老保险后实现了就业并参加了城镇职工养老保险。城镇职工社会养老保险与农村社会养老保险，一个是国家政策、一个是地方办法，目前还没有一套相应的转移办法。在解决失地农民社会养老保险问题的同时，有必要制定一种既不影响城镇职工社会养老保险基金安全，也不损害参保农民利益的基金转移办法，解决好基金在城镇职工社会养老保险与农村社会养老保险之间的转移及其衔接问题。

以昌吉市中山路街道办事处为例，昌吉市中山路街道目前有148人符合参保政策，因为以前临时工作单位或个人购买了养老医疗等社会保险，只在工作存续期间由单位缴纳了养老保险，在解除劳动关系后，养老保险金的缴纳自然停止，社保系统只有间断的缴费记录，这部分由个人或企业已经缴纳的社会养老保险怎样与被征地农民养老保险衔接？有120位个人缴费时间较长和有固定单位长期缴纳养老保险的村民愿意继续参加原社会养老保险，或参加被征地农民养老保险，要求由村委会给予一定的补偿，如何操作是一个突出的问题。

3. 中断续交方面没有明确的实施办法

土地被征以后，很多农民失去了维持他们正常生活的收入来源，这样有些农民没办法继续交保障金，缴费档案断了几年之后有钱了又想交，怎么办？昌吉市中山路街道目前共有524名未达到退休年龄的参保人员由市财政、村集体一次性缴纳15年被征地农民养老保险金后，大部分参保人员根据个人意愿和经济承受能力愿意继续缴费至退休年龄，这部分人员继续缴费手续如何办理？这样，不管是收费人还是缴费人都不清楚，怎么能够解决这些问题，希望出台一种能顺利解决续交保障金的规章条例。

四　昌吉市经验的启示

（一）　建立被征地农民养老基金保值的长效机制

目前为了保证基金安全规定把养老金存入银行或购买国库券。这种投资方式途径相当有限，渠道单一、基金收益率低，很难有效解决养老金的保值增值问题。我们可考虑在保证资金安全的前提下，把被征地农民养老基金的5%～10%用来进行投资，积极探索被征地农民养老保险基金保值增值的办法。笔者认为主要投资领域有：①将农保基金投资国家基础设施项目，比如建设公路、煤矿、天然气、石油资源开发、机场、铁路等，这种投资方式风险小且未来的收入回报稳定；②委托给实力雄厚、规模大的商业银行或其他金融机构对基金进行运营管理，由金融机构承担风险，社保机构支付一定的管理费用。

（二）　设立被征地农民养老保险储备基金

如果说基础养老金、个人账户养老金是公共养老金的第一层次和第二层次，则养老保险储备金是公共养老金的第三个层次。与其他保险不同，养老保险周期长、需要的资金比较多，再加上物价上涨、消费指数等诸多因素的影响，存在着潜在的支付危机。因此，为了应对潜在的支付危机，确保合意替代率，政府应学习昌吉市的办法，将被征地农民养老保险储备基金纳入地方政府年度财政预算，通过财政拨款、设立被征地农民社会保险税、发放福利彩票、接受社会捐助等多种方式解决资金问题。

（三）　完善劳动力市场

要完善城乡劳动力市场，使其实现一体化，逐步将失地农民纳入到城镇就业体系之中，使他们在职业介绍、就业培训、择业指导等方面能够享受到相应的服务，在接受就业援助、职业培训、自主创业时能够享受到应当享有的政策优惠。征地补偿是失地农民再就业和再创业的重要物质基础，应把失地农民的补偿安置同就业安置和创业安置结合起来，并把就业和创业放在优先地位，为失地农民提供就业和创业的空间和条件。因此，各级政府部门对此负有重要职责，须在以下方面做出改善：一是大力发展劳动力市场中介组织，形成包括就业信息、咨询、职业介绍、培训在内的社会化就业服务体系，规范就业机构，为失地农民进城就业提供高质量的服务；二是积极扶持中小企业特别是劳动密集型行业，为失地农民提供更多的就业岗位；三是制定相关优惠政策，鼓励各类企业积极吸纳具有就业条件的失地农民就业；四是从土地出让金中拿出一定比例的资金用于农民自谋职业、创业的融资担保，以扶持失地农民的就业工程。

总而言之，目前昌吉市被征地农民就业和养老保险方面存在制度设计不够完善、保障水平偏低、农民缴费难、缺乏自动调整机制、制度不衔接等问题。在新疆完善被征地农民就业和社会保障制度的建设过程中，只要我们坚持科学发展观、以人为本，根据新疆农村具体实际确定比较合理的保障水平及调整指数、建立养老金替代率自动调整机制、拓展筹资渠道、采取多种有效措施保证资金保值增值增值，就能建立起一套符合新疆区情的被征地农民就业和社会保障制度。

第四节　乌鲁木齐市被征地农民就业和社会保障调查分析

一　调研概况

被征地农民就业和社会保障，旨在确保农民被征地后生活能够得以全面保障，即确保征地补偿金按时足额发放，确保被征地农民不因失地而降低生活水平，确保被征地农民的医疗有保障，确保被征地农民长远生计有保障。截至目前，乌鲁木齐市根据新疆维吾尔自治区人民政府办公厅《关于印发新疆维吾尔自治区被征地农民就业培训和社会保障实施办法的通知》（新政办发〔2008〕140号）精神，结合实际情况，制定了《乌鲁木齐市被征地农民就业培训和社会保障办法实施细则》（乌政办〔2009〕96号），文件具体规定了对被征地农民进行就业培训和社会保障工作。

乌鲁木齐市被征地农民就业培训和社会保障调研组于2011年11月5日对乌鲁木齐市的被征地农民就业培训和社会保障工作进行了专题调研。此次调研组利用乌鲁木齐市便利的交通条件，进行了为期1天的调研工作，虽然时间短暂，但对乌鲁木齐的被征地农民就业培训和社会保障工作有了整体的把握，确保了调研工作质量与效率的结合。

通过调研发现，乌鲁木齐市的被征地农民就业培训和社会保障工作在全疆处于领先地位，各级政府高度重视，被征地农民的生活得到了有效保障。各级政府从统筹城乡经济社会和谐发展的高度，认真做好被征地农民就业培训和社会保障工作，建立被征地农民社会保障制度。各级政府和相关单位积极健全就业工作目标责任制，把被征地农民的就业培训作为目前就业工作的主要任务纳入城乡就业和职业培训整体规划和目标，将从2009年起签订的目标责任状，作为政绩考核的重要指标，并逐级分解，建立目标责任体系。各级公共就业服务机构积极完善、落实就业服务措施和就业援助制度，努力将被征地就业困难农民纳入城镇就业困难人员范围，实施"就业优先，培训优先"的优先扶持和重点帮助，创造有利于被征地农民的就业机制和环境。

二 对被征地农民就业培训和社会保障工作取得的成绩

（一）参保人数多，保障范围广

乌鲁木齐市被征地农民养老保险的参保人数多，保障范围广。2004年的参保人数为1.5万人左右，享受养老待遇人数为3590人左右，且属县级统筹，2004年5月，按照乌鲁木齐市加快城市化进程工作领导小组文件（乌城化〔2004〕1号）的规定，撤村建居被征地人员养老基本生活保障金自 2004 年 5 月开始启动，2004 年 5 月至 2010 年底，参加被征地农民养老保险的人数共计 12338 人，已享受养老保险待遇人数共计 3300 人，其中 2009 年以后执行《关于印发新疆维吾尔自治区被征地农民就业培训和社会保障实施办法的通知》（新政办发〔2008〕140 号）精神，纳入人数为 1000～2000 人。自此，2004 年以前和 2004～2010 年底参加被征地农民养老保险的人数共计 27338 人，享受养老金的人数共计 6890 人，被征地农民参保积极性高，参保人数多，保障范围广。

（二）保障水平比较高

乌鲁木齐市是全疆经济最为发达的城市，政府财政能力较疆内其他地区和城市更为雄厚，相应地，乌鲁木齐市的被征地农民所享受的养老待遇水平也比较高。商业的繁荣是增加政府财政收入的因素之一，失地农民被征收的土地经过商业的运作更能体现出其价值，乌鲁木齐市 2010 年的被征地农民享受养老保险待遇为月人均 400～700 元，同时按照乌鲁木齐市城镇企业职工基本养老保险享受待遇增长幅度的 70% 增加被征地农民的养老待遇，这一举措可缓解因物价上涨给失地农民所带来的负担。与疆内其他地区相比，乌鲁木齐市的被征地农民养老保险待遇处于较高水平，比如伊犁州被征地农民月人均享受养老待遇为 477 元，其最高养老待遇标准为 598 元；伊宁市达达木图乡月人均养老待遇为 506 元，人均月最高为 598.7 元，月人均最低为 423.6 元；昌吉市中山路街道办事处提供的数据显示，其被征地农民养老待遇最高标准人均月为 325 元，最低标准人均月 295 元；昌吉市建国路街道办事处提供的数据则显示其被征地农民养老保险待遇人均月 360 元。通过与疆内其他地区和城市比较，乌鲁木齐市的保障水平在全疆处于较高水平，保障力度较强，更好地保障了被征地农民的生产、生活，维护了首府社会的稳定和经济的繁荣发展。

（三）基金充实

乌鲁木齐市被征地农民保障基金充实，不存在风险问题。其缴费比例为 4∶3∶3，即个人缴纳 40%，政府财政补贴 30%，村集体负担 30%，因纳入被征地农民保障体系的人数多，乌鲁木齐市 2010 年的被征地农民养老保障金总收入为 11436 万元，其中失地农民个人缴纳 2046 万元，政府财政和村集体筹资 6094 万元，利息收入为 3065 万元。截至 2011 年 11 月，乌鲁木齐市被征地农民基本养老生活保障采取一次性缴费方式，从账面上看，滚动结余资金为 5.7 亿多元，同时，乌鲁木齐市财政对被征地农民就业培训和社会保障工作给予了大力支持。乌鲁木齐市的被征地农民参保人数多，但享受待遇的人数少，基金数额节余较多，就目前的情况而言，乌鲁木齐市的被征地农民养老基金充足，不存在风险问题，更不存在崩盘的问题，具有较强的保障能力。通过对比，伊犁地区的被征地农民养老基金可维持 10 年左右，昌吉市估计可维持 10 ~ 15 年，这在很大程度上与地区财政能力有关。

（四）基金保值、增值收益较高

乌鲁木齐市参加被征地农民养老保险的人数多，享受养老待遇的人数少，并且政府财政给予了大力支持，基金数额大。如何预防这部分巨大数额的资金不缩水，并达到保值、增值的效果，将是基金管理和运作的重点。乌鲁木齐市采取的基金保值增值措施主要有两种：一种是依靠银行的存入利息保值增值；另一种是以投资国债的方式保值增值。2010 年乌鲁木齐市对全部基金中的 30600 万元进行保值、增值投资，其中 8000 万元用于购买三年期记账式国债，22600 万元用于购买七年期记账式国债，利息收入 3065 万元，其中国债投资利息收入为 2969 万元，占绝大部分。从以上数据可以看出，乌鲁木齐市的被征地农民生活保值基金的保值增值情况良好，利息收入较高。

（五）促进了失地农民的上岗就业

乌鲁木齐市为促进失地农民就业做了大量工作。2010 年，乌鲁木齐市放宽了就业困难人员的范围，降低了就业困难的标准，使更多的失地农民被纳入被征地农民保障体系中。各级公共就业服务机构为被征地农民提供免费的政策咨询、职业介绍、求职登记、岗位信息等公共就业服务。政府投资开发公益性岗位，优先安置被征地就业困难农民，在相应期限内给予社会保险补贴和岗位补贴。在劳动年龄段内，具有劳动能力、就业愿望，并办理《求职登记》的被征地农民，通过自谋职业、自主创业实现就业的，可按规定申请 2 万~5 万元的小额担保贷款，并按照小额担保贷款有关文件规定享受贴息。各级政府及相关单位筹集就业培训资金，制订符合被征地农民的职业技能培训和创业培训计划，由被征地农民自主选择培训的工种。

（六）促进了城市社会和经济的稳定发展

1. 促进了乌鲁木齐市的社会稳定

城乡一体化的建设，是一项时间长、涉及农民多、影响深远的惠民工程，也是我国现代化建设的一部分，被征地农民养老保障政策为缓和矛盾、保障民生、维护地方稳定提供了法律依据和指导，维护了地方社会和谐、有序发展。被征地农民保障工作是一项复杂的系统工程，其征收土地面积广、涉及征地人数多，且被征地农民的年龄分布不均，这给保障被征地农民就业和社会保障工作的顺利进行造成了一定困难。特别是乌鲁木齐市人口居住密度大，涉及的被征地农民数量多，并且是全疆政治、经济、文化的中心，乌鲁木齐市社会和经济的稳定关系到全疆的局势，所以，做好被征地农民就业培训和社会保障工作显得尤为重要。

2. 促进了乌鲁木齐市的经济发展

在城市化进程中，被征收土地的产值能力大幅度提高，土地产值效率也将提升，小农生产的落后发展模式得到了转变，这部分征收的土地因地缘优势或其他原因将发挥出巨大潜力，促进经济的发展。乌鲁木齐市的商业发展较快，对周边乡、村土地的征收，提升土地利用价值，转变土地增产方式，增加土地产值能力，可以进一步带动商业的发展，为城市经济的发展拓展新的发展空间，形成中心城区带动郊区的经济发展、郊区拉动中心城区经济长远发展的模式，二者优势互补，互相促进，以促进城市整体经济的科学发展。

三 乌鲁木齐市被征地农民就业培训和社会保障工作中存在的问题

（一）被征地农民养老保险缺乏最低保证数，保障水平有待进一步提高

乌鲁木齐市失去全部土地的被征地农民一次性补缴满 15 年及以上养老保险费，达到退休年龄，符合享受养老待遇条件，依照自治区人民政府《关于调整完善城镇企业职工基本养老金计发办法的通知》（新政办发〔2006〕59 号）规定的办法，计发养老基本生活保障金，但不执行城镇企业职工基本养老保险最低保证数政策。被征地农民养老金的计发虽然按照城镇企业职工基本养老保险金计发办法计发，但不同的是，城镇企业职工基本养老保险有最低保证数，而被征地农民养老保险没有最低保证数，这将不利于失地农民的生活保障。

乌鲁木齐市的被征地农民养老保障水平为人均月 400~700 元，虽然比伊犁州月人均 500 元左右的保护水平高，但是乌鲁木齐市的物价水平和消费水平较疆内其他地区高，月人均 400~700 元的保障水平显然不能保障失地农民的基本生活。市政府尽管采取了一些提高保障水平的措施，比如按照城镇企业职工待遇增长幅度的 70% 提高被征地农民的待遇水平，但此举措也不能完全提高失地农民的待遇保障水平。特别是 2004 年开始征收的土地，因其缴费标准是按照 2002 年的平均工资进行计算的，2004~2009 年期间的被征地农民月享受的养老待遇分为两档，A 档为 280 元，B 档为 360 元，这种低水平的保障与 2009 年以后的被征地农民养老保障水平形成鲜明对比，因时间的不同而保障水平不同，造成了保障待遇的不公平，历史遗留问题较多，因此，乌鲁木齐市对这部分被征地农民养老保险待遇应进一步提升。

（二）分段缴费不具操作性，部分失地农民的权益难以得到保障

《关于印发乌鲁木齐市被征地农民就业培训和社会保障办法实

施细则的通知》（乌政办［2009］96 号）对部分失地农民的权益保障有详细的规定，将征收土地划分为全部被征收的土地、大部分（50%以上）被征收的土地和部分（50%以下）被征收的土地，并且对三种情况作出了细致的规定，给予了部分失地农民保障工作政策上的支持。其具体规定为，失去部分（50%以下）土地并已达到退休年龄的被征地农民，按照实际从事当地农业生产劳动的年限，每满两年折算一年缴费年限，补缴养老基本生活保障费；缴费基数为当年的上年度自治区在岗职工平均工资的 20%~40%，缴费比例为 20%，补缴的养老基本生活保障费全部记入个人账户，实行完全累积；以此补缴 15 年及以上的，按照个人账户累积存储额除以 180 按月计发养老基本生活保障费。处于劳动年龄段的部分（50%以下）失地农民，按照实际从事当地农业生产劳动的年限，每满两年折算一年缴费年限，补缴养老基本生活保障费；缴费基数为当年的上年度自治区在岗职工平均工资的 20%~40%，缴费比例为 20%，补缴的养老基本生活保障费全部记入个人账户，实行完全累积；一次性补缴后，缴费满 15 年及以上的，待达到退休年龄时，按照个人账户累积储存额除以 180 按月计发养老基本生活保障费。

　　虽然失去大部分（50%以上）土地和失去部分（50%以下）土地的农民在政策上得到了有力的保障，但是在实践中，因为此规定不具可操作性，无法实施，致使《关于印发乌鲁木齐市被征地农民就业培训和社会保障办法实施细则的通知》　（乌政办［2009］96 号）中的第十四条、十五条和十六条没有执行效力，理论上的规定与实践的脱离导致被征地农民分段缴费不具有操作性。

　　在各区、县的实际工作中，将被征地农民笼统地划分为全部被征地农民和部分被征地农民，主要不是全部土地被征收的农民，一次性缴纳 15 年及以上的被征地农民生活保障费，并达到退休年龄，符合养老金领取条件时，用个人缴纳的费用除以 180 按月返还。也就是说，实践中部分失地农民缴纳多少费用，就享受多少费用，比如一位部分失地农民缴纳了 15 年的养老基本生活保障费共计 5 万元，那么退休后累计可以最多领取的费用也是 5 万元，只是以 5 万元除以 180 按月返还而已。因此,部分失地农民缴纳的养老基本生活保障费就形同存入了银行,到期后按月平均取出而已,不存在保障待遇。

(三) 缺乏政策衔接制度

被征地农民养老保险与其他"四险"之间存在衔接上的缺陷,导致各个险种之间不能自由接续,给基层失地农民的养老保险工作造成了一定障碍,更给失地农民权益的进一步保障构成了制度上的冲突。所谓"四险",分别是指新型农村养老保险、城镇居民基本养老保险、城镇灵活就业人员基本养老保险、城镇企业职工基本养老保险,因被征地农民养老保险与各个险种之间存在制度差异,致使"四险"与被征地农民养老保险之间不能平稳衔接。此外,因被征地农民养老保险属县(市)级统筹,统筹层次低,跨地域的异地统筹根本不能实现,造成被征地农民异地缴费、转移保险关系和享受待遇的困难,增加了农民的生活成本。因此,打破制度差异,构建统一、一致的接续办法实属必要。

(四) 被征地农民缺乏就业积极性

虽然乌鲁木齐市做了大量被征地农民的就业工作,创新了就业方式,但从调研实际看,仍然存在一系列现实问题。被征地农民往往因文化素质低,不具有专业技能,各级政府只能提供一些简单、低收入的工作岗位,比如环卫、门卫、清洁工等,不少被征地农民选择岗位后,因不满意而放弃自己的工作,重新回到失业状态。乌鲁木齐市属全疆商业最为发达的城市,农民得到的土地补偿费用多,而且政府对符合条件的失地农民给予优惠条件,提供门面房,被征地农民依靠这些数额较大的土地补偿费和门面房维持生活,而且收入高于政府提供的就业岗位的工资,所以被征地农民的就业积极性不高,多数失地农民的就业问题没有得到有效解决。

(五)"空挂户"政策存在空白

所谓"空挂户",是指有农村户口而没有土地使用权的群体。

"空挂户"包括原属本地村民而没有农村土地的人员，也包括嫁入女和入赘女婿。因"空挂户"不享有土地使用权，政府在征收土地时，按照现有政策，不能提供土地补偿金，同样也不能纳入被征地农民基本保障体系中，政策上的空白，使这一群体的权益不能得到保障，各区、县只能依照各自的实际情况，根据财政能力和保障能力的不同制定相应的政策，不同的地区出现不同的操作情况，对"空挂户"的保障力度和保障范围有限，不能很好地维护这一群体的权益。

（六）医疗保险缴费数额大

《关于印发乌鲁木齐市被征地农民就业培训和社会保障办法实施细则的通知》（乌政办［2009］96号）中确定失地农民要缴纳的被征地农民基本医疗保障费数额大。其规定对年满 16 周岁以上的被征地农民以征地时上年度乌鲁木齐市社会平均工资为基数，乘以 5% 的缴费比例缴纳，其中征地时已达到退休年龄的，男性一次性缴纳 25 年的基本医疗保障费，女性一次性缴纳 20 年的基本医疗保障费。对被征地时已达到退休年龄的被征地农民来说，要求男子一次性缴纳 25 年的基本医疗保障费，女子一次性缴纳 20 年的基本医疗保障费，对被征地农民的生产、生活加重了负担，如果以 800 元作为乌鲁木齐市上年度社会平均工资的基数，男性一次性缴纳 25 年的基本医疗保障费需要 1.2 万元，女性一次性缴纳 20 年的基本医疗保障费需要 9600 元，一些低收入家庭和少地农民根本负担不起这部分费用，缴纳被征地农民基本医疗保障费用的方式有待进一步调整和改进。

四　改进和完善乌鲁木齐市被征地农民就业培训和社会保障工作的意见和建议

（一）确立最低保证数，进一步提高保障水平

乌鲁木齐市应当确立被征地农民养老保险最低保证数，进一步提高保障水平。乌鲁木齐市的被征地农民养老保险保障水平处于月人均 400~700 元的幅度内，虽然比伊犁地区月人均 477 元的

标准和昌吉市月人均 400 元左右的标准高，但乌鲁木齐市属于全疆商业最为发达的城市，城市物价水平和消费水平也高，400 ~ 700元的保障水平远不足以保障失地农民的基本生活，而且没有最低保证数。为此，乌鲁木齐市的被征地农民养老保险可以参照城镇企业职工基本养老保险的规定，确立最低保证数，为失地农民的养老保障工作确立保障额的底线，同时，为了能够更好地保障失地农民退休后的基本生活，建议提高保障水平，并按照城镇企业职工基本养老保险增长幅度的 100% 增加被征地农民养老保险待遇，以缓解物价上涨给农民带来的经济负担。

（二）保障部分失地农民的权益

部分失地农民的权益在实践中难以得到有效保障。乌鲁木齐市针对部分失地农民，采取"缴纳多少，返还多少"的政策，即部分失地农民缴费基数为当年的上年度自治区在岗职工平均工资的 20%~40%，缴费比例为 20%，缴费满 15 年及以上的，待达到退休年龄时，以个人缴纳的全部费用除以 180 按月计发养老基本生活保障金。这样的实际操作并没有将部分失地农民纳入被征地农民养老保险体系中，只是给其缴纳的费用提供了一个暂存地，当部分失地农民享受完其缴纳的费用时就不再享受养老保险待遇，所以，从实质意义上讲，部分失地农民并未纳入被征地农民养老保障体系之中，虽然《关于印发乌鲁木齐市被征地农民就业培训和社会保障办法实施细则的通知》（乌政办 [2009] 96 号）中对部分失地农民的保障办法做出了细致的规定，但因其不具有实际操作性，导致政策与实际不相符。为此，将部分失地农民纳入被征地农民养老保障体系是保障其权益的必由之路，政府可以在细节性规定上做出一些限制，以改变目前政策理论与实践脱节的问题。

（三）拓宽基金保值、增值方式

乌鲁木齐市对被征地农民的保障基金做出了一些保值增值措施，主要通过存入银行和购买国债两种方式，收益中国债投资利息收入占大部分。但是从充分发挥基金价值的方面看，乌鲁木齐市的基金保值增值方式单一，没有最大限度地发挥基金的价值。为此，特建议对基金的保值增值方式进行拓宽，创新保值增值方式。除了购买国债和存入银行两种方式外，投资国家公路建设、铁路建设、机场建设和车站建设等也是比较可行的方式，且投资风险低，收益水平高，以充分发挥基金的价值。特别是自 2011 年以来，乌鲁木齐市开始改善城市公共交通环境，修建多条 BRT 公共交通路线，被征地农民保障机构也可以此为契机，积极投资 BRT 公交建设。为此，基金的保值、增值要以风险低、收益高、见效快为目标，积极参加社会公益建设的投资。为了降低基金投资的风险，应当严格限制基金投资高风险行业，严禁基金管理者利用职权投资股票、房地产、证券等高风险领域，以确保基金的投资安全。

（四）建立、健全政策衔接制度

建立、健全被征地农民养老保险与"四险"的衔接制度是一项具有挑战性的工作，也是迫在眉睫的工作，其衔接办法主要面临的困难是缴费年限和账户资金的转移问题。

1. **与新型农村养老保险的衔接**

因新型农村养老保险的保障水平最低，根本无法保障农民生活，因此，建议不要把被征地农民养老保险转向新型农村养老保险；已经参加新型农村养老保险的失地农民参加被征地农民养老保险时，将农民缴纳的新型农村养老保险费用划入被征地农民养老保险的个人账户中，划入的费用不足时，由失地农民补缴完整，如果划入的费用超过被征地农民应缴的个人费用时，则多缴多得，退休后享受更高的待遇。

（五）夯实被征地农民就业工作

乌鲁木齐市的被征地农民就业工作存在一些不足之处，需要夯实就业工作，切实保障失地农民就业。因失地农民不满意政府提供的就业岗位，就业一段时间后放弃了原来的工作，又回到失业状态，而且失地农民依靠土地补偿款和门面房出租等维持生活，不愿意参加就业岗位，被征地农民整体上的就业积极性不高。因此，政府应当夯实失地农民的就业工作，切实将失地农民的就业工作做到实处，建立、健全被征地农民的就业动态监测机制，完善失地农民的个人就业档案，转变工作方式，构建被征地农民的就业保障体系。

（六）填补"空挂户"政策上的空白

随着经济的发展和地区间的交往加强，"空挂户"群体的数量在不断增多，做好此项工作对维护地区社会稳定具有长远意义。目前乌鲁木齐市在政策上没有将"空挂户"纳入被征地农民保障体系，只是由区、县按照各自财力和人力的实际情况自行解决，在政策上没有统一的规定。因此，建议乌鲁木齐市给"空挂户"政策上以支持，以确保乌鲁木齐市与疆内外经济的长远发展，促进各地区政治、经济、文化的交流，维护社会稳定、有序、和谐发展。

（七）拓展被征地农民医疗保险缴费方式

按照《关于印发乌鲁木齐市被征地农民就业培训和社会保障办法实施细则的通知》（乌政办 [2009] 96 号）的规定，被征地农民已达到退休年龄的，男性一次性缴纳 25 年的基本医疗保障费，女性一次性缴纳 20 年的基本医疗保障费。对于征地时已达到退休年龄的低收入农民，一次性缴纳 25 年和 20 年的基本医疗保障费将给被征地农民的生产、生活造成一定的困难，有些失地农民根本无法承担这笔费用，因此，建议乌鲁木齐市采取多种缴纳方式以减轻被征地农民的缴费负担。对于生活困难的家庭，可以采取缓缴的方式；对于无法缴纳的家庭，政府可以通过提供贷款或者补贴的方式；对于伤、病、残等特困户，可以采用免缴的方式，由政府财政承担。总之，多种、灵活的缴费方式有利于更好地减轻被征地农民的缴费负担，缓解社会矛盾，促进城乡的有机结合。

第五章　转型时期新疆弱势群体合法权益的法律保护问题研究

第一节　新疆少数民族流动人口在内地城市务工经商及其权益保护问题研究

一　问题的提出

劳动力由农村向城市流动是世界经济发展的一个普遍规律，也是社会发展的必然趋势。劳动力的流动可以不断优化劳动力资源的配置、增加人力资本、提高劳动者的经济收入、改变劳动者的社会地位、缩小城乡差距、促进社会经济的发展。马克思主义认为，人口流动可以开阔农民的视野，提高其文化素质，丰富其商品经济思想。列宁曾说过，流动"把居民从偏僻的、落后的、被历史遗忘的穷乡僻壤中拉出来，卷入现代社会的漩涡"①。美国学者西蒙·库兹涅茨认为，流动人口在性别、年龄、种族、家庭地位、教育程度、健康状况等诸多社会及人口学特征方面具有选择性，相比之下，以寻找工作为背景的流动人口会具有更高的生产效率，更能促进经济发展②。西奥多·W. 舒尔茨认为，人力资本的投资是直接用于教育保健以及为了取得良好的就业机会而用

---

① 列宁:《列宁全集》（第三卷），人民出版社，1984。
② Simon Kuznets, *Population Redistribution and Economic Growth*, United States, 1870～1950. New York: the American Philosophical Society1957, pp. 4－5.

于国内移民的费用①。非农就业也是减少贫困的主要影响因素，而且在最近几年已开始发挥出消除农村收入不平等的作用。经济增长尤其是非农就业进程的加快是中国 20 世纪八九十年代农村贫困消减的主要原因。

劳动力之所以由农村转向城镇，由落后地区向发达地区转移，可以从人口迁移的"推—拉理论"中得到答案。在市场经济、人口自由流动的情况下，人口通过迁移可以改善生活条件。流入地（城镇）较高的生活水平、较佳的就业机会与生活条件等成为人口流动的拉力，而流出地（农村）经济落后、收入水平低下和缺乏发展机会等成为人口流动的推力。在拉力和推力两种力量的共同作用下，出现了人口的空间转移。随着改革开放的不断深入以及社会向工业化、城市化和现代化的方向发展，流动人口不断增加。随着农村人口增长和人均耕地的减少，新疆农村出现大量的少数民族农村剩余劳动力，不仅会造成农业生产的低效率，人力资源的巨大浪费，而且使农民收入的提高难以实现。由于新疆少数民族与内地距离遥远，在语言、体质、装扮、饮食、宗教信仰、生活习俗、价值观念和行为方式等方面与主流社会（汉族）之间的差距较大，所以农村劳动力流动率低，在异域他乡适应城市生活面临种种困难。从 2005 年起，政府组织新疆少数民族农村富余劳动力在疆内外转移就业，提高非农收入。调查资料显示，在 2005 ~2008 年之间，新疆农村基尼系数由 0.4375 降低到了 0.420。农村劳动力转移就业在提高农民收入，缩小城乡收入差距方面发挥着重要作用。

二 新疆农村劳动力就业、收入与转移现状

新疆人口计有 2010.35 万，其中农业人口 1263.5 万，占全疆总人口的 62.85%，少数民族占全疆总人口的 60.42%，少数民族人口的 80% 以上从事第一产业。维吾尔族劳动力当中有 80.5% 仍属于农业劳动者，柯尔克孜族、哈萨克族劳动力分别有 84.3% 和

---

① 〔美〕西奥多·W. 舒尔茨：《论人力资本投资》舒尔茨、吴珠华译，北京经济学院出版社，1990。

77.2% 是农牧业劳动者。南疆的少数民族农牧民受历史、自然环境、传统生产方式的影响，大都居住在自然条件较差的农牧区。从表 5 - 1 可知，南疆地区少数民族人口占 83.93%，农业人口占 72.91%。除巴州外，南疆大多数地区的主要产业是农业，工业、服务业发展相对滞后。全区人均耕地面积 3.2 亩，其中南疆 2.5 亩（克州 1.4 亩，喀什 2.4 亩，和田 1.5 亩）。目前，新疆农村劳动力 432.84 万人，按农村劳动力人均 12 ~ 15 亩耕地计算，剩余劳动力在 180 万人左右。据自治区人保厅统计，南疆喀什、克州及和田三个贫困地区，目前就闲置了 100 余万农村剩余劳动力。由于当地自然条件恶劣、人多地少、经济发展滞后、城市化水平低、非国有经济不发达、就业机会少，存在着大量的农村剩余劳动力，农民增收十分困难。全区至少有三分之一的农村劳动力就业不充分，农村劳动力剩余较为严重。

表 5 - 1　新疆南疆人口的民族和产业构成状况（2009）

单位：人

地　区	合　计	少数民族人口	少数民族人口比重	农业人口	农业人口比重
巴　州	1293300	565276	0.44	663900	0.51
阿克苏	2305000	1815778	0.79	1587700	0.69
克　州	530200	490470	0.93	379300	0.72
喀　什	3872800	3594317	0.93	3007300	0.78
和　田	1955800	1887905	0.97	1628200	0.83
南　疆	9957100	8353746	0.84	7266400	0.73
全　疆	21586300	13169433	0.61	12297700	0.57

资料来源：《新疆统计年鉴》（2010）。

2008 年，全国农民人均纯收入 4761 元，而新疆农民人均纯收入仅为 3503 元，差距达 1258 元。近几年，新疆农民人均收入在全国一直排在第 25 位。从 2009 年开始，新疆的贫困标准提高为 1067 元，新疆年人均纯收入 1000 元以下的农村贫困人口为 231.5 万人，占农村人口的 23%，贫困人口中少数民族贫困人口占 96%。造成农民收入总体水平偏低的一个重要原因就是其收入来源单一，非农收入在总收入中所占比重非常低。农民打工的收入占总收入的比重低，只有12%，而全国的平均水平是30%，沿海省区更是达到了70%以上。这说明了新疆农村产业结构不合理，二、三产业欠发达，农民的兼业程度低，大量劳动力被束缚在农业上，新疆农村劳动力过剩主要是结构性过剩。

表5－2　主要年份农村居民家庭分行业纯收入情况

单位：元,%

年　份	全年纯收入	工资性收入	工资性收入比例	家庭经营收入
1995	1136. 45	64. 47	5. 6	967. 59
2000	1618. 08	104. 58	6. 4	1451. 33
2005	2482. 15	195. 51	7. 8	2140. 76
2006	2737. 28	254. 07	9. 2	2323. 01
2007	3182. 97	330. 75	10	2625. 66
2008	3503	422. 82	12	2784. 94
2009	3883. 1	461. 49	12	6444. 07
2010	4642. 67	556. 26	12	7795. 26

资料来源：《新疆统计年鉴》（2011）。

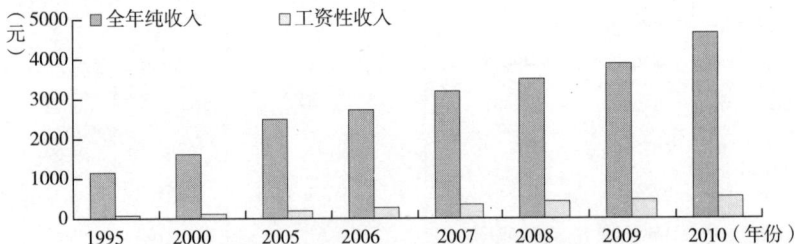

图5－1　新疆农民纯收入与工资性收入比较

三　新疆少数民族人口向内地城市流动的历程

（一）开始阶段（1950～1980）

新中国成立前，新疆与内地由于距离遥远、交通条件恶劣、语言不通等原因，民间往来和经商很少，极少数新疆商人去兰州、天津等城市从事商业活动。新中国成立后去内地的新疆少数民族人员逐渐增加，他们基本上是求学的大学生，被分配到民族院校、民委等部门的教师和工作人员。当时由于交通不便、城乡分割的二元经济和严格的户籍管理等因素，去内地的新疆少数民族人员数量仍然很少。

（二）自发流动阶段（1980～2005）

从上世纪 80 年代开始，随着改革开放政策的实施，一些富有冒险精神的少数民族农民和商人到内地务工经商，经营新疆餐饮，贩卖水果、布料、毛皮、棉花等新疆特产的维吾尔商人不断增加。随着去内地的新疆少数民族流动人口数量的增加，北京魏公村、甘家口、大兴区，广州三元里等地逐步形成新疆村。他们以新疆村为中心，把经营扩散到城市的各个繁华街区。这些流动人口由新疆餐厅的老板及其家属、餐厅工作的厨师、卖羊肉串和新疆特产的零散经营者组成。由于新疆少数民族大部分吃伊斯兰食品，去内地上大学的新疆籍学生、商人和参加会议与进修来的知识分子、公务员经常去新疆餐厅吃饭，新疆餐厅成为新疆籍人员集散的场所。现在全国所有的大小城市都可以见到新疆餐厅，见到卖羊肉串和新疆特产的新疆籍流动人口。笔者预测，内地省市大概有 10 万左右新疆籍少数民族流动人口。新疆少数民族在内地各个城市经营的新疆餐厅，为新疆少数民族和国外伊斯兰国家公民来内地求学、经营、旅游、务工等提供了便利，促进了族际之间的理解与沟通、文化交流，同时在宣传新疆，促进内地城市文化的多元化、市场的繁荣、经济的发展等方面做出了重要的贡献。

（三）自发流动和组织流动相结合阶段（从 2005 年至今）

改革开放 30 多年来，中国发生了翻天覆地的变化，城市流动人口数量突飞猛进，到 2009 年，城市流动人口数量达到了 1.3 亿，占全国人口的 10%。作为全国流动人口的一部分，新疆少数民族流动人口数量也不断地增加，但是与全国流动人口的发展趋势相比，劳动力流动比例还很低，数量很少。根据国务院人口普查办公室和国家统计局的数据，维吾尔族的省际迁移流动率仅为 0.1%，新疆的喀什地区、克州、和田地区等则不足 1%①。新疆少数民族农村劳动力流动比例低，导致长期以来新疆少数民族农民收入增加缓慢，贫困人口多，城乡收入差距扩大。为了改变这种状况，从 2005 年开始，南疆的部分县乡组织农村劳动力到内地企业务工，开始了新疆少数民族农村劳动力有序转移。维吾尔族农民工赴内地务工，不仅会改变维吾尔族农民的劳动价值观念，促使他们掌握现代化的劳动技能，而且还会极大地提高他们的综合文化素质，使他们成为在家可以务农，出去就可以打工的新型农民。由于语言、文化、生活习俗、地理环境等原因不敢转移的维吾尔族农民，在政府的组织引导下，逐渐到北京、上海、天津、山东、浙江、江苏等内地发达地区和兵团务工增收。维吾尔族流动人口数达 2000 人以上的内地省市有湖南、湖北、河南、广东、江苏、四川和北京，而且在全国所有城市都可以看到新疆风味的餐厅和卖羊肉串、新疆干果的维吾尔族人。2007～2009年，平均每年有 1.3 万新疆少数民族农民工到内地企业务工。调查资料显示，新疆有组织地转移到城镇就业的农民，年收入一般在5000 元以上。转移到内地企业就业的，年人均纯收入在 6000～8000元之间。

表 5 - 3　新疆农村劳动力转移就业情况

单位：万人次

年　份	全区专业就业人员	组织转移	城镇转移	向内地转移
2007	114.85	57.27	55.39	12.66
2008	186.96	68.61	90.97	16.25
2009	166	45.87	70	12.58

说明：数据由整理相关资料而得。

---

① 张善余、曾明星：《少数民族人口分布变动与人口迁移形势》，《民族研究》2005 年第 1 期。

四　制约新疆少数民族劳动力转移就业的因素分析

（一）新疆农村基础教育薄弱，少数民族农民文化素质低

根据国内流动人口方面的研究成果，农民的文化素质和流动倾向之间有着正相关关系，农民的教育年限越高，其流动可能性越大。少数民族聚居的农牧区教学条件差、师资力量薄弱、教学质量不高，农村文盲半文盲、小学水平的低素质劳动力占相当高的比例。目前，新疆初中毕业生升入高中阶段的升学率为39%，南疆三地州仅为23%。高中主要集中在县城，因农民收入低，距县城远，学生的生活成本高等原因，相当一部分青少年无法承受高中及高中以上教育经费，很多农民子女初中毕业后只能回家务农。义务教育完成后，农村青年人因不能获得改善其生活水平所必需的教育机会，只能加入低素质低收入的农民队伍。维吾尔族聚居的南疆农村地区，有很多初中、高中毕业的维吾尔族青年的汉语交流能力差，劳动技能低，他们去外地打工面临汉语交流的障碍，进而难以适应劳动力市场的需求。普通话上的相对劣势和较低的劳动技能使他们在劳动力市场的竞争中处于不利地位。

（二）新疆少数民族特殊的人文、地理环境制约农村劳动力的流动

劳动力流动除了受经济因素的影响外，还为找工作的可能性、生活方式的适应性和流动成本高所限。维吾尔族在语言、体质、装扮、饮食、宗教信仰、生活习俗、价值观念和行为方式等方面与主流社会（汉族）之间的差距较大，在异域他乡适应城市生活面临种种困难。到内地务工经商的新疆少数民族流动人口，除了政府组织在企业务工之外，大部分在本民族人经营的新疆餐厅务工，或者沿街叫卖羊肉串和新疆特产，就业范围狭窄，就业结构单一，收入低。因气候和生活不适应，语言不通，生活与工作环境差，缺乏社会认同感等原因，新疆少数民族人员流动速度快，在一个地方工作的时间不长。新疆人口生活在只占新疆面积4%的

绿洲上，绿洲人口密度约为 272 人/平方公里，比全国平均人口密度高出近一倍。绿洲间距离平均在 100 公里以上，大大降低了城镇之间的经济联动效应和大中城市的辐射作用，同时影响劳动力流动。疆内和田地区离乌鲁木齐市的距离为 2000 公里，离喀什地区1500 公里以上，疆外离乌鲁木齐市最近的大城市兰州与乌鲁木齐市的距离为 2000 公里以上。地理距离遥远，文化、语言差异大等因素，使得新疆少数民族农民流动的风险大、成本高，一定程度上制约了农村劳动力的流动。

（三）内地城市新疆籍少数民族非法分子违法行为频发，对相关案件侦查打击不力

20 世纪 80 年代，去内地经营新疆餐饮、新疆特产的少数民族人员受当地居民的欢迎，地方政府给他们提供各种便利和帮助。随着在内地务工经商的新疆少数民族人口数量的增加，有些新疆少数民族犯罪分子混入其中。在大城市，新疆少数民族人员组成团伙造成的各种违法犯罪案件频发，并呈现增加趋势。他们离开家乡，没有受到乡规民约、宗教和道德的约束，传统社会控制力的松弛导致各种道德失范。犯罪呈现向团伙化、黑恶势力方向发展的趋势。他们以亲属或同乡为纽带，划分势力范围，坐地为虎，独霸一方。非法分子拐骗新疆少数民族儿童，胁迫未成年人实施盗窃，拐卖妇女儿童，贩卖毒品，争夺地盘，聚众斗殴，敲诈勒索，垄断新疆餐饮、特产行业，收保护费，威胁新疆籍流动人口的生命和财产，不让他们来自己垄断的城市从事合法经营。新疆籍犯罪分子违法犯罪在当地居民心理上造成了对新疆少数民族的反感，损坏了新疆人的整体形象，伤害了民族感情，影响了民族团结。

1984 年，中共中央根据我国少数民族的特殊情况和与刑事犯罪作斗争的需要，提出了"两少一宽"的民族刑事政策。有关文件指出："对少数民族中的犯罪分子要坚持'少捕、少杀'，在处理上一般从宽。"① 内地省市公安、司法机关在办理新疆籍人员的

---

① 马克昌：《中国刑事政策学》，武汉大学出版社，1992，第 420～427 页。

各种违法犯罪案件时，经常以"民族问题是敏感问题，影响民族关系"为由，对少数民族的犯罪人不加以区分，对其一律采用"两少一宽"政策，这往往导致公安、司法机关对少数民族的违法犯罪活动打击不力的情形，使犯罪分子逍遥法外，重罪轻判、轻罪不判、微罪不管，给当地社会稳定和居民人身财产安全造成威胁，同时影响了新疆少数民族人员去内地合法务工经商。

（四）社会上部分人群对新疆少数民族人员存在着一定程度的偏见与歧视

偏见指的是一个群体的成员对另一个群体所持有的观念和态度。偏见常常源自刻板印象，就是对某一人群的固定的、僵化的特征概括。如果偏见指的是态度和意见，那么歧视指的是针对其他群众或个体的实际行为[1]。少数民族流动人口同时具有少数民族和流动人口两种身份。从民族心理和文化来看，由于少数民族流动人口大部分处于城市社会的下层，他们不仅要适应从农村到城市生活环境的改变，还要适应城市中不同于本民族文化的主流文化和价值观，这种双重角色冲突使他们较一般的农村流动人口更难以融入都市社会，成为他们都市化进程中的障碍[2]。发生在新疆的一系列暴力事件，加剧了新疆人的民族污名化和社会歧视处境。在内地城市，新疆少数民族犯罪分子的犯罪行为的频发和他们的逍遥法外，导致内地城市有些居民和服务行业对新疆少数民族人员抱有偏见，城市人在与其交往中往往容易以点概面，形成"一好俱好，一坏俱坏"的思想观念，不喜欢甚至厌恶新疆籍流动人口，将他们与小偷画上等号，认为他们野蛮、不讲道理。有些宾馆、出租车以各种理由拒绝为新疆人提供服务，房东们不愿意把房子出租给新疆少数民族。在就业问题上，一些职业介绍部门和用工单位，对少数民族流动人员采取歧视态度，不愿意为他们介绍工作或聘用他们。其他族群所持有的偏见，行政当局实行的歧

---

① 安东尼·吉登斯：《社会学》，李康译，北京大学出版社，2009，第399~401页。

② 粮丽萍：《都市少数民族流动人口的边缘人状况分析》，《黔南民族师范学院学报》2008年第1期。

视政策，往往会强化一个族群成员的"族群意识"，拉开这个族群与其他族群之间的社会和心理距离①。有些城市部分区域，考虑到社会稳定，暗示不给新疆人员出租房屋。新疆少数民族人员去内地城市经常遭到这样的不公平待遇和社会排斥，出现不满，这也在一定程度上制约了劳动力向内地发达地区转移就业。

（五）政府部门对新疆流动人口提供的公共服务不足

我国是多民族国家，民族团结是国家长治久安的基础。很多汉族居民和国家公务员对少数民族的认识肤浅，认为少数民族是些具有特殊装扮的群体。特别是对新疆少数民族的认识仅限于能歌善舞，经营新疆餐饮，卖羊肉串、葡萄干、哈密瓜等等方面，对他们独特的语言、文化、宗教、清真饮食习惯、土葬习惯等方面的认识不够。如他们不会说汉语，不吃汉饭，穿民族服装，常遭到有些汉族人的偏见和白眼。公安、工商、税务、社区以不懂他们的语言为由，拒绝给他们提供服务。2008 年奥运会前，北京加大了对流动人口的管理力度，酒店、旅馆限制"新疆人"入住。各地公安机关把新疆人视为维稳工作的重点关注对象。也正因为如此，很多地方层面的公安机关对新疆人进入本地、本社区直接持"不欢迎"的态度。有些城市发生的犯罪案件因语言不通不能按时办理或不办。一些执法部门对民族政策知之不多，由此而引发民族之间不必要的纠纷。一些部门不了解国家对信仰伊斯兰教的十个少数民族丧葬习俗的政策，擅自将信仰伊斯兰教人员的遗体（有的因车祸、吸毒死亡，有的因刑事犯罪被处决）火化，由此而引发的争端在好多个城市发生过②。在东部和南部一些发达的中小城市，由于世居的信仰伊斯兰教的民族很少，因而也就没有清真餐厅、清真寺，更没有信仰伊斯兰教人员的专用墓地。有些城市对清真食品的管理不严，不具备清真食品生产条件的餐厅和企业，生产、加工和销售清真食品和屠宰牛羊。这些问题极易引

---

① 马戎：《民族社会学》，北京大学出版社，2004，第 509～539 页。
② 林均昌：《城市少数民族流动人口的"平等保护"》，《西北第二民族学院学报》2007 年第 3 期。

发民族矛盾，伤害感情，影响部分少数民族群众的正常生活，成为社会不稳定的因素。

（六）新疆少数民族流动人口本身的原因

大部分新疆籍少数民族流动人口文化素质低，普通话水平差，就业结构单一，再加上生活习惯不同，很难融入当地社会，缺乏与汉族居民的往来，缺乏社会归属感。他们法律意识薄弱，维权意识不高，对内部与外部发生的各种矛盾，往往采取粗暴行为来解决。由于受自卑心理的影响和城市人对他们的歧视，他们往往选择同乡同族人作为交往对象，因为大家在生活经历上有着相似性。对于相似性的认同实际上还掺杂了一种排他性的目的，即在自己有困难或遭遇麻烦的时候，同乡可以挺身而出，用暴力和其他势力斗争。小规模的经营活动并不能从根本上改善少数民族流动人口的经济社会地位。大部分新疆餐厅规模小，经营方式单一，利润微薄。卖羊肉串和新疆特产的摊子设点沿街叫卖，经常与城管部门玩猫鼠游戏，影响市场秩序和市容市貌，没有营业执照和卫生许可证等，得不到当地政府和居民的认可和支持。如发生冲突，因语言不通，很难解决矛盾。为了不影响民族关系，政府部门尽量避免跟他们打交道，如发生比较大的矛盾，由民委来协调。对当地政府来说，新疆少数民族流动人口的管理难度大而复杂。

五　总结与思考

（一）提高民族地区农村教育水平，加强农村劳动力的技能培训

发展和完善农村基础教育以及农村职业教育，是对农民进行人力资本投资的途径。增加民族地区农村基础教育投资，应重点普及和巩固农村九年义务教育，完善"两免一补"政策，对贫困家庭子女提供免费午餐和校服费，改善农村寄宿学校环境，为偏远农村学校配备接送学生的校车。根据新疆调查资料，农村文盲和半文盲的劳动力转移比例只占农村劳动力人数的 0.7%～17%，

而农村大专以上文化程度的劳动力转移比例占 30%～70%[1]。可见，加强对南疆农村劳动力的技能培训与职业教育投入，促进农业劳动力的素质与劳动技能的提高，是加快南疆少数民族农村劳动力转移的关键。新疆从去年秋季学期开始，对南疆三地州农村户籍的学生和其他地州 25% 的农村家庭经济困难学生，以及全区中职学校涉农专业的学生，逐步实施免除学费政策。2010 年 4 月 16 日，新疆职业教育与成人教育工作会议提出，大力开展转移就业培训和汉语培训，坚持区内转移与区外输出并重，积极建立"培训、就业、维权"三位一体工作模式，多渠道促进农村富余劳动力转移就业。今年秋季，新疆将正式启动"内地新疆中职班"，首批选送 3300 名南疆四地州初中和高中毕业生赴内地拥有优质教育资源的职业院校学习。这些政策的实施和不断完善，在全面提高少数民族农村劳动力的素质、增加其非农就业能力、提高农民收入等方面将发挥重要作用。

（二）重视新疆少数民族流动人口的管理和权益保护

我国宪法明确规定，各民族一律平等，国家保障少数民族的合法权益；禁止对任何民族的歧视和压迫，禁止破坏民族团结和制造民族分裂的行为。我国目前正面临着体制改革不断深化和对外开放不断拓展的重大历史关头，"保护人权"、"保护弱势群体"、"保护少数族群权益"和"保护文化多样性"等现代话语也已被国内社会普遍接受[2]。轻视流动人口问题或者不能妥善解决他们的问题，都将导致严重的社会、经济与政治后果。保护城市少数民族流动人口合法权益与民族地区社会稳定、民族团结有着密切的关系。同时这种关系影响各地区汉族与少数民族的民族关系和少数民族的国家认同感。"7·5 事件"告诉我们城市少数民族权益保护的重要性，国外有些别有用心的人造谣惑众，会导致民族矛盾加深，破坏民族团结。应重视政府组织转移就业的新疆少数民族农

---

[1] 蒲春玲、马惠兰、孟梅：《新疆南疆新农村建设的模式与途径研究》，新疆人民出版社，2009，第 103 页。

[2] 马戎：《民族社会学》，北京大学出版社，2004，第 509～539 页。

民工的权益保护，各级民族宗教事务委员会（下简称民宗委）、劳动保障部门执法监督雇用新疆籍农民工的企业，检查这些企业民族政策的落实情况，少数民族农民工的劳动时间、劳动环境、工资、参加社会保险情况，发现问题及时纠正。应促进媒体客观公正报道，加强对媒体报道准确性和公正性的监督，通过媒体消除社会舆论中对新疆少数民族的污名化和歧视。少数民族流动人口较多城市的民宗委、派出所等部门聘用少数民族干部或懂少数民族语言的汉族干部，借调民族地区的干部或在当地大学上学的优秀少数民族大学生，主动与少数民族流动人口接触、谈话，掌握他们的基本情况，了解他们的困难与需求，在合理的范围内给予解决。应更加重视城市民族工作，政府部门应提供相应的服务，解决城市少数民族流动人口的户籍问题、子女上学问题、政治权益保障问题、劳动保障问题、生活困难问题、法律援助问题、诉讼案件使用本民族语言问题。同时在计划生育、遵守法律、社会治安、社会秩序等方面对少数民族流动人口进行教育和管理。由于新疆籍少数民族流动人口的社会保障意识普遍较低，大部分少数民族流动人口没有参加社会保险，也不知道如何去保护自己的利益。民宗委、劳动社会保障部门应敦促他们参加工伤保险和医疗保险等基本社会保险项目，确保社会保险权利。公安、工商、消费者协会等部门加强对宾馆、出租车等服务行业的管理，如证件齐全的少数民族群众遇到被拒绝提供服务等歧视行为，应依法处理，按时整顿，保护少数民族人员的合法权利。

（三）依法整顿少数民族犯罪分子的违法行为

合理使用"两少一宽"刑事政策文明执法，坚持法律面前人人平等，对极少数进行违法犯罪活动的人，不管是哪个民族，信仰哪个宗教，都要依法处理。对从事偷盗、抢劫、贩毒活动的依照法律严厉打击，决不能因为他们是少数民族而放任不管[①]。在我国，"两少一宽"的民族刑事政策就是少数民族犯罪嫌疑人、被告

---

① 林均昌：《城市少数民族流动人口的"平等保护"》，《西北第二民族学院学报》2007 年第 3 期。

人的权利在程序和实体上得以保障的重要政策依据。该政策在刑事诉讼程序上照顾少数民族犯罪嫌疑人和被告人，并对其人身自由予以保障，"两少一宽"刑事政策中的"少捕"就说明这一点。所谓"少捕"，是指对少数民族犯罪嫌疑人、被告人，应少采用逮捕措施[①]，在处理上一般要"从宽"。"两少一宽"政策的基本要求是，公安、司法机关在办理少数民族刑事案件时，要根据案件的具体情况和少数民族的特殊性，将少数民族犯罪分子同罪行和认罪态度最相类似的汉族犯罪分子相比较后，区别对待，坚持少捕少杀方针，并在法律规定的幅度内适当宽大处理。值得注意的是，"一般要从宽"是指通常从宽，而不是一律从宽。也就是说，对少数民族犯罪分子考虑到其行为的社会危害性轻重、人身危险性和主观恶意性的大小，一般该从宽的都要从宽。不过，对其中手段残忍、罪行严重、态度恶劣的人必须严惩不贷，不能从宽。必须明确"两少一宽"的适用范围，即它只能适用于与少数民族习俗有关的案件或具有民族习性的案件，对于与少数民族习俗和民族习性无关的犯罪案件不能适用。

（四）继续做好少数民族农村劳动力的组织转移就业，发展非国有经济，促进就地就近转移。

2010年3月，全国对口支援新疆工作会议提出，将保障和改善民生置于优先位置，着力帮助各族群众解决就业、教育、住房等基本民生问题，力争经过五年努力，在重点任务上取得明显成效，经过十年努力，确保新疆实现全面建设小康社会的目标。对口支援新疆的这些省市是新疆籍少数民族流动人口较集中的地区，新疆籍少数民族人口的就业和权益保护应纳入对口支援工作。对口支援的省市，在新疆对口支援对象的县（市）组织农村劳动力到本省市企业就业，对他们进行免费培训，引导他们参加社会保险。就地转移与异地转移具有较强的互补性，理顺二者间的关系可以有效促进劳动力在本地和异地间良性流动，为其提供良好的就业环境，引导农民理性地选择就地转移和异地转移，形成合理

---

① 马克昌：《中国刑事政策学》，武汉大学出版社，1992，第420～427页。

有序的流动局面①。当地经济发展水平越高，劳动力就地转移比例越大。农村劳动力就地转移与县域经济发展、小城镇建设以及乡镇企业发展密切相关。新疆的市场化程度明显偏低，1997~2008年间，新疆市场化水平在全国 31 个省、市、区中排名一直在 24~30 位之间。市场化程度偏低的一个主要原因是，新疆的非国有经济发展严重滞后，非国有经济比重在全国排名始终落后，近几年里甚至落后于西藏，成为倒数第一②。应重视少数民族农村劳动力就地就近转移，国家基础建设项目，城乡道路、水利、抗震安居房建设等项目，优先雇用当地少数民族农民。扶持乡镇企业，民族企业，内地民营私营企业，外资、合资企业等非国有企业的发展，要求这些企业雇用一定比例的当地少数民族农民，在税收、土地使用、社会保障补助等方面为企业提供优惠政策，促进少数民族农民的疆内就业，减少流动风险和流动成本。

（五）加强少数民族权益保护方面的法制建设

少数群体权益促进了主流群体和少数群体间的平等，削弱了民族间的贵贱等级或主从关系，有助于促成各民族间更大程度的相互尊重③。欧洲理事会秘书长这样说，尊重少数群体是衡量"道德进步"的基本尺度。无差别的对待规则可能导致某些群体处于弱势，公正性是指对所有人适用同样的规则，不同群体使用不同的规则④。为保护少数民族的合法权益，1993 年国务院颁布了《城市民族工作条例》，2002 年国家民委、国家经贸委、公安部、国家旅游局、国家工商行政管理总局联合发出了《关于纠正极少数宾馆饭店旅店拒绝少数民族人员入住行为的通知》，2008 年 4 月23 日国务院办公厅发出了《国务院办公厅关于严格执行党和国家

---

① 刘锐：《我国农村劳动力就地就近转移行为及影响因素研究》，《中国农村研究报告》（2008 年），中国财政经济出版社，2009，第 453 页。

② 《新疆援建获千亿输血，资源税试点或先起步》，《中国证券报》，2009 年 4 月29 日。

③ 〔加〕威尔·金里卡：《少数的权利——民族主义、多元文化主义和公民》，邓红风译，上海世纪出版集团，2005，第 4~22 页。

④ 〔加〕威尔·金里卡：《少数的权利——民族主义、多元文化主义和公民》，邓红风译，上海世纪出版集团，2005，第 4~22 页。

民族政策有关问题的通知》。上述的一个条例两个通知提出：提供有关服务中，不得歧视少数民族群众。各类宾馆、商店、餐馆等单位不得拒绝少数民族群众入住、购物、饮食；各类交通工具经营者不得拒载少数民族群众。

但是，有些问题仅靠条例和通知不能解决。条例和通知在法律效力上低于法律，从内容和措施上看也存在明显的局限性和不足。条例内容抽象，操作性不强，没有可诉性，在实际工作中很难有效地保障城市少数民族的合法权益，在处理民族问题、协调民族关系时也缺乏足够的法律强制力。为适应新形势下城市民族工作的变化，减少民族矛盾，应加快《城市少数民族权益保护法》的立法，它的内容应涉及少数民族人口城市就业问题，聘用少数民族人员的企业和少数民族人员在内地创办的企业在信贷、税收、工商等方面享受优惠政策问题，对歧视少数民族人员的宾馆、酒店、出租车等服务行业实施处罚问题，少数民族犯罪分子的处罚问题，少数民族农民工的社会保障问题，对侮辱少数民族风俗、文化、宗教等事件的处理问题，清真食品管理问题等等。保护少数民族权益方面的内容，应具体写入《刑法》、《民法》、《民族区域自治法》、《就业促进法》和《消费者权益保护法》等法律。

（六）发挥少数民族同乡会和民族促进会等民族社团的作用

少数民族社团在个人与社会、个人与政府之间起着桥梁和纽带作用。民族社团一方面将少数民族的意愿和要求反映给政府，维护少数民族的合法权益，避免个人与政府的直接冲突，起着维护社会稳定的作用；另一方面对其社团成员给予充分的帮助和扶持，在提供信息、加强本民族内部凝聚力、维护民族传统文化等方面都起到了政府无法替代的作用[1]。在内地城市，新疆少数民族流动人口数量少而且很分散，管理、预防犯罪、保护其合法权利的难度大。由民宗委牵头，建立新疆籍少数民族流动人口的新疆

---

[1] 林均昌：《城市少数民族流动人口的"平等保护"》，《西北第二民族学院学报》2007 年第 3 期。

同乡会、民族促进会等组织，推选来城市时间较长、合法经营、有一定威望的新疆人员当会长，会长负责登记新疆籍流动人员，摸清基本情况。每年古尔邦节、肉孜节等穆斯林节日，组织各种娱乐、团拜会等活动，把他们集中起来，宣传党的民族政策、法律法规和权益保护方面的基本知识。通过这些活动，增强他们的社会责任感、国家意识和民族团结意识，特别是提高他们对当地的归属感。新疆少数民族流动人口在内地城市能进得来、留得住、富起来。他们在城市经营务工挣的钱，一方面改善自己的生活，另一方面寄给老家亲属，帮他们提高收入。他们还把贫困民族地区的一些同乡、亲戚带到内地市场务工经商，帮助他们解决转移就业问题。

最近召开的对口援疆工作会议提出，通过 10 年时间，最大限度地缩小新疆与内地差距，确保 2020 年新疆实现全面小康社会目标。农村剩余劳动力顺利转移有利于农业的发展和农业生产率的提高。工业和城市化是农村劳动力转移的推动力，政府的政策引导、教育培训也在农村劳动力转移中发挥着重要作用。不论农村劳动力转移是就地转移还是异地转移，保护他们的权益是实现社会公平、正义的题中之意。少数民族农村劳动力有效、有序、快速流动并保护其权益，是提高少数民族农民收入，缩小地区与地区之间、民族与民族之间的收入差距的重要举措，同时有助于实现民族团结、边疆民族地区的长治久安以及和谐社会和社会主义新农村建设。

第二节　新疆被征地农民之法律保障

随着城乡一体化进程的推进，我国的城镇化水平不断提高，城镇人口稳步增长，农民的生产方式产生了很大的变化，社会结构正在悄然转变，新的社会经济增长方式也正在形成之中，城市化将是我国不可阻挡的潮流。当然，在城乡一体化过程中，同样也出现了一些亟待解决的问题，随着农村土地的逐年减少，农村人口的身份逐渐转变，城镇占用的土地面积和城镇人口数量不断增加，协调和发展好这一数量逐渐增多的群体将关乎社会的稳定和发展。土地是一种物，是最重要的不动产，自古以来即是人类赖以生存和发展的基础①，而在征地过程中，诸多方面法律的不完善，导致被征地农民的应有权益无法得到维护，社会不稳定因素增多。法律工作者应立足于长远发展，尽快完善有关被征地农民的法律法规，制定一定区域内统一的操作标准，争取做到被征地农民工作的统一化和标准化，法律法规的健全，将是此项工作步入成熟阶段的标志。法律保障应当从立法和实施步骤过程中着手，建立健全法律法规，做到有法可依，更要严格司法程序，做到有法必依。

一 新疆被征地农民保障工作的现状

（一）取得了一定的成果

新疆各地区按照《新疆维吾尔自治区被征地农民就业培训和社会保障实施办法》（新政办发［2008］140号）的精神，制定了相应的地方行政法规和规章，取得了一定的积极成果。各地区采用多种语言方式加强宣传工作，深入基层进行讲解，提高了被征地农民对行政法规的认识，被征地农民思想上有了很大提高，参加社会保险的意识不断加强，参保率有了很大提升。以伊犁州为例，截至2011年11月15日，伊犁州2011年以前被征地农民中愿意参加被征地农民养老保险的1881人中，已参保1114人，参保率为66.3%。为把我国建设成为一个现代化国家，为促进经济协调发展，为提高广大人民群众的生活水平，自治区以确保被征地农民生活水平不降低、长远生计有保障为出发点，维护了被征地农民的合法权益，保障了被征地农民的生产和生活，被征地农民的养老保险也得到了一定的保障，被征地农民可以在不同时段分别参加城镇企业职工基本养老保险、被征地农民养老保险、新型农村养老保险等多种险种。此外，被征地农民在符合一定条件时可

---

① 顾华详：《论古代土地所有权保护制度的特征》，《法学研究》，2009年3月，第30期第1卷，第60页。

被纳入城、乡最低生活保障。为确保被征地农民失地不失业，各地区通过多种方式拓宽就业渠道，创造就业机会。综合以上这些措施，维护了自治区的社会稳定，提高了农民生活水平，转变了生产方式，拉动了城乡经济长远发展，也促进了全区的经济发展。

（二）存在的不足

在一个发展中国家，农民对土地的依赖程度较高，土地不仅是农民的基本生产资料和生活来源，更重要的是，在农村社会保障体系缺失或者尚未健全的情况下，土地具有最终的社会保障功能①。因此，对失地农民的补偿应考虑两个方面：一是作为生产、生活资料的补偿；二是对社会保障的补偿②。因被征地农民保障工作是一项长期性、复杂性的工程，涉及国土资源、财政、审计、民政、农业、卫生、建设、法制、房产、公安、监察等多部门的配合，致使申报、审核工作缓慢，工作效率不能提高，被征地农民的合法权益不能及时有效地得以保障。被征地农民保障工作属县（市）级统筹，各县（市）有一定的自主权，因各地方政府财政能力的不同而保障水平也参差不齐，乌鲁木齐市等财政能力较强的城市，被征地农民保障水平较高，而区内绝大多数地方政府财力薄弱，被征地农民保障水平低，没有最低保证数。以伊犁州为例，截至2011年11月11日，伊犁州已享受养老金待遇的被征地农民月人均为477元，远不足以保证日常生活。在征地过程中，部分被征地的农民没有被纳入被征地农民养老保险体系，只有全部失地农民才能进入被征地农民养老保险体系当中，导致部分失地农民的养老得不到保障。更早的被征地农民养老保险工作过程中，程序最复杂，面临困难最艰难的属衔接问题，因统筹层次低，各地区的标准不一，不能达到有效的统一，各地区各险种不能够平稳接续，在实际操作中存在着许多障碍，出现许多待遇差别问题，农民意见较为强烈。被征地农民保障工作属县（市）级统筹，

---

① 陈梦平：《失地农民利益如何得到保障》，《前线》2004年第6期，第38页。
② 张建飞：《征地过程中农民权益的法律保护——征地法律制度完善探析》，《法学杂志》2005年第3期。

致使存在地域限制，各地区不能达到统一、一致的标准，异地缴费、转移困难，给农民增加了生活成本，县（市）级财政能力一般较为薄弱，资金难以得到保障，基金存在潜在风险，因各地区财力的不同，可维持的时间也不同，乌鲁木齐的被征地农民养老保险基金至少可维持 10 年以上，而伊利州的部分县（市）却只能维持 4~5 年，部分地区的基金存在崩盘的危险。

虽然各地区做了大量保证就业的工作，创新了各种就业形式，但在市场条件下，用人单位的用人基本原则是因能定岗、竞争上岗，但失地农民大部分文化程度较低，据调查统计，在被征收土地的农民中，初中以下文化程度占到了一半以上，大大限制了失地后重新就业的机会。加之相当一部分失地农民年龄偏大，安排再就业，难度明显较大。还有一些被征地农民往往因对工作的不满意而中途放弃，仍旧回到失业状态，究其原因，是缺乏就业动态跟踪监测机制，而绝大多数地区无法做到这一点。

二　行政立法视角下的保护

被征地农民的保障是一项行政行为，为确保该行政行为的合法性、合理性，体现行政行为的基本原则，应当从源头树立正确的导向，保证行政立法的科学性、一致性、可操作性及时代性。

被征地农民保障工作的行政立法，应当体现一定的一致性，这里的一致性，是指行政立法时下位法与上位法要保持相一致，不能出现矛盾，在制定相关地方政府规章时，确保与自治区的地方性法规相一致，不能违背上位法，因此，法规的审查是一项重要而复杂的工作，对行政法规和规章的解释需要紧跟社会发展的步伐，真正做到有法可依。被征地农民保障工作也应当体现一定的科学性，所谓立法的科学性，是指行政立法过程，要具备一定的立法技术，体现与自然和社会发展的一致性、同步性，考虑到相关各因素。

首先，被征地农民在行政过程中处于绝对的劣势地位，各地方政府主体处于优势地位，行政法规和规章的不健全，往往会导致被征地农民的权益不能得到很好的保护，产生各种矛盾，出现农民集体上访事件。因此，在征地过程中，征地程序必须规范透明，让被征地农民参与征地过程，以尊重他们的土地权利，保证他们在土地上所应得的权益①。在立法过程中，要从源头上避免行政法规、规章的不健全和不合理，立法应立足于被征地农民的权益保护，从被征地农民的利益出发，平衡各种矛盾，做到各方因素的互相制约和有序发展，并不断增强立法技术，争取行政立法的科学性。

其次，在立法时，社会的发展因素也是很重要的一方面，如果没有考虑到社会发展因素，就无法做到立法与社会发展的一致性和同步性，这样的地方性法规往往是落后的，不具有时代性和先进性。比如在立法时，确定被征地农民的补偿金和养老金时，要考虑到社会发展过程中的物价因素，随着全球化程度的不断加强，我国国内市场与国际市场的联系日益紧密，物价受到的影响不断增强，物价水平的波动也更加明显，成为影响农民生活的重要因素之一。

最后，被征地农民保障工作的行政立法也应考虑到农民的心理因素，土地是农民收入的最主要来源，农民赖以生存和发展的物质基础，征收农民的土地，不仅切断了农民收入的来源，而且农民赖以生存的物质基础也动摇了，所以，在行政立法时，应当重新为被征地农民确立可靠、长久的收入来源渠道，保障被征地农民收入有保证，生活有依靠，特别是能够从根本上解决失地农民的就业问题。

三　权益保障过程中的法律保护

（一）征地过程中的法律保护

土地是最重要的生产资料，也是最重要的不动产，在征地过程中，对征收农民土地的面积、位置、用途、使用年限、搁置时间等都要进行监督，确保土地的合理使用。各地方政府的行政行为应当按照合法行政、合理行政、程序正当、高效便民、城市信

---

① 韩俊：《失地农民的就业和社会保障》，http://guancha.gmw.cn，《光明观察周刊》2005 年 6 月 28 日。

用、权责统一的原则依法行政，对征收农民土地的面积严格把关，以防止对土地的滥用和过度征收，对被征收土地的使用用途进行长期跟踪监督，严格依照法律法规确保土地不被闲置，防止对土地的炒作，稳定土地使用价格，特别是用以商品房建设的被征收土地，土地使用价格的不稳定，将直接导致房价的攀升，影响到钢铁、建设等行业，对社会产生不利的影响，总之，征收土地的各个步骤都要有健全的法律法规来保障。

（二）养老保险过程中的法律保护

在整个征地过程中，被征地农民的养老保险是最为复杂，也是问题最多的一部分，出现"制度打架"的问题，在实践中存在诸多困难，农民的养老保险得不到有力的保障。

首先，被征地农民养老保险缺乏最低保证数，保障水平低，多数地区的养老金无法满足农民的生活要求，以伊犁州为例，截至 2011 年 11 月 11 日，全州已享受养老金待遇的被征地农民月人均为 477 元，按照这样的保障水平，以及物价的不断上涨，被征地农民老年生活根本无法得到保障，针对这个问题，应该加强行政立法，规定被征地农民养老保险的最低保证数，并根据物价波动幅度，提高保障水平。

其次，被征地农民养老保险将部分失地农民排除在保障范围之外，部分被征地农民的养老保险无法得到保障，在疆内一些地区，地方政府将部分失地农民纳入新型农村养老保险，或者将每户的几个人的失地面积累积到一个人的份额中，让一个农民进入被征地农民养老保险体系中，但即使是通过此种方法，也达不到保障农民权益的要求，地方性法规和地方政府规章应当将部分失地农民纳入保障范畴，转变保障标准，降低门槛，让部分失地农民有法可依。

再次，被征地农民养老保险与其他养老保险险种的衔接是阻碍农民保障工作的最大困难，各种养老保险之间缺乏有效地统一标准，致使实际操作中出现各政策之间的矛盾和空白，因此，缓解矛盾和填补空白的行政立法工作迫在眉睫。

最后，被征地农民养老保险属县（市）级统筹，统筹层次偏低，异地缴费、转移困难，存在多种限制，多数地区养老基金存在潜在风险，最行之有效的解决途径是出台全疆统一的地方性法规，将统筹层次提高到自治区级，由自治区统一管理和统筹。

（三）就业过程中的法律保护

地方政府虽然提供了一系列就业岗位，创新了许多就业形式，但失地农民大部分文化程度较低，然而在市场经济条件下，用人单位对就业者的要求不断提高，因此，大大限制了农民失地后重新就业的机会。失地农民往往是在一些收入低、工作环境艰苦的岗位就业，多数失地农民往往中途放弃工作，回到失业状态，因此，自治区行政立法时应重视被征地农民的就业问题，建立农民就业动态跟踪监测机制，从立法上保障失地农民就业问题。

四　解决矛盾过程中的司法保障

（一）征地过程中存在的矛盾

首先，征地行为主要是政府行为，当代美国社会学家塞尼茨尼克指出："哪里有官员行为，那里就有可能出现专断的决定，因此，凡是存在官员行为的地方，就存在法治问题。"[①] 在政府财政自理的压力下，以及扭曲的政绩观的驱动下，各地方政府普遍存在创收和招商引资的动机，由此导致政府自觉不自觉地倾向于使用手中的权力谋利。许多地方官员，甚至不惜以牺牲农民的利益、违反国家法律法规为代价，非法征地。笔者认为农民失地、合法权益得不到保护的根源是部分官员不守法，官员不守法的根源则在于官员政绩考核不科学，考核内容比较单一、不全面，只看财政收入情况，不考核社会稳定等方面的因素。因此，官员以违法为代价，强行低价征用农民土地，再高价出让给房产公司，不仅侵害了农民利益，又促使了房价上涨。

其次，出现监管者"监守自盗"等现象。一些基层土地部门在未完善相关手续的前提下，私自占用农田，竟然成了违法占地

---

① 转引自张文显《二十世纪西方法哲学思潮研究》，法律出版社，2006，第519页。

的"主角"。上级土地监管部门对于自身基层机构的违法行为监管不力,放任的后果将导致土地监管在该地区实际无法进行。土地虽然由土地监管部门负责具体管理,但这并不代表土地因此成为土地监管部门自身的囊中之物,可以对之随意处置。

再次,大量征地对农民而言意味着人均耕地面积不断减少。为了保住赖以生存的耕地,被征地农民与政府之间产生矛盾,通过各种法律形式,问题迟迟得不到解决,被征地农民合法权益得不到应有的保障。一些农民甚至多次上访,并遭受当地警方非法拘禁。这些丑闻,在很大程度上损害了政府形象,更加剧了被征地农民与政府之间的矛盾,造成了恶劣的社会影响。

最后,部分地区在征地过程中,法律监督机关和执行机关的法律地位得不到应有的尊重,同级政府越位、越权,对人民法院、人民检察院甚至是人大常委会安排额外工作任务,甚至是征地、房屋拆迁及其他农村工作任务等情况较普遍存在,直接影响到人大行使监督权、人民法院依法独立行使审判权、人民检察院依法独立行使检察权,甚至影响到我国全面推进民主法制建设进步,对此群众意见较大。如某县人民政府办公室于 2003 年 8 月 24 日,发出文件,即《关于成立广场北侧用地拆迁工作组的通知》,包括县人大主任、县人民法院院长、县人民检察院副检察长、公安局副局长都是拆迁工作组成员;2008 年某街区建设第二组责任任务分配表显示,某县人大办主任分配被拆迁户 3 户,县法院院长 3 户。

(二)矛盾解决方法

首先,为失地农民提供平等的行政救济、司法救济的渠道和机会。显而易见,在现行的法律框架下,政府拥有较大的农地处置权和收益权,而农民基本上没有讨价还价的空间,他们既不能参与决定土地征用是否应该,也不能对地方政府征地用途形成有效的监督和约束,地方政府成了农地的终极所有者,而农民集体只拥有有限的土地使用权①。失地农民是社会弱势群体,当合法

---

① 高帆:《土地纠纷:一个宏观视角的解析》,《学海》2006 年第 4 期。

权利遭受侵犯时，他们没有能力支付因寻求行政救济或司法救济所需的成本（包括时间、金钱、必要的法律知识等），故政府和社会专门的法律援助机构应当为失地农民提供多种方式的法律援助，为其提供平等地享有行政救济、司法救济权利的渠道和机会。

其次，政府要坚持依法行政，杜绝违法征地等现象的出现。朱镕基总理曾说过：我们政府机关应该处在一个公正的、客观的地位，去实施监督。如果一个政府机关在行使职权时有自身利益的话，就有可能利用职权为本部门、本单位谋利益，从而丧失了公正、公平的地位。政府最基本的职能就是依法行政。政府作为法律的执行者、公共利益的保护者，应当树立正确的政绩观，并且自己首先应当忠实遵循保护公共利益的法规，将法律有关公共利益的规定作为自己行动的指针，并在直接事关自身的行动中，模范遵守法律和维护公共利益，而不是反其道而行之。

再次，法律监督机关、执法、司法机关应当做好自己的本职工作，摆正自己在征地过程中的位置，发挥自己应有作用。司法机关不能既当裁判，又当运动员，即司法机关不能参与征地过程。这样明显将有失司法公证，检察院、法院等司法机构不是土地征收的当事人，立场应当相对中立、超脱，更不能成为征地的主体。只有这样，相关法律执行程序才能更加严格。只有坚持按照法律程序进行征地相关工作，努力与被征地人达成补偿协议，才能最大限度地维护被征地人的利益，降低被征地农民与政府发生矛盾的几率。

　　　　为什么我的眼里常含泪水，
　　　　因为我对这片土地爱的深沉……

　　　　　　　　　　　　　　　　——艾青

解决好农民权益问题不仅是中国社会发展的基石，更是社会稳定和谐发展的前提。构建和谐社会，和农业、农村、农民存在着千丝万缕的联系。只有善待我们的农民，中国才有一个稳定和繁荣的未来！

最后，笔者希望能够尽快制定我国《土地征收法》，只有不断完善相关立法，才能进一步保障农民合法权益，改变失地农民的弱势地位。

附　录

I　问卷和调查提纲

新疆被征地农民就业和社会保障问题问卷调查提纲

姓名：_____

地址：_____市_____乡（街道）_____村（社区）_____

您所得到的土地补偿金每亩_____元，一共_____元。

每月领取的养老金为_____元，所交的养老金为_____元。

1. 您的性别：（　　）

A. 男　　　　　　　　B. 女

2. 您的年龄是：（　　）

A. 18 岁以上　　　　B. 18 ~ 25 岁之间

C. 25 ~ 45 岁之间　　D. 45 ~ 60 岁之间　　E. 60 岁以上

3. 您的文化程度是：（　　）

A. 小学　　　　　　B. 初中　　　　　　C. 高中

D. 中专　　　　　　E. 其他

4. 您每年的收入水平是：（　　）

A. 1000 元以下　　　B. 1000 ~ 3000 元　　C. 3000 ~ 4000 元

D. 4000 ~ 5000 元　　E. 5000 元以上

5. 您目前的主要收入来源：（　　）

A. 农业收入　　　　B. 打工收入　　　　C. 个体经营

D. 土地补偿收入　　E. 社会保障收入　　F. 其他

6. 您目前的最基本的支出是：（　　）

A. 日常生活开支　　B. 子女教育　　　　C. 赡养长辈

D. 治病买药　　　　　E. 其他

7. 您每个月的平均生活支出为＿＿＿＿＿＿＿元。

8. 您目前的土地补偿安置方式为：（　　　）

A. 留地安置　　　　　B. 现金补偿　　　　　C. 转户口安置

D. 就业安置　　　　　E. 无任何补偿　　　　F. 其他＿＿＿＿＿

9. 您对目前的安置方式：（　　　）

A. 非常满意　　　　　B. 较满意　　　　　　C. 一般

D. 不太满意　　　　　E. 很不满意

10. 土地被征去以后您的生活水平：（　　　）

A. 非常明显的下降　B. 较明显的下降　　C. 没有变化

D. 不太明显的下降　D. 有所提高

11. 您对土地补偿金的用途是：（　　　）

A. 盖房子　　　　　　B. 搞个体户　　　　　C. 储蓄

D. 其他＿＿＿＿＿＿＿

12. 您目前最担心的是：（　　　）

A. 养老　　　　　　　B. 医疗　　　　　　　C. 子女教育

D. 自然灾害　　　　　E. 就业　　　　　　　F. 农业生产

G. 其他＿＿＿＿＿＿

13. 您目前最大困难的是：（　　　）

A. 养老　　　　　　　B. 医疗　　　　　　　C. 子女教育

D. 自然灾害　　　　　E. 就业　　　　　　　F. 农业生产

G. 其他＿＿＿＿＿＿

14. 您目前参加的保险类型：（　　　）

A. 农村养老保险　　B. 医疗保险　　　　　C. 合作医疗

D. 城镇养老保险

15. 您是否参加被征地农民的养老保险：（　　　）

A. 是　　　　　　　　B. 否

16. 您对被征地农民社会保障政策的了解程度：（　　　）

A. 非常了解　　　　　B. 较了解　　　　　　C. 有一点了解

D. 不了解

17. 您目前参加的被征地农民的养老保险是否具有强制性：

（　　　）

A. 强制性　　　　　　B. 自愿

18. 您认为被征地农民参加养老保险应当是：（　　　）

A. 强制性　　　　　　B. 自愿

19. 您认为目前被征地农民参加养老保险主要存在的问题：
（　　　）

A. 领取金额低　　　B. 缴费困难　　　　C. 手续复杂

D. 其他_____

20. 您对目前的被征地农民养老保险办法的执行：（　　　）

A. 非常满意　　　　B. 较满意　　　　　C. 一般

D. 不太满意　　　　E. 很不满意

21. 您是否愿意把土地补偿金的一部分用于养老保险：（　　　）

A. 非常愿意　　　　　B. 较愿意　　　　　C. 不太愿意

D. 很不愿意

22. 被征地以后相关部门是否为您提供就业培训：（　　　）

A. 是　　　　　　　　B. 没有

23. 您目前最需要的培训形式是：（　　　）

A. 语言培训　　　　B. 技能培训　　　　C. 其他_____

24. 目前的主要就业方式是：（　　　）

A. 开农贸市场　　　B. 开出租车　　　　C. 公益性岗位

D. 出租房屋　　　　E. 其他_____。

对相关管理部门的访谈提纲

1. 贵单位在被征地农民社会保障方面做了哪些主要的工作？
实施效果如何？缴费、领取情况如何？是否能够满足他们的生活
需要？存在哪些主要的问题？是否出台了相关的对策？打算怎么
解决？

2. 所辖区被征地农民养老保险方面存在哪些历史遗留的问题？
您认为应该如何解决？尤其是早期被征地农民没有纳入到被征地
农民社保体系，他们目前的情况怎样？这些问题应该怎么解决？

3. 贵单位被征地农民养老保险风险基金运行情况怎么样？存
在哪些主要问题？怎样提高风险基金抗击风险的能力？

4. 贵单位在被征地农民就业培训方面做了哪些实际的工作？

主要存在哪些问题？应怎样解决？需要哪些改进？

5. 您是否对被征地就业情况进行跟踪管理？成效如何？

6. 一些农民目前参加了农村新型养老保险，被征地以后要参加城镇养老保险，您认为新老体系应如何衔接？目前你们的主要做法是什么？

7. 被征地农民养老保险中存在大量的缴费困难群体，他们的缴费问题应如何解决？

8. 您对被征地农民就业和养老保险有哪些意见和建议？

被征地农民的访谈提纲

1. 在被征地农民社会保障方面政府做了哪些主要的工作？实施效果如何？存在哪些主要的问题？您对政府的工作有哪些期望？

2. 您在就业培训、生活方面存在哪些困难？最主要的困难是什么？您有什么要求？

3. 您对征地安置有什么意见？

4. 您在参加被征地农民养老保险过程中存在哪些问题？您认为这些问题应怎么解决？

II　关于印发《新疆维吾尔自治区被征地农民就业培训和社会保障实施办法》的通知

新政办发〔2008〕140 号

关于印发《新疆维吾尔自治区被征地农民就业培训和社会保障实施办法》的通知

伊犁哈萨克自治州，各州、市、县（市）人民政府，各行政公署，自治区人民政府各部门、各直属机构：

《新疆维吾尔自治区被征地农民就业培训和社会保障实施办法》已经自治区第十一届人民政府第 2 次常务会议讨论通过，现印发你们，请认真贯彻执行。

二〇〇八年七月三十一日

新疆维吾尔自治区被征地农民就业培训和社会保障实施办法

第一条 为了推进我区城镇化建设，促进经济社会协调发展，确保被征地农民生活水平不降低、长远生计有保障，根据《国务院办公厅转发劳动保障部关于做好被征地农民就业培训和社会保障工作指导意见的通知》（国办发〔2006〕29号）精神，结合我区实际，制定本办法。

第二条 本办法适用于自治区行政区域内被征地农民就业培训和社会保障工作。

第三条 各级人民政府应当从统筹城乡经济社会和谐发展的高度，认真做好被征地农民就业培训和社会保障工作，建立被征地农民社会保障制度。

第四条 各级人民政府应当落实被征地农民就业安置责任，将被征地农民就业工作纳入当地就业和职业培训工作整体规划，提高被征地农民的职业技能和创业能力，在职业培训和就业服务等方面予以优先安排。

第五条 各级人民政府应当建立健全统筹城乡的就业服务体系，为被征地农民提供有效的职业介绍服务。应当完善和落实就业服务措施，创造有利于被征地农民就业的机制和环境。

第六条 各级人民政府应当鼓励和引导各类单位，尤其是征地单位，优先吸纳被征地农民就业，并积极创造条件，支持和帮助被征地农民自谋职业和自主创业。

第七条 各级人民政府应当将城镇规划区内被征地农民纳入城镇就业服务体系和失业登记管理制度。各级公共就业服务机构应当为被征地农民提供免费的就业服务，把就业困难的被征地农民作为就业援助对象，通过公益性岗位安置等措施，帮助其实现就业。对自谋职业、自主创业实现就业的被征地农民，按照城镇失业人员对待，享受促进就业再就业的创业指导、创业培训、小额贷款担保等扶持政策。

第八条 各地应当落实就业培训资金，制订符合被征地农民特点和市场需求的职业培训计划，积极组织实施被征地农民的职业技能培训和创业培训，由被征地农民自主选择培训的工种；培训补贴标准和程序依照自治区劳动和社会保障厅、财政厅《关于印发〈新疆维吾尔自治区职业培训补贴办法（试行）〉的通知》

（新劳社字〔2006〕16 号）执行。开展被征地农民就业培训所需资金从当地就业再就业经费中列支。

第九条　被征地农民社会保障制度以地、州、市为单位建立并组织实施。社会保障对象包括在自治区行政区域内，因政府统一征收农村集体土地而失去全部、大部分或部分土地，且在征地时处于劳动年龄段（年满 16 周岁，不满 60 周岁，不分男女，下同）及其以上享有农村集体土地承包权的在册农业人口，具体对象由各地确定。

第十条　在城镇规划区范围内，失去全部土地并已达到退休年龄（男、女均 60 周岁，下同）的被征地农民，按照实际从事当地农业生产劳动的年限（最低从年满 16 周岁计算，上学期间以及被依法判处拘役、有期徒刑或被劳动教养期间除外，下同）每满两年折算 1 年，补缴养老保险费（折算出的年限不满一年的按一年计算，下同）。缴费基数为各年的上年度自治区在岗职工平均工资的 60%～100%，缴费比例为 20%。补缴后按照 8% 建立个人账户。一次性补缴满 15 年及以上的，可依照自治区人民政府《关于调整完善城镇企业职工基本养老金计发办法的通知》（新政发〔2006〕59 号）规定的新办法计发养老金，但不执行城镇企业职工基本养老金最低保证数政策。

第十一条　在城镇规划区范围内，失去全部土地并处于劳动年龄段的被征地农民，按照实际从事当地农业生产劳动的年限每满两年折算 1 年补缴养老保险费。缴费基数为各年的上年度自治区在岗职工平均工资的 60%～100%，缴费比例为 20%。补缴后按照 8% 建立个人账户。补费后被用人单位招用的，由用人单位依照城镇企业职工基本养老保险办法继续为其缴纳养老保险费；自谋职业的，依照城镇灵活就业人员基本养老保险办法参保缴费。其先前缴费如数划转，前后缴费年限可合并计算。达到退休年龄、缴费满 15 年及以上的，依照新政发〔2006〕59 号文件规定的新办法计发养老金。

第十二条　在城镇规划区范围内，失去大部分（50% 以上）土地并已达到退休年龄的被征地农民，按照每满两年折算 1 年的办法补缴养老保险费。缴费基数为各年的上年度自治区在岗职工平均工资的 40%～60%，缴费比例为 20%。补费后全部记入个人账户，实行完全积累。一次性补缴 15 年及以上的，按照个人账户累计储存额除以 180 计发基本生活费。

第十三条　在城镇规划区范围内，失去大部分（50% 以上）土地并处于劳动年龄段的被征地农民，按照每满两年折算 1 年的办法补缴养老保险费。缴费基数为各年的上年度自治区在岗职工平均工资的 40%～60%，缴费比例为 20%。补费后全部记入个人账户，实行完全积累。一次性补缴后允许按上述办法继续缴费，缴费满 15 年及以上，待达到退休年龄时，按照个人账户累计储存额除以 180 按月计发基本生活费。

第十四条　在城镇规划区范围内，失去部分（50% 以下）土地并已达到退休年龄的被征地农民，按照每满两年折算 1 年的办法补缴养老保险费。缴费基数为各年的上年度自治区在岗职工平均工资的 20%～40%，缴费比例为 20%。补费后全部记入个人账户，实行完全积累。一次性补缴 15 年及以上的，按照个人账户累计储存额除以 180 计发基本生活费。

第十五条　在城镇规划区范围内，失去部分（50% 以下）土地并处于劳动年龄段的被征地农民，按照每满两年折算 1 年的办法补缴养老保险费。缴费基数为各年的上年度自治区在岗职工平均工资的 20%～40%，缴费比例为 20%。补费后全部记入个人账户，实行完全积累。一次性补缴后允许按照上述办法继续缴费，缴费满 15 年及以上，待达到退休年龄时，按照个人账户累计储存额除以 180 按月计发基本生活费。

第十六条　在城镇规划区范围外，失去全部或大部分（50% 以上）土地的被征地农民，当地政府应当在本行政区域内为其调剂耕地或安排相应的工作岗位。有条件的地方可根据经济社会发展水平建立新型农村养老保障制度，使其享受相应的养老保障待遇。

第十七条　被征地农民在不同时段分别参加城镇企业职工基本养老保险、被征地农民养老保险、农村社会养老保障的，在符合待遇领取条件时，分别享受相应的养老保障待遇或按社会保险有关规定转续养老保险关系，享受相应的待遇。

第十八条　个人账户储存额只用于支付养老保障金，不得提前支取。被征地农民在养老保障期内死亡的，失去全部土地并参加城镇企业职工基本养老保险统筹人员，按照城镇企业职工标准享受丧葬抚恤待遇；失去大部分或部分土地的，将其计入个人账户余额发给其法定继承人或指定受益人，同时终止其养老保障关系。

第十九条　被征地农民的基本养老保障基金由地、州、市社保经办机构统一归集管理，应与城镇职工养老保险基金分账管理，单独核算，专款专用。实行收支两条线和财政专户管理。各地应当严格执行各项财务管理规定，加强资金监督和管理，确保资金的安全和增值，任何单位和个人不得挤占挪用。

第二十条　被征地农民养老保障所需资金，从当地政府批准提高的安置补助费和用于被征地农户的土地补偿费中统一安排，两项费用尚不足以支付的，由当地政府从国有土地有偿使用收入中解决。

第二十一条　被征地农民符合参加就业培训和社会保障条件的，由本人向所在村（居）民委员会提出申请，经乡（镇）政府或街道办事处审核，报县（市、区）劳动和社会保障部门核定。

第二十二条　已参加农村养老保障的被征地农民，原则上仍按原办法执行。

第二十三条　为保证被征地农民的生活水平不下降、长远生计有保障，防止出现养老金支付风险，县（市、区）政府要根据被征地农民数量的增加幅度和平均寿命的提高幅度，从被征用土地出让纯收入中提取部分资金，建立被征地农民的养老保险风险基金，应对未来的支付风险。具体提取比例和金额由各地根据实际需要自行确定，并按照基金管理规定严格管理。

第二十四条　在法定劳动年龄段内有劳动能力的被征地农民，可根据就业状况，参加当地城镇职工基本医疗保险或城镇灵活就业人员基本医疗保险，按照规定享受相应的医疗保险待遇。

第二十五条　被征地农民转为城镇居民的，符合参加城镇居民医疗保险条件的，可参加所在地城镇居民医疗保险，按照规定享受城镇居民相应的基本医疗保险待遇。

第二十六条　城镇规划区范围外被征地农民，其家庭人均土地不低于当地人均土地70%或经调剂土地后不低于当地人均土地70%的，应当参加农村新型合作医疗保险；其家庭人均土地低于70%的，可由当地政府决定是否参加城镇居民基本医疗保险。

第二十七条　被征地农民参加基本医疗保险所需资金从土地补偿费用中列支，直接拨付给当地社会保险经办机构。

第二十八条　被征地农民在城镇实现再就业后，按照规定参加失业保险，享受失业保险待遇。

第二十九条　被征地农民与用人单位建立劳动关系的，由用人单位依法为其办理工伤保险参保手续，并享受工伤保险待遇。

第三十条　被征地农民社会保障方案需报国务院批准的，由自治区劳动和社会保障部门对被征地农民社会保障对象、项目、标准、资金安排和基本措施提出审核意见；需报自治区人民政府批准的，由各地、州、市劳动和社会保障部门提出审核意见。

第三十一条　劳动和社会保障部门主管被征地农民就业培训和社会保障工作，国土资源、财政、建设、民政、农业、公安、审计等部门按各自的职责密切配合，积极稳妥地做好被征地农民的就业培训和社会保障工作。

第三十二条　各地应结合实际制定具体操作办法，并报自治区劳动和社会保障厅备案。

第三十三条　本办法由自治区劳动和社会保障厅负责解释。

第三十四条　本办法自2008年9月1日起施行。自治区劳动和社会保障厅、国土资源厅《关于转发〈关于切实做好被征地农民社会保障工作有关问题的通知〉的通知》（新劳社字〔2007〕72号）下发前已作过安置的被征地农民原则上不再重新处理，下发后的被征地农民就业培训和社会保障适用本办法。

Ⅲ　伊犁州直被征地农民就业培训和社会保障实施办法（暂行）

（2010 年 6 月 2 日经自治区第十届人民政府第十七次常务会议审议通过，2010 年 7 月 20 日发布）

第一条　为了推进州直城镇化建设，促进经济社会协调发展，确保被征地农民生活水平不降低、长远生计有保障，根据《新疆维吾尔自治区被征地农民就业培训和社会保障实施办法》（新政办发〔2008〕140 号）精神，结合州直实际，制定本办法。

第二条　本办法适用于自治州州直行政区域内因实施城镇规划和土地利用总体规划而被依法征收土地的人员（以下简称被征地农民）就业培训和社会保障工作。

第三条　县（市）人民政府应当从统筹城乡经济社会和谐发展的高度，认真做好被征地农民就业培训和社会保障工作。

第四条　征地基准日是指征地补偿安置方案获政府批准的日期，或是被征地单位与征地单位签订的征地协议生效的日期。

第五条　被征地农民的身份认定由村民委员会按照村务公开程序集中申报，经当地乡（镇）人民政府核准，报所辖地派出所核查后，经征地部门初审，报县（市）国土资源管理部门，由县（市）国土资源管理部门对符合本文第二条规定的人员统一发放《被征地农民登记证》。

第六条　被征地农民出生日期以其身份证记载的出生日期为准。

第七条　县（市）人民政府应当落实被征地农民就业安置责任，将被征地农民就业工作纳入当地就业和职业培训工作整体规划，提高被征地农民的职业技能和创业能力在职业培训和就业服务等方面予以优先安排。

第八条　县（市）人民政府应当建立健全统筹城乡的就业服务体系，为被征地农民提供有效的职业介绍服务。应当完善和落实就业服务措施，创造有利于被征地农民就业的机制和环境。

第九条 县（市）人民政府应当鼓励和引导各类单位，尤其是征地单位，优先吸纳被征地农民就业，并积极创造条件，支持和帮助被征地农民自谋职业和自主创业。

第十条 县（市）人民政府应当将城镇规划区内被征地农民纳入城镇就业服务体系和失业登记管理制度。

对被用人单位吸纳就业和从事灵活就业的就业困难被征地农民，按规定享受社会保险补贴政策。

县（市）公共就业服务机构应当为被征地农民提供免费的就业服务，把就业困难的被征地农民作为就业援助对象，通过公益性岗位安置等措施，帮助其实现就业。

对自谋职业、自主创业实现就业的被征地农民，按照城镇失业人员对待，享受促进就业再就业的创业指导、创业培训、小额贷款担保等扶持政策。

第十一条 县（市）应当落实职业培训补贴资金，制订符合被征地农民特点和市场需求的职业培训计划，积极组织实施被征地农民的职业技能培训和创业培训，由被征地农民自主选择培训的工种；培训补贴标准和程序依照自治区劳动和社会保障厅、财政厅《关于印发〈新疆维吾尔自治区职业培训补贴办法（试行）〉的通知》（新劳社字〔2006〕16号）等有关文件规定执行。

被征地农民职业培训补贴资金从当地就业经费中列支。

第十二条 被征地农民社会保障制度以自治州州直为单位建立并组织实施。

第十三条 社会保障对象包括：在自治州直城镇规划区内（含市、县城、镇人民政府所在地）和城镇规划区外因政府统一征收农村集体土地而失去全部、大部分或部分土地，且在征地时处于劳动年龄段年满16周岁，不满60周岁的男性和女性人员；与所在村委会签订有《家庭土地承包合同》，持有《农村土地承包经营权证》；在农村集体经济组织范围内自愿调剂后不再占有农用地且政府无法给予异地移民安置，征地时年满16周岁并享有第二轮承包经营权的在册农业人口；已与村委会签订协议不需要统一安置的。

第十四条　下列人员不能享受本办法的养老保障：

（一）已与州直行政区域内城镇企业建立劳动关系并依法参加社会保险的；

（二）按月领取城镇企业职工基本养老待遇的被征地农民；

（三）16 周岁以下（含未满 16 周岁）的未成年人。

第十五条　参保人应当填写《被征地农民参加养老保障登记表》并提供下列材料：

（一）《被征地农民登记证》

（二）参保人所在村出具的土地承包情况证明

（三）本人户口本、身份证原件及复印件（各一份）

（四）1 寸近期免冠照片四张

《被征地农民参加养老保障登记表》由自治州劳动和社会保障局统一印制。

第十六条　参保人提供的申请材料完整的，社会保险经办机构当场或者在 5 个工作日内为参保人办理相关手续；参保人提供材料不完整的，社会保险经办机构当场或者在 5 个工作日内一次性告知参保人需要补正的全部材料。

第十七条　在城镇规划区范围内、失去全部土地并已达到退休年龄（男、女均 60 周岁，下同）的被征地农民按照实际从事当地农业生产劳动的年限（最低从年满 16 周岁计算，上学期间以及被依法判处拘役、有期徒刑或被劳动教养期间除外，下同）每满两年折算 1 年，补缴养老保险费（折算出的年限不满一年的按一年计算，下同）。

缴费基数为各年的上年度自治区在岗职工平均工资的 60%—100%，缴费比例为 20%。补缴后按照 8% 建立个人账户。

一次性补缴满 15 年及以上的，可依照自治区人民政府《关于调整完善城镇企业职工基本养老金计发办法的通知》（新政发［2006］59 号）规定的新办法计发养老金，但不执行城镇企业职工基本养老金最低保证数政策。

第十八条　在城镇规划区范围内，失去全部土地并处于劳动年龄段的被征地农民，按照实际从事当地农业生产劳动的年限每满两年折算 1 年补缴养老保险费。

缴费基数为各年的上年度自治区在岗职工平均工资的60%—100%，缴费比例为20%。补缴后按照8%建立个人账户。

补费后被用人单位招用的，由用人单位依照城镇企业职工基本养老保险办法继续为其缴纳养老保险费；自谋职业的，依照城镇灵活就业人员基本养老保险办法参保缴费。其先前缴费如数划转前后缴费年限可合并计算。达到退休年龄、缴费满15年及以上的，依照新政发〔2006〕59号文件规定的新办法计发养老金。

第十九条　在城镇规划区范围内，失去大部分（50%以上）土地并已达到退休年龄的被征地农民，按照每满两年折算1年的办法补缴养老保险费。

缴费基数为各年的上年度自治区在岗职工平均工资的40%—60%、缴费比例为20%。补费后全部记入个人账户，实行完全积累。

一次性补缴15年及以上的，按照个人账户累计储存额除以180按月计发基本生活费。

第二十条　在城镇规划区范围内，失去大部分（50%以上）土地并处于劳动年龄段的被征地农民按照每满两年折算1年的办法补缴养老保险费。

缴费基数为各年的上年度自治区在岗职工平均工资的40%—60%，缴费比例为20%。补费后全部记入个人账户，实行完全积累。

一次性补缴后允许按上述办法继续缴费，缴费满15年及以上，待达到退休年龄时，按照个人账户累计储存额除以180按月计发基本生活费。

第二十一条　在城镇规划区范围内，失去部分（50%以下）土地并已达到退休年龄的被征地农民，按照每满两年折算1年的办法补缴养老保险费。

缴费基数为各年的上年度自治区在岗职工平均工资的20%—40%，缴费比例为20%。补费后全部记入个人账户，实行完全积累。

一次性补缴15年及以上的，按照个人账户累计储存额除以180计发基本生活费。

第二十二条　在城镇规划区范围内，失去部分（50％以下）土地并处于劳动年龄段的被征地农民，按照每满两年折算 1 年的办法补缴养老保险费。

缴费基数为各年的上年度自治区在岗职工平均工资的 20％—40％，缴费比例为 20％。补费后全部记入个人账户，实行完全积累。

一次性补缴后允许按照上述办法继续缴费，缴费满 15 年及以上，待达到退休年龄时，按照个人账户累计储存额除以 180 按月计发基本生活费。

第二十三条　在城镇规划区范围外，失去全部或大部分（50％以上）土地的被征地农民，当地政府应当在本行政区域内为其调剂耕地或安排相应的工作岗位。有条件的县（市）可根据经济社会发展水平建立新型农村养老保障制度使其享受相应的养老保障待遇。

第二十四条　被征地农民在不同时段分别参加城镇企业职工基本养老保险、被征地农民养老保险、农村社会养老保障的，在符合待遇领取条件时，分别享受相应的养老保障待遇或按社会保险有关规定转续养老保险关系享受相应的待遇。

根据中央工作会议精神，2012 年自治区新型农村养老保险实行全覆盖，失去部分土地的农民按有关政策纳入新型农村养老保险。

第二十五条　养老保障金实行社会化发放，由县（市）社会保险经办机构委托邮电、银行等机构代发，确保按时足额支付。

第二十六条　为保证被征地农民的生活水平不下降、长远生计有保障，防止出现养老金支付风险，县（市）人民政府要根据被征地农民数量的增加幅度和平均寿命的提高幅度从被征用土地出让纯收入中提取部分资金，建立被征地农民的养老保险风险基金，应对未来的支付风险。提取比例为 20％，并按照基金管理规定严格管理。

第二十七条　个人账户储存额只用于支付养老保障金，不得提前支取。

第二十八条　参保人终止养老保险关系的，其个人账户按以下办法结算：

1. 被征地农民在养老保障期内死亡的，失去全部土地并参加城镇企业职工基本养老保险统筹人员，按照城镇企业职工标准享受丧葬抚恤待遇；

2. 失去大部分或部分土地的，将其计入个人账户余额发给其法定继承人或指定受益人，没有法定继承人的，转入储备基金，同时终止其养老保障关系。

3. 参保人因户籍迁出自治州直行政区域或出（国）境定居原因终止养老保险关系的，经本人申请，个人账户储存额（含利息）可一次性退还给本人，并终止养老保险关系。

4. 参保人达到本办法规定领取养老金年龄时，累计缴费年限达不到15年，本人又不愿再继续缴费的，个人账户储存额（含利息）一次性退还给本人，并终止养老保险关系。

第二十九条　被征地农民的基本养老保障基金实行分级负担，由自治州社会保险管理局统一归集管理，应与城镇职工养老保险基金分账管理，单独核算，专款专用。实行收支两条线和财政专户管理。

严格执行各项财务管理规定，加强资金监督和管理，确保资金的安全和增值，任何单位和个人不得挤占挪用。劳动保障、审计、财政部门要依法进行管理和监督。

第三十条　被征地农民养老保障所需资金从当地政府批准的安置补助费和用于被征地农户的土地补偿费中统一安排，两项费用尚不足以支付的由当地政府从国有土地有偿使用收入中解决。

被征地农民基本养老保障基金筹集由个人、村集体、财政共同承担，其中个人承担30%、村集体承担20%、财政承担50%。

第三十一条　基本养老保障基金按照城镇企业职工社会保险基金存款利率计息；个人帐户的管理比照城镇职工基本养老保险制度的个人帐户进行管理。

第三十二条　被征地农民参加基本养老保障的，由村民委员会统一办理一次性基本养老保障积累金缴纳手续。办理手续时，由村民委员会持被征地农民的花名册、被征地农民《居民身份证》和《被征地农民登记证》原件到县（市）劳动保障部门核定基本养老保障积累金起始年度和缴费金额。

第三十三条　符合本办法的被征地农民必须自本办法执行之日或征地基准日起一年之内，一次性建立基本养老保障积累金。逾期则不能享受财政补助。

因特殊情况，确实没有能力一次性缴纳基本养老保障积累金的，需与县（市）社会保险经办机构签订分次缴纳协议，但首次缴纳金额不低于应缴总额的60%，其后每次缴纳不得低于应缴费总额的10%，并加收同期存款利息。在申领基本养老保障待遇时，必须全部缴清。

第三十四条　已参加农村养老保障的被征地农民，原则上仍按原办法执行。

第三十五条　在法定劳动年龄段内有劳动能力的被征地农民，可根据就业状况，参加自治州城镇职工基本医疗保险或城镇灵活就业人员基本医疗保险，按照规定享受相应的医疗保险待遇。

第三十六条　被征地农民转为城镇居民的，符合参加城镇居民医疗保险条件的，可参加自治州城镇居民医疗保险，按照规定享受城镇居民相应的基本医疗保险待遇。

第三十七条　城镇规划区范围外被征地农民，自愿参加农村新型合作医疗保险或参加城镇居民基本医疗保险。

第三十八条　被征地农民参加基本医疗保险所需资金从土地补偿费用中列支，直接拨付给所在地社会保险经办机构。

基金的征收、支付和管理，按照《伊犁哈萨克自治州城镇职工基本医疗保险实施办法》、《伊犁哈萨克自治州灵活就业人员基本医疗保险实施办法》和《伊犁哈萨克自治州城镇居民基本医疗保险实施办法》执行。

第三十九条　被征地农民在城镇实现再就业后，按照规定参加失业保险，享受失业保险待遇。

第四十条　被征地农民与用人单位建立劳动关系的，由用人单位依法为其办理工伤保险参保手续，并享受工伤保险待遇。

第四十一条 被征地农民身份属城镇居民并符合城镇居民最低生活保障条件的,纳入城镇居民最低生活保障;被征地农民身份属农村居民并符合农村最低生活保障条件的,纳入农村最低生活保障。纳入城乡居民最低生活保障的被征地农民,按属地管理原则由所在辖区管理。

第四十二条 被征地农民培训就业和社会保障工作由自治州人民政府统一领导。各县(市)人民政府负责各项基础工作,建设被征地农民就业培训和社会保障工作平台。

劳动保障部门负责被征地农民培训就业和社会保障工作政策的组织实施、检查监督和指导服务工作,并根据自治州实际情况适时制定被征地农民培训就业和社会保障工作的补充配套措施和办法。

国土资源部门负责土地征用情况,被征地农民身份和人数的认定,协调征地安置补偿费中社会保障基金的统计、拨付工作。

财政部门负责落实被征地农民社会保障基金的管理监督和政府承担部分的资金筹集、调剂、调拨工作。

审计部门依法加强对被征地农民社会保障基金的审计监督工作。

民政部门负责被征地农民的最低生活保障工作。

农业部门负责提供土地承包的变化情况工作。

卫生部门负责被征地农民的农村新型合作医疗保险工作。

监察、法制、建设、规划、房产、公安等相关部门,按各自职能,协调配合,实施本办法。

第四十三条 本办法由自治州劳动和社会保障局负责解释。

第四十四条 本办法自发布之日起施行。

Ⅳ 中华人民共和国社会保险法

（2010 年 10 月 28 日第十一届全国人民代表大会常务委员会第十七次会议通过）

第一章 总 则

第一条 为了规范社会保险关系，维护公民参加社会保险和享受社会保险待遇的合法权益，使公民共享发展成果，促进社会和谐稳定，根据宪法，制定本法。

第二条 国家建立基本养老保险、基本医疗保险、工伤保险、失业保险、生育保险等社会保险制度，保障公民在年老、疾病、工伤、失业、生育等情况下依法从国家和社会获得物质帮助的权利。

第三条 社会保险制度坚持广覆盖、保基本、多层次、可持续的方针，社会保险水平应当与经济社会发展水平相适应。

第四条 中华人民共和国境内的用人单位和个人依法缴纳社会保险费，有权查询缴费记录、个人权益记录，要求社会保险经办机构提供社会保险咨询等相关服务。

个人依法享受社会保险待遇，有权监督本单位为其缴费情况。

第五条　县级以上人民政府将社会保险事业纳入国民经济和社会发展规划。

国家多渠道筹集社会保险资金。县级以上人民政府对社会保险事业给予必要的经费支持。

国家通过税收优惠政策支持社会保险事业。

第六条　国家对社会保险基金实行严格监管。

国务院和省、自治区、直辖市人民政府建立健全社会保险基金监督管理制度，保障社会保险基金安全、有效运行。

县级以上人民政府采取措施，鼓励和支持社会各方面参与社会保险基金的监督。

第七条　国务院社会保险行政部门负责全国的社会保险管理工作，国务院其他有关部门在各自的职责范围内负责有关的社会保险工作。

县级以上地方人民政府社会保险行政部门负责本行政区域的社会保险管理工作，县级以上地方人民政府其他有关部门在各自的职责范围内负责有关的社会保险工作。

第八条　社会保险经办机构提供社会保险服务，负责社会保险登记、个人权益记录、社会保险待遇支付等工作。

第九条　工会依法维护职工的合法权益，有权参与社会保险重大事项的研究，参加社会保险监督委员会，对与职工社会保险权益有关的事项进行监督

第二章　基本养老保险

第十条　职工应当参加基本养老保险，由用人单位和职工共同缴纳基本养老保险费。

无雇工的个体工商户、未在用人单位参加基本养老保险的非全日制从业人员以及其他灵活就业人员可以参加基本养老保险，由个人缴纳基本养老保险费。

公务员和参照公务员法管理的工作人员养老保险的办法由国务院规定。

第十一条 基本养老保险实行社会统筹与个人账户相结合。

基本养老保险基金由用人单位和个人缴费以及政府补贴等组成。

第十二条 用人单位应当按照国家规定的本单位职工工资总额的比例缴纳基本养老保险费，记入基本养老保险统筹基金。

职工应当按照国家规定的本人工资的比例缴纳基本养老保险费，记入个人账户。

无雇工的个体工商户、未在用人单位参加基本养老保险的非全日制从业人员以及其他灵活就业人员参加基本养老保险的，应当按照国家规定缴纳基本养老保险费，分别记入基本养老保险统筹基金和个人账户。

第十三条 国有企业、事业单位职工参加基本养老保险前，视同缴费年限期间应当缴纳的基本养老保险费由政府承担。

基本养老保险基金出现支付不足时，政府给予补贴。

第十四条 个人账户不得提前支取，记账利率不得低于银行定期存款利率，免征利息税。个人死亡的，个人账户余额可以继承。

第十五条 基本养老金由统筹养老金和个人账户养老金组成。

基本养老金根据个人累计缴费年限、缴费工资、当地职工平均工资、个人账户金额、城镇人口平均预期寿命等因素确定。

第十六条 参加基本养老保险的个人，达到法定退休年龄时累计缴费满十五年的，按月领取基本养老金。

参加基本养老保险的个人，达到法定退休年龄时累计缴费不足十五年的，可以缴费至满十五年，按月领取基本养老金；也可以转入新型农村社会养老保险或者城镇居民社会养老保险，按照国务院规定享受相应的养老保险待遇。

第十七条 参加基本养老保险的个人，因病或者非因工死亡的，其遗属可以领取丧葬补助金和抚恤金；在未达到法定退休年龄时因病或者非因工致残完全丧失劳动能力的，可以领取病残津贴。所需资金从基本养老保险基金中支付。

第十八条 国家建立基本养老金正常调整机制。根据职工平均工资增长、物价上涨情况，适时提高基本养老保险待遇水平。

第十九条　个人跨统筹地区就业的，其基本养老保险关系随本人转移，缴费年限累计计算。个人达到法定退休年龄时，基本养老金分段计算、统一支付。具体办法由国务院规定。

第二十条　国家建立和完善新型农村社会养老保险制度。

新型农村社会养老保险实行个人缴费、集体补助和政府补贴相结合。

第二十一条　新型农村社会养老保险待遇由基础养老金和个人账户养老金组成。

参加新型农村社会养老保险的农村居民，符合国家规定条件的，按月领取新型农村社会养老保险待遇。

第二十二条　国家建立和完善城镇居民社会养老保险制度。

省、自治区、直辖市人民政府根据实际情况，可以将城镇居民社会养老保险和新型农村社会养老保险合并实施。

第三章　基本医疗保险

第二十三条　职工应当参加职工基本医疗保险，由用人单位和职工按照国家规定共同缴纳基本医疗保险费。

无雇工的个体工商户、未在用人单位参加职工基本医疗保险的非全日制从业人员以及其他灵活就业人员可以参加职工基本医疗保险，由个人按照国家规定缴纳基本医疗保险费。

第二十四条　国家建立和完善新型农村合作医疗制度。

新型农村合作医疗的管理办法，由国务院规定。

第二十五条　国家建立和完善城镇居民基本医疗保险制度。

城镇居民基本医疗保险实行个人缴费和政府补贴相结合。

享受最低生活保障的人、丧失劳动能力的残疾人、低收入家庭六十周岁以上的老年人和未成年人等所需个人缴费部分，由政府给予补贴。

第二十六条　职工基本医疗保险、新型农村合作医疗和城镇居民基本医疗保险的待遇标准按照国家规定执行。

第二十七条　参加职工基本医疗保险的个人，达到法定退休年龄时累计缴费达到国家规定年限的，退休后不再缴纳基本医疗保险费，按照国家规定享受基本医疗保险待遇；未达到国家规定年限的，可以缴费至国家规定年限。

第二十八条　符合基本医疗保险药品目录、诊疗项目、医疗服务设施标准以及急诊、抢救的医疗费用，按照国家规定从基本医疗保险基金中支付。

第二十九条　参保人员医疗费用中应当由基本医疗保险基金支付的部分，由社会保险经办机构与医疗机构、药品经营单位直接结算。

社会保险行政部门和卫生行政部门应当建立异地就医医疗费用结算制度，方便参保人员享受基本医疗保险待遇。

第三十条　下列医疗费用不纳入基本医疗保险基金支付范围：

（一）应当从工伤保险基金中支付的；

（二）应当由第三人负担的；

（三）应当由公共卫生负担的；

（四）在境外就医的。

医疗费用依法应当由第三人负担，第三人不支付或者无法确定第三人的，由基本医疗保险基金先行支付。基本医疗保险基金先行支付后，有权向第三人追偿。

第三十一条　社会保险经办机构根据管理服务的需要，可以与医疗机构、药品经营单位签订服务协议，规范医疗服务行为。

医疗机构应当为参保人员提供合理、必要的医疗服务。

第三十二条　个人跨统筹地区就业的，其基本医疗保险关系随本人转移，缴费年限累计计算。

第三十三条　职工应当参加工伤保险，由用人单位缴纳工伤保险费，职工不缴纳工伤保险费。

第三十四条　国家根据不同行业的工伤风险程度确定行业的差别费率，并根据使用工伤保险基金、工伤发生率等情况在每个行业内确定费率档次。行业差别费率和行业内费率档次由国务院社会保险行政部门制定，报国务院批准后公布施行。

社会保险经办机构根据用人单位使用工伤保险基金、工伤发生率和所属行业费率档次等情况，确定用人单位缴费费率。

第三十五条　用人单位应当按照本单位职工工资总额，根据社会保险经办机构确定的费率缴纳工伤保险费。

第三十六条 职工因工作原因受到事故伤害或者患职业病，且经工伤认定的，享受工伤保险待遇；其中，经劳动能力鉴定丧失劳动能力的，享受伤残待遇。

工伤认定和劳动能力鉴定应当简捷、方便。

第三十七条 职工因下列情形之一导致本人在工作中伤亡的，不认定为工伤：

（一）故意犯罪；

（二）醉酒或者吸毒；

（三）自残或者自杀；

（四）法律、行政法规规定的其他情形。

第三十八条 因工伤发生的下列费用，按照国家规定从工伤保险基金中支付：

（一）治疗工伤的医疗费用和康复费用；

（二）住院伙食补助费；

（三）到统筹地区以外就医的交通食宿费；

（四）安装配置伤残辅助器具所需费用；

（五）生活不能自理的，经劳动能力鉴定委员会确认的生活护理费；

（六）一次性伤残补助金和一至四级伤残职工按月领取的伤残津贴；

（七）终止或者解除劳动合同时，应当享受的一次性医疗补助金；

（八）因工死亡的，其遗属领取的丧葬补助金、供养亲属抚恤金和因工死亡补助金；

（九）劳动能力鉴定费。

第三十九条 因工伤发生的下列费用，按照国家规定由用人单位支付：

（一）治疗工伤期间的工资福利；

（二）五级、六级伤残职工按月领取的伤残津贴；

（三）终止或者解除劳动合同时，应当享受的一次性伤残就业补助金。

第四十条 工伤职工符合领取基本养老金条件的，停发伤残津贴，享受基本养老保险待遇。基本养老保险待遇低于伤残津贴的，从工伤保险基金中补足差额。

第四十一条　职工所在用人单位未依法缴纳工伤保险费，发生工伤事故的，由用人单位支付工伤保险待遇。用人单位不支付的，从工伤保险基金中先行支付。

从工伤保险基金中先行支付的工伤保险待遇应当由用人单位偿还。用人单位不偿还的，社会保险经办机构可以依照本法第六十三条的规定追偿。

第四十二条　由于第三人的原因造成工伤，第三人不支付工伤医疗费用或者无法确定第三人的，由工伤保险基金先行支付。工伤保险基金先行支付后，有权向第三人追偿。

第四十三条　工伤职工有下列情形之一的，停止享受工伤保险待遇：

（一）丧失享受待遇条件的；

（二）拒不接受劳动能力鉴定的；

（三）拒绝治疗的。

第五章　失业保险

第四十四条　职工应当参加失业保险，由用人单位和职工按照国家规定共同缴纳失业保险费。

第四十五条　失业人员符合下列条件的，从失业保险基金中领取失业保险金：

（一）失业前用人单位和本人已经缴纳失业保险费满一年的；

（二）非因本人意愿中断就业的；

（三）已经进行失业登记，并有求职要求的。

第四十六条　失业人员失业前用人单位和本人累计缴费满一年不足五年的，领取失业保险金的期限最长为十二个月；累计缴费满五年不足十年的，领取失业保险金的期限最长为十八个月；累计缴费十年以上的，领取失业保险金的期限最长为二十四个月。重新就业后，再次失业的，缴费时间重新计算，领取失业保险金的期限与前次失业应当领取而尚未领取的失业保险金的期限合并计算，最长不超过二十四个月。

第四十七条　失业保险金的标准，由省、自治区、直辖市人民政府确定，不得低于城市居民最低生活保障标准。

第四十八条　失业人员在领取失业保险金期间，参加职工基本医疗保险，享受基本医疗保险待遇。

失业人员应当缴纳的基本医疗保险费从失业保险基金中支付，个人不缴纳基本医疗保险费。

第四十九条　失业人员在领取失业保险金期间死亡的，参照当地对在职职工死亡的规定，向其遗属发给一次性丧葬补助金和抚恤金。所需资金从失业保险基金中支付。

个人死亡同时符合领取基本养老保险丧葬补助金、工伤保险丧葬补助金和失业保险丧葬补助金条件的，其遗属只能选择领取其中的一项。

第五十条　用人单位应当及时为失业人员出具终止或者解除劳动关系的证明，并将失业人员的名单自终止或者解除劳动关系之日起十五日内告知社会保险经办机构。

失业人员应当持本单位为其出具的终止或者解除劳动关系的证明，及时到指定的公共就业服务机构办理失业登记。

失业人员凭失业登记证明和个人身份证明，到社会保险经办机构办理领取失业保险金的手续。失业保险金领取期限自办理失业登记之日起计算。

第五十一条　失业人员在领取失业保险金期间有下列情形之一的，停止领取失业保险金，并同时停止享受其他失业保险待遇：

（一）重新就业的；

（二）应征服兵役的；

（三）移居境外的；

（四）享受基本养老保险待遇的；

（五）无正当理由，拒不接受当地人民政府指定部门或者机构介绍的适当工作或者提供的培训的。

第五十二条　职工跨统筹地区就业的，其失业保险关系随本人转移，缴费年限累计计算。

第六章　生育保险

第五十三条　职工应当参加生育保险，由用人单位按照国家规定缴纳生育保险费，职工不缴纳生育保险费。

第五十四条　用人单位已经缴纳生育保险费的，其职工享受生育保险待遇；职工未就业配偶按照国家规定享受生育医疗费用待遇。所需资金从生育保险基金中支付。

生育保险待遇包括生育医疗费用和生育津贴。

第五十五条　生育医疗费用包括下列各项：

（一）生育的医疗费用；

（二）计划生育的医疗费用；

（三）法律、法规规定的其他项目费用。

第五十六条　职工有下列情形之一的，可以按照国家规定享受生育津贴：

（一）女职工生育享受产假；

（二）享受计划生育手术休假；

（三）法律、法规规定的其他情形。

生育津贴按照职工所在用人单位上年度职工月平均工资计发。

第七章　社会保险费征缴

第五十七条　用人单位应当自成立之日起三十日内凭营业执照、登记证书或者单位印章，向当地社会保险经办机构申请办理社会保险登记。社会保险经办机构应当自收到申请之日起十五日内予以审核，发给社会保险登记证件。

用人单位的社会保险登记事项发生变更或者用人单位依法终止的，应当自变更或者终止之日起三十日内，到社会保险经办机构办理变更或者注销社会保险登记。

工商行政管理部门、民政部门和机构编制管理机关应当及时向社会保险经办机构通报用人单位的成立、终止情况，公安机关应当及时向社会保险经办机构通报个人的出生、死亡以及户口登记、迁移、注销等情况。

第五十八条　用人单位应当自用工之日起三十日内为其职工

向社会保险经办机构申请办理社会保险登记。未办理社会保险登记的，由社会保险经办机构核定其应当缴纳的社会保险费。

自愿参加社会保险的无雇工的个体工商户、未在用人单位参加社会保险的非全日制从业人员以及其他灵活就业人员，应当向社会保险经办机构申请办理社会保险登记。

国家建立全国统一的个人社会保障号码。个人社会保障号码为公民身份号码。

第五十九条 县级以上人民政府加强社会保险费的征收工作。

社会保险费实行统一征收，实施步骤和具体办法由国务院规定。

第六十条 用人单位应当自行申报、按时足额缴纳社会保险费，非因不可抗力等法定事由不得缓缴、减免。职工应当缴纳的社会保险费由用人单位代扣代缴，用人单位应当按月将缴纳社会保险费的明细情况告知本人。

无雇工的个体工商户、未在用人单位参加社会保险的非全日制从业人员以及其他灵活就业人员，可以直接向社会保险费征收机构缴纳社会保险费。

第六十一条 社会保险费征收机构应当依法按时足额征收社会保险费，并将缴费情况定期告知用人单位和个人。

第六十二条 用人单位未按规定申报应当缴纳的社会保险费数额的，按照该单位上月缴费额的百分之一百一十确定应当缴纳数额；缴费单位补办申报手续后，由社会保险费征收机构按照规定结算。

第六十三条 用人单位未按时足额缴纳社会保险费的，由社会保险费征收机构责令其限期缴纳或者补足。

用人单位逾期仍未缴纳或者补足社会保险费的，社会保险费征收机构可以向银行和其他金融机构查询其存款账户；并可以申请县级以上有关行政部门作出划拨社会保险费的决定，书面通知其开户银行或者其他金融机构划拨社会保险费。用人单位账户余额少于应当缴纳的社会保险费的，社会保险费征收机构可以要求该用人单位提供担保，签订延期缴费协议。

用人单位未足额缴纳社会保险费且未提供担保的，社会保险费征收机构可以申请人民法院扣押、查封、拍卖其价值相当于应当缴纳社会保险费的财产,以拍卖所得抵缴社会保险费。

第八章 社会保险基金

第六十四条 社会保险基金包括基本养老保险基金、基本医疗保险基金、工伤保险基金、失业保险基金和生育保险基金。各项社会保险基金按照社会保险险种分别建账,分账核算,执行国家统一的会计制度。

社会保险基金专款专用,任何组织和个人不得侵占或者挪用。

基本养老保险基金逐步实行全国统筹,其他社会保险基金逐步实行省级统筹,具体时间、步骤由国务院规定。

第六十五条 社会保险基金通过预算实现收支平衡。

县级以上人民政府在社会保险基金出现支付不足时,给予补贴。

第六十六条 社会保险基金按照统筹层次设立预算。社会保险基金预算按照社会保险项目分别编制。

第六十七条 社会保险基金预算、决算草案的编制、审核和批准,依照法律和国务院规定执行。

第六十八条 社会保险基金存入财政专户,具体管理办法由国务院规定。

第六十九条 社会保险基金在保证安全的前提下,按照国务院规定投资运营实现保值增值。

社会保险基金不得违规投资运营,不得用于平衡其他政府预算,不得用于兴建、改建办公场所和支付人员经费、运行费用、管理费用,或者违反法律、行政法规规定挪作其他用途。

第七十条 社会保险经办机构应当定期向社会公布参加社会保险情况以及社会保险基金的收入、支出、结余和收益情况。

第七十一条 国家设立全国社会保障基金,由中央财政预算拨款以及国务院批准的其他方式筹集的资金构成,用于社会保障支出的补充、调剂。全国社会保障基金由全国社会保障基金管理运营机构负责管理运营,在保证安全的前提下实现保值增值。

全国社会保障基金应当定期向社会公布收支、管理和投资运营的情况。国务院财政部门、社会保险行政部门、审计机关对全国社会保障基金的收支、管理和投资运营情况实施监督。

第九章 社会保险经办

第七十二条 统筹地区设立社会保险经办机构。社会保险经办机构根据工作需要，经所在地的社会保险行政部门和机构编制管理机关批准，可以在本统筹地区设立分支机构和服务网点。

社会保险经办机构的人员经费和经办社会保险发生的基本运行费用、管理费用，由同级财政按照国家规定予以保障。

第七十三条 社会保险经办机构应当建立健全业务、财务、安全和风险管理制度。

社会保险经办机构应当按时足额支付社会保险待遇。

第七十四条 社会保险经办机构通过业务经办、统计、调查获取社会保险工作所需的数据，有关单位和个人应当及时、如实提供。

社会保险经办机构应当及时为用人单位建立档案，完整、准确地记录参加社会保险的人员、缴费等社会保险数据，妥善保管登记、申报的原始凭证和支付结算的会计凭证。

社会保险经办机构应当及时、完整、准确地记录参加社会保险的个人缴费和用人单位为其缴费，以及享受社会保险待遇等个人权益记录，定期将个人权益记录单免费寄送本人。

用人单位和个人可以免费向社会保险经办机构查询、核对其缴费和享受社会保险待遇记录，要求社会保险经办机构提供社会保险咨询等相关服务。

第七十五条 全国社会保险信息系统按照国家统一规划，由县级以上人民政府按照分级负责的原则共同建设。

第十章 社会保险监督

第七十六条 各级人民代表大会常务委员会听取和审议本级人民政府对社会保险基金的收支、管理、投资运营以及监督检查情况的专项工作报告，组织对本法实施情况的执法检查等，依法行使监督职权。

第七十七条 县级以上人民政府社会保险行政部门应当加强

对用人单位和个人遵守社会保险法律、法规情况的监督检查。

社会保险行政部门实施监督检查时，被检查的用人单位和个人应当如实提供与社会保险有关的资料，不得拒绝检查或者谎报、瞒报。

第七十八条　财政部门、审计机关按照各自职责，对社会保险基金的收支、管理和投资运营情况实施监督。

第七十九条　社会保险行政部门对社会保险基金的收支、管理和投资运营情况进行监督检查，发现存在问题的，应当提出整改建议，依法作出处理决定或者向有关行政部门提出处理建议。社会保险基金检查结果应当定期向社会公布。

社会保险行政部门对社会保险基金实施监督检查，有权采取下列措施：

（一）查阅、记录、复制与社会保险基金收支、管理和投资运营相关的资料，对可能被转移、隐匿或者灭失的资料予以封存；

（二）询问与调查事项有关的单位和个人，要求其对与调查事项有关的问题作出说明、提供有关证明材料；

（三）对隐匿、转移、侵占、挪用社会保险基金的行为予以制止并责令改正。

第八十条　统筹地区人民政府成立由用人单位代表、参保人员代表，以及工会代表、专家等组成的社会保险监督委员会，掌握、分析社会保险基金的收支、管理和投资运营情况，对社会保险工作提出咨询意见和建议，实施社会监督。

社会保险经办机构应当定期向社会保险监督委员会汇报社会保险基金的收支、管理和投资运营情况。社会保险监督委员会可以聘请会计师事务所对社会保险基金的收支、管理和投资运营情况进行年度审计和专项审计。审计结果应当向社会公开。

社会保险监督委员会发现社会保险基金收支、管理和投资运营中存在问题的，有权提出改正建议；对社会保险经办机构及其工作人员的违法行为，有权向有关部门提出依法处理建议。

第八十一条　社会保险行政部门和其他有关行政部门、社会保险经办机构、社会保险费征收机构及其工作人员，应当依法为用人单位和个人的信息保密，不得以任何形式泄露。

第八十二条　任何组织或者个人有权对违反社会保险法律、法规的行为进行举报、投诉。

社会保险行政部门、卫生行政部门、社会保险经办机构、社会保险费征收机构和财政部门、审计机关对属于本部门、本机构职责范围的举报、投诉，应当依法处理；对不属于本部门、本机构职责范围的，应当书面通知并移交有权处理的部门、机构处理。有权处理的部门、机构应当及时处理，不得推诿。

第八十三条　用人单位或者个人认为社会保险费征收机构的行为侵害自己合法权益的，可以依法申请行政复议或者提起行政诉讼。

用人单位或者个人对社会保险经办机构不依法办理社会保险登记、核定社会保险费、支付社会保险待遇、办理社会保险转移接续手续或者侵害其他社会保险权益的行为，可以依法申请行政复议或者提起行政诉讼。

个人与所在用人单位发生社会保险争议的，可以依法申请调解、仲裁，提起诉讼。用人单位侵害个人社会保险权益的，个人也可以要求社会保险行政部门或者社会保险费征收机构依法处理。

第十一章　法律责任

第八十四条　用人单位不办理社会保险登记的，由社会保险行政部门责令限期改正；逾期不改正的，对用人单位处应缴社会保险费数额一倍以上三倍以下的罚款，对其直接负责的主管人员和其他直接责任人员处五百元以上三千元以下的罚款。

第八十五条　用人单位拒不出具终止或者解除劳动关系证明的，依照《中华人民共和国劳动合同法》的规定处理。

第八十六条　用人单位未按时足额缴纳社会保险费的，由社会保险费征收机构责令限期缴纳或者补足，并自欠缴之日起，按日加收万分之五的滞纳金；逾期仍不缴纳的，由有关行政部门处欠缴数额一倍以上三倍以下的罚款。

第八十七条　社会保险经办机构以及医疗机构、药品经营单位等社会保险服务机构以欺诈、伪造证明材料或者其他手段骗取社会保险基金支出的，由社会保险行政部门责令退回骗取的社会保险金，处骗取金额二倍以上五倍以下的罚款；属于社会保险服务机构的，解除服务协议；直接负责的主管人员和其他直接责任人员有执业资格的，依法吊销其执业资格。

第八十八条　以欺诈、伪造证明材料或者其他手段骗取社会保险待遇的，由社会保险行政部门责令退回骗取的社会保险金，处骗取金额二倍以上五倍以下的罚款。

第八十九条　社会保险经办机构及其工作人员有下列行为之一的，由社会保险行政部门责令改正；给社会保险基金、用人单位或者个人造成损失的，依法承担赔偿责任；对直接负责的主管人员和其他直接责任人员依法给予处分：

（一）未履行社会保险法定职责的；

（二）未将社会保险基金存入财政专户的；

（三）克扣或者拒不按时支付社会保险待遇的；

（四）丢失或者篡改缴费记录、享受社会保险待遇记录等社会保险数据、个人权益记录的；

（五）有违反社会保险法律、法规的其他行为的。

第九十条　社会保险费征收机构擅自更改社会保险费缴费基数、费率，导致少收或者多收社会保险费的，由有关行政部门责令其追缴应当缴纳的社会保险费或者退还不应当缴纳的社会保险费；对直接负责的主管人员和其他直接责任人员依法给予处分。

第九十一条　违反本法规定，隐匿、转移、侵占、挪用社会保险基金或者违规投资运营的，由社会保险行政部门、财政部门、审计机关责令追回；有违法所得的，没收违法所得；对直接负责的主管人员和其他直接责任人员依法给予处分。

第九十二条　社会保险行政部门和其他有关行政部门、社会保险经办机构、社会保险费征收机构及其工作人员泄露用人单位和个人信息的，对直接负责的主管人员和其他直接责任人员依法给予处分；给用人单位或者个人造成损失的，应当承担赔偿责任。

第九十三条　国家工作人员在社会保险管理、监督工作中滥用职权、玩忽职守、徇私舞弊的，依法给予处分。

第九十四条　违反本法规定，构成犯罪的，依法追究刑事责任。

第十二章　附　则

第九十五条　进城务工的农村居民依照本法规定参加社会保险。

第九十六条　征收农村集体所有的土地，应当足额安排被征地农民的社会保险费，按照国务院规定将被征地农民纳入相应的社会保险制度。

第九十七条　外国人在中国境内就业的，参照本法规定参加社会保险。

第九十八条　本法自 2011 年 7 月 1 日起施行。

参考文献

Agriculturale Research and Urban Poverty: The Case of China Shenggen Fan, et al, *World Development*, 2003, vol. 31.

Jin Jun Xue Wei zhong, "Unemployment, Poverty and Income Disparity in Urban China", Asian Economic Journal, 2003, vol. 17.

Philip Amis, "Urban Economic Growth, Civic Engagement and Poverty Reduction", Journal of International Development, 2001, vol. 13.

陈传锋:《被征地农民的社会心理与市民化研究》,中国农业出版社,2005。

陈立新等《全面建设小康社会中的城市贫困问题及其控制》,《长沙铁道学院学报》2000年第1期。

陈小君等:《农村土地法律制度研究——田野调查解读》,中国政法大学出版社,2004。

陈雅丽:《当前我国城市贫困问题的思考》,华中师范大学硕士学位论文,2001。

冯留坡:《关于被征地农民的权益保障研究》,《法制与经济》2008年第6期。

高仲霞主编《新疆社会保障问题研究》,新疆人民出版社,2006。

顾华详:《论古代土地所有权保护制度的特征》,《法学研究》2009年第3期。

华迎放:《城市贫困群体的就业保障》,《经济研究与参考》2004年第11期。

金莲:《城市下岗失业与城市贫困的探究》,《西南农业大学学报》2003年3期。

李斌:《试谈基于就业满意度的大学生就业质量评价体系》,

《燕山大学学报》（哲学社会科学版）2009 年第 3 期。

李国健：《中国被征地农民补偿安置研究》，中国海洋大学出版社，2008。

李晗：《东北地区城市贫困成因解释》，《理论界》2005 年 5 月号。

李积霞：《论城市化进程中失地农民权利保障的法律维护》，《中国法学会行政法学研究会 2010 年年会论文集》，2010。

李嘉岩：《人口可持续发展和农村反贫困研究》，湖南人民出版社，2004。

李军：《中国城市反贫困论纲》，经济科学出版社，2004。

李强、胡俊生等：《失业，下岗问题的对比研究》，清华大学出版社，2001。

李伟：《论我国城市贫困人口的基本特征及对和谐社会的影响》，《学术交流》2005 年第 10 期。

李彦昌：《城市贫困与社会救助》，北京大学出版社，2004。

梁学平：《转型期弱势群体社会保障问题的分析》，《吉林财税高等专科学校学报》2006 年第 1 期。

林新聪：《城市贫困人口心理和社会稳定》，《社会心理科学》2006 年 2 期。

刘建芳：《美国的城市贫困与反贫困及其对我国的启示》，《甘肃社会科学》2005 年第 3 期。

刘儒忠等主编《2004 年新疆经济社会形势分析与预测》，新疆人民出版社，2004。

刘伟：《对我国城市贫困群体的分析》，《株洲师范高等专科学校学报》2002 年第 1 期。

刘文柱、邰周海、庞岩：《新疆城市贫困群体与反贫困》，《新疆财经》2003 年第 3 期。

刘新民：《解决城市贫困问题的建议》，《经济研究与参考》2006 年第 63 期。

刘新民：《我国城市贫困群体的现状及建议》，《宏观经济管理》2006 年 5 期。

刘玉亭、何深静、顾朝林：《国内城市贫困问题研究》，《城市问题》2002 年第 5 期。

刘仲康等主编《2004～2005 年新疆经济社会形势分析与预测》，新疆人民出版社，2004。

罗刚主编《中国财政扶贫开发问题研究》，财政经济出版社，2000。

马清裕、陈田等：《北京城市贫困人口特征、成因及其解困对策》，《地理研究》1998 年第 4 期。

热希开·阿克木：《西部大开发与新疆高校的专业调整和课程设置》，《新疆教育学院学报》2002 年第 9 期。

盛浪、陶鹰主编《中国西部大开发中的人口与可持续发展》，人民出版社，2002。

石秀和：《中国农村社会保障问题研究》，人民出版社，2006。

宋世斌：《社会保险精算学》，中国劳动统计出版社，2007。

苏丹等：《新疆高校专业结构调整势在必行》，《新疆师范大学学报》1992 年第 4 期。

苏勤、林炳耀：《我国新城市贫困问题研究进展》，《中国软科学》2003 年第 3 期。

唐均：《中国城市贫困与反贫困报告》，华夏出版社，2003。

唐钧：《中国城市居民贫困线研究》，上海社会科学院出版社，1998。

唐新民：《民族地区农村社会保障研究》，人民出版社，2008。

唐忠新：《贫富分化的社会学研究》，天津人民出版社，1998。

涂丽静：《中国城市贫困问题研究》，中央民族大学硕士学位论文，2005 年。

王朝明：《西部城市反贫困的政策选择》，《经济体制改革》2002 年第 1 期。

王大高：《土地征收补偿制度研究》，《比较法研究》2004 年第 6 期。

王拴乾：《新疆经济发展战略思路的四次飞跃》，《新疆社会科学》2001 年第 1 期。

王文元：《关于我国城市贫困人口问题的思考》，《经济界》2002 年第 1 期。

吴碧英：《城镇贫困：成因，现状与救助》，中国劳动社会保障出版社，2004。

吴榕娜：《城市反贫困对策探讨》，《中共福建省委党校学报》2005 年 11 期。

吴瑕：《中国城市贫困问题的政策缺陷及走向》，《重庆邮电学院学报》2006 年第 1 期。

《新疆调查年鉴》（2010），中国统计出版社，2011。

《新疆统计年鉴》（2006～2011），中国统计出版社，2006～2011。

续西发：《新疆城市居民最低生活保障问题研究》，《新疆财经》2004 年第 2 期。

薛刚凌、王霁霞：《土地征收补偿制度研究》，《政法论坛》2005 年第 2 期。

薛晓明：《转型时期弱势群体问题》，中国经济出版社，2005。

叶普万：《贫困经济学研究》，中国社会科学出版社，2004。

喻昊：《我国中部地区城市贫困人口的成因》，《统计与决策》2006 年 7 月。

岳项东：《呼吁新的社会保障》，中国社会科学出版社，1997。

张建飞：《征地过程中农民权益的法律保护——征地法律制度完善探析》，《法学杂志》2005 年第 5 期。

张溯波、山国艳：《我国城市贫困的原因分析》，《沿海企业与科技》2005 年第 2 期。

张文显：《二十世纪西方法哲学思潮研究》，法律出版社，2006。

赵曼：《被征地农民就业与社会保障政策问答》，中国人事出版社、中国劳动社会保障出版社，2010。

郑也夫：《城市社会学》，中国城市出版社，2002。

中国统计信息网《新疆新型工业化水平综合测度及实证分析》，2007 年 11 月 30 日。

周毅：《西部反贫困研究》，甘肃人民出版社，2001。

本书稿撰写人员分工

绪论

撰写者：阿里木江·阿不来提，胡吉·艾沙（新疆财经大学）

Ⅰ　弱势群体的定义和特点

Ⅱ　弱势群体就业和社会保障方面的相关研究成果

Ⅲ　研究意义及研究方法

第一章　转型时期新疆城镇弱势群体贫困问题研究

撰写者：阿里木江·阿不来提，胡吉·艾沙

第一节　新疆城镇贫困群体的分布及现状

第二节　新疆城镇贫困人口的致贫原因及其影响分析

第三节　新疆城镇反贫困的对策建议

第二章　新疆农村弱势群体的社会救助

撰写者：阿不都外力·依米提（新疆大学政治与公共管理学院）

第一节　新疆农村贫困问题及其最低生活保障制度

第二节　新疆农村弱势群体医疗救助

第三章　新疆被征地农民弱势群体就业和社会保障问题

第一节　被征地农民社会保障制度的概念、意义及原则

撰写者：阿里木江·阿不来提

第二节　新疆被征地农民就业和社会保障工作的历史回顾及取得的成绩

撰写者：阿里木江·阿不来提

第三节　新疆被征地农民就业和社会保障方面存在的问题

撰写者：阿里木江·阿不来提
第四节　完善被征地农民就业和社会保障的相关政策建议
撰写者：阿里木江·阿不来提
第五节　新疆被征地农民养老保险替代率的实证研究
撰写者：阿里木江·阿不来提
第六节　内地被征地农民社会保障模式及其对新疆的启示
撰写者：茹克亚·霍加，祁志杰，于丽杰

第四章　新疆被征地农民就业和社会保障调查分析
第一节　伊犁州被征地农民就业和社会保障调查分析
撰写者：茹克亚·霍加，祁志杰
第二节　库尔勒市被征地农民就业和社会保障调查分析
撰写者：买买提江·买提尼亚孜（新疆农业大学管理学院）
第三节　昌吉市被征地农民就业和社会保障调查分析
撰写者：依明江·苏丽坦
第四节　乌鲁木齐市被征地农民就业和社会保障调查分析
撰写者：茹克亚·霍加，祁志杰，刘晖

第五章　转型时期新疆弱势群体合法权益的法律保护问题研究
第一节　新疆少数民族流动人口在内地城市务工经商及其权益保护问题研究
撰写者：阿不都外力·依米提
第二节　新疆被征地农民之法律保障
撰写者：阿利耶·阿卜力肯木，茹克亚·霍加，于丽杰

后记
撰写者：阿里木江·阿不来提

后 记

献给读者的这本《新疆社会保障若干问题研究》是新疆师范大学中亚与中国西北边疆政治经济研究中心相关成员共同劳动的成果，在此对自治区人力资源社会保障厅、巴州劳动社会保障局、新疆师范大学科研处、新疆师范大学法经学院相关领导表示衷心的感谢。有了他们的鼎力支持，我的研究能力逐渐得到强化，我的研究道路变得更加平坦。此外，新疆师范大学的雷琳教授、黄一超教授、阿不力孜·玉苏甫教授、李全胜教授、马海霞教授等对本书的撰写给予了大力支持，在此深表谢意。

这本书的顺利出版得益于社会科学文献出版社的大力支持，我要感谢出版社全体人士，尤其是要感谢本书责任编辑为本书所付出的心血。感谢新疆师范大学马克思主义理论与思想政治教育博士点立项为本书的出版给予资助。感谢新疆师范大学中亚与中国西北边疆政治经济研究中心、新疆师范大学城镇化研究中心的大力支持。

我要感谢我的父母，感谢他们的养育之恩，感谢我的兄弟姐妹。感谢我的爱人吐热尼古丽·阿木提女士对我多年来的关心、理解和支持，在我研究最困难的时候她除了承担所有家务和照顾孩子以外，还一直毫无怨言，默默地陪伴着我，正是她的辛勤付出才使我能专心地从事研究工作，勇敢地面对任何困难。最后感谢我的女儿帕孜丽娅，她的成长令我感到欣慰，我对忙于研究而无暇照顾她深感内疚，我的生活因为有了她而更加精彩。

尽管我们为本书的编写付出了大量的心血，但因理论功底不足、经费有限、时间仓促等原因，本书一定还会有错误和不足，恳请广大读者批评指正。

阿里木江·阿不来提

2012 年 6 月于乌鲁木齐新疆师范大学家属院

图书在版编目（CIP）数据

新疆社会保障若干问题研究／阿里木江·阿不来提，
茹克亚·霍加等著. —北京：社会科学文献出版社，2013.11
（马克思主义大众化与新疆发展研究丛书）
ISBN 978 - 7 - 5097 - 4997 - 5

Ⅰ. ①新… Ⅱ. ①阿…②茹… Ⅲ. ①社会保障 -
研究 - 新疆 Ⅳ. ①D632.1

中国版本图书馆 CIP 数据核字（2013）第 201151 号

·马克思主义大众化与新疆发展研究丛书·
新疆社会保障若干问题研究

著　　者／阿里木江·阿不来提　茹克亚·霍加 等

出 版 人／谢寿光
出 版 者／社会科学文献出版社
地　　址／北京市西城区北三环中路甲 29 号院 3 号楼华龙大厦
邮政编码／100029

责任部门／人文分社（010）59367215　　　　　责任编辑／周志宽
电子信箱／renwen@ssap.cn　　　　　　　　　责任校对／王海荣
项目统筹／宋月华　范　迎　　　　　　　　　责任印制／岳　阳
经　　销／社会科学文献出版社市场营销中心（010）59367081　59367089
读者服务／读者服务中心（010）59367028

印　　装／三河市尚艺印装有限公司
开　　本／787mm×1092mm　1/20　　　　　　印　　张／12.2
版　　次／2013 年 11 月第 1 版　　　　　　　字　　数／227 千字
印　　次／2013 年 11 月第 1 次印刷
书　　号／ISBN 978 - 7 - 5097 - 4997 - 5
定　　价／58.00 元